rafaelbrialopez@yahoo.es

Carnaval Santiaguero

VI

Barrio, Comparsa
y Carnaval Santiaguero

José Millet - Refael Brea - Manuel Ruiz Vila

Impreso en la
Editora Universitaria

Barrio, Comparsa

Carnaval Santiaguero

José Millet - Rafael Brea - Manuel Ruiz Vila

Ediciones Casa del Caribe
Santiago de Cuba, Cuba

Ediciones Casa Dominicana de ldentidad Caribeña
Editora Universitaria de la UASD
Santo Domingo, Rep. Dominicana

1997

Publicaciones de Ia Universidad Autónoma de Santo Domingo
------------•- --Vol. DCCCXXVIII -- .------- .-----

Colección: CULTURA Y SOCIEDAD # 3

BARRIO, COMPARSA Y CARNAVAL SANTIAGUERO

Millet- Brea – Ruiz Vila

& DIRECCI6N DE PUBLICACIONES
©1997
EDITORA UNIVERSITARIA ·UASD®
Apartado postalNQ 1355
Ciudad Universltaria
tr (809)   685-5260
              685-0009
              686-2134
Fax (809) 533·1106
Santo Domingo, Republica Dominicans
EDICIONES CASA DEL CARIBE
Santiago de Cuba
EDICIONES CASA DOMINICANA
DE IDENTIDAO CARIBENA
Santo *Domingo*
....
Edici6n y diagramaci6n de Alfredo Pierre
Portada de Carlos Parra
Impreso en los Talleres Gralicos de la Edltora
Universltaria de la Universidad Aut6noma de Santo
Domingo en el mas de agosto de 1997, con una tirada
de 1,500 ejemplares.

INDICE

Ñ

PROLOGO

Comparsa y carnaval: festividad del rito

Me complace sobremanera escribir las palabras lirninares de una obra destinada al rescate de aspectos festivos y carnavalcscos de una zona antillana, en la que Santiago de Cuba representa el núcleo de un enorme proceso de hibridaci6n cultural, que resalta por su rica concepci6n de la vida cotidiana y por su amplio sentido de la solidaridad

Ligado a la regi6n de Oriente y a Santiago por un amor entrailable a su gente, escribir una presentaci6n a la obra Barrio, Comparsa y Carnaval Santiaguero, de los investigadores Jose Millet, Rafael Brea y Manuel Ruiz Vila, constituye para mi un honor que me enorgullece.

Los pueblos se expresan de manera espontanea en los afanes de la vida cotidiana. Asumen su papel hist6rico desde el trasfondo de sus secretos, de sus exitos, de sus logros y hasta de sus culpas. Todo aquello que vive en lo mas profundo del ser se mueve buscando expresion material que puede rnanifestarse en el ritual, en la vida festiva, dentro de la cual, y en el caso cubano y antlllano, no cabe la duda de que la funci6n de los alcoholes y la music;a, son un privilegiado fondo de transforrnacion del hombre mismo.

Asf el Carnaval de Santiago de Cuba, que nada tiene que ver con el "camevale" tradicional en el cual entra el concepto de las "carnes t6lendas" del catolicismo, es una expresi6n imica por su sentido de lo humano, por su fuerza arrolladora, por su condici6n de festividad que se ha ido haciendo cada vez mas hibrida, demostrando que la integracion de valores culturales de muy diverso contenido etnico contribuye a la riqueza de la expresion mundana, aquella en la que el ser abandona los pruritos socialeestablecidos, dejando en libertad espacios que no cabrfan de otro modo en el tiempo laboral, en esa zona del quehacer humano regida por las necesidades de Ia subsistencia.

Como bien se apunta en alguna parte de Ia obra, el Caniaval de Santiago es un carnaval de Ia memoria. Pero acontece que toda memoria tiene un espacio festivo, celebrante, y toda memoria es un rescate y una integraci6n s6lo cuando es celebrable o oonmemorable. La memoria que no se celebra o se conmemora, tiende irremisiblemente a transformarse en olvido, en hoja seca, en material de disecci6n rescatable de modo momificado, envuelta en los paftos de un pasado del que ya nada funciona.

La caracterfstica fundamental del Camaval santiaguero y de sus comparsas, de Ia que Ia de Los Hoyos forma parte altamente representativa, es ese tiempo vital que el comparsero dedica para el logro de una posici6n final que haga posible el prestigio de Ia comparsa misma, y que Ia proyecta hacia la comunidad como un verdadero elemento representativo del barrio.

El libro noes s6lo un estudio sino que es una aproximación directa a los seres humanos que han integrado el carnaval santiaguero. Una de sus .rtudes capitales estriba en ese modelo de investigaci6n partictpante que nos pennite saber c6mo piensa Chan, el jefe comparsero, c6mo un alto porcentaje de Ia etnia de origen chino entra da comparsa, c6mo los elementos de la tumba francesa, que tambien, por influencia haitiana lleg6 a Santo Domingo y fue estudiada por Julio Alberto Hernandez, se asientan en Ia cartografla musical y rftmica del carnaval. Las influencias africanas en el Oriente de Cuba tienen una diferencia radical con las de occidente. La esclavitud del africano que huy6 de Haiti al momento de Ia guerra de liberaci6n que culmin6 con Ia RepUblica negra, se hizo de frente a un amo frances que traslsu mercancfa bumana con todo y ritmo, n todo y m\lsica, bajo Ia mirada perezosa pero no indiferente de las autoridades espaftolas del momento. La regi6ti de Oriente fue un foco cultural mas licado al Carihe mum..Maha hnf'ill .... _....A A -ᴸ'

Incluida Ia capital. La Habana, en donde cl proceso ultur.al estaba bien cerca de los gustos coloniales. en donde el atslanuento del africano, por cjemplo contribuy6 menos que en el oriente a Ia mezcla etnica.

Como bien dicen los autores, cl carnaval santiaguero se hunde en una historia temprana, colonial, pero en vez de solidificarse. Y haccse rigido, sc flexibiliza gracias a ese scntido de Ia mezcla rac al Y etmca que caracteriz6 no s6lo a Oriente, sino tambien a la parte onental de la isla de Santo Domingo.

Los estudios migratorios son parte esencial para co prender Ia magnitud de este libio. Porque las migraciones no son solo tr slaos de vidas y hacicnqas, sino transportaciones de gustos. de flonlegtos esteticos, de rituales. Y de modelos paraferm'llicos que mucl as veces siguen su curso de transfonnaci6n hasta hacerse locales. ncamente locales en una expresi6n de clases sociales diferentes algunos de cuyos valores se funden, con.formando nuevas moqalidades de gusto e interpretaci6n de Ia realidad.

Quien conviva con Ia gente del oriente cubano .nota una .enorme diferencia "temperamental" con los cubanos del occtdente. OcctdentỲ oriente parecen a veces fonnas nacionales diversas.n Ia perspec!lva de un dominicano que como yo he visitado tantas veccs Cuba, me dy cuenta de que Ia cultura cubana tradicional se compone de un manoJo de expresiones diversas en el cual cs posible distinguir sin grandes dificultades lo oriental de lo occidental. La simple manera de hablar. los gestos, las fonnas de Ia vida cotidiatia. los niveles de "desparpajo" que tanto aprecio, son, a mi juicio. di.ferentes, como lo son los elementos sociolinguisticos.

Por estas razones y por otras este libro es una cspecie de vademecum de cierta vida cotidiana. y puede muy bien ser punto de parttda para una comparaci6n con otros carnavales, incluido el de La Habana.

Hemos hecho hincapie en Ia importancia etnica del libro, porque siendo Ia comparsa de Los Hoyos el tema clave de Ia obra, es imposible entenderlo si no se entiende el entorno afrocubano basico en el que se desarrolla esta manifestaci6n popular. Lo danzario, lo musical, lo gestual, lo "mascaral", si se. me permite el nuevo vocablo, permiten apuntar bacia una base africana que interacciona con elementos provenientes de esclavos semi-aculturados en Haiti, y de formas hispanicas que no podemos negar. En este teatro de Ia vida diaria que es el carnaval de Santiago, y en Ia expresi6n de sus comparseros, se mueven los elementos del ritual de los cabildos congos, en donde Ia comparsa-conga fue un hfbrido, al parecer hispano africano, con raices en el culto cat6lico. Hubo, como bien se expresa en el libro', una relaci6n necesaria, grupal como lo era el cabildo, entre los barrios, los cabildos y Ia representaci6n carnavalesca. El sentido festivo-religioso debe ser, como lo apunta don Fernando Ortiz en varias obras, un elemento clave en Ia permanencia de Ia tradici6n c.ubana. La fiesta, el elemento Iodico, los aprestos para el logro de un ocio enervante, culminan siempre con Ia repetici6n del proceso. En toda acci6n festiva existe el germen de una continuidad y si tal germen se asienta en las creencias de wı mas alia que es concomitante con Ia festividad misma, la parte sagrada del proceso impulsa al "festivante" a continuar su labor como parte de su colaboraci6n con las fuerzas de lo inasible.

El libro es rico en aportes sociol6gicos, y nos pennite enterarnos de las intitnidades comparseras, de los problemas generacionales en el proceso de cambio de mando, y en los modelos de organizaci6n. Religi6n popular y camaval no pueden sino darse Ia mano, y por ello las creencias son un factor fundamental de los festivo y de los "festivantes". C6mo se integra a wı barrio un residente, c6mo adquiere los valores comparseros, c6mo puede o podrla ser fiel a sus valores de procedencia, son temas que el libro desarrolla. La importancia de los parentescos en Ia herencia de valores culturales nos habla de una tradici6n que en los barrios se acerca a las lindes del periodo colonial mas temprano.

Jniciados. carrozas. mamarrachos. como parte del carnaval. ‚tienen funciones muv especificas. El toque Y los tambores. Ia percusJOn. los diversos inst mentos entre los cuales sobresalenI - il6n.. Ia trompeta china Y otros. resaltan Ia figura de Ia "comparsena . El mstru.met t,al termit;a ritualizandose. porque es voz que encierra una comumcacJOn entre el otro mundo y este.

El libro trae un modelo de comparsa como Ia del Cocoye qe tipifica Ia importancia ritual del camaval y que puede haber stdo nuest a imitada o trans-imitada en el occidente de Cuba. cuando debtdo a a fama e la citada comparsa. pudo hasta ser falsificada para acumular · el prestigio en base a su fama.

Es dificil resumir en unas paginas Jiminares el contenido y Ia enon e proyecci6n de Ia vida carnavalesca de Santiago de Cuba. y en espectal de ia comparsa de Los Hoyos. Cuando visite a Chan en una de actividades de praxis para un camaval haec ya unos afios. me dtJe. como en os gru pos africanos o arawacs que poblaron el mundo del pasado, este hombre es Ia voz o ulta de. ls dioses; por e p asan las fuerzas que hacen posible que el nto contmue.

Como el debe haber muchos en Ia faz de Ia tierra. Quiero hacerle homenaje en esta introducci6n, porque creo que encarna una voz de las divinidades materiales en la tierra.

Chan, brindo por ti y por tu gente entre el ron y la musica que hacen posible que los dioses hablen.

Marcio Veloz Maggiolo

Santo Domingo
13 de jmlio de
1997

UN VOTO DE CONFIANZA

LA CABEZA NO PUEDE IR DELANTE DE LOSPIES
Proverbio YORUBA

He leido con atenci6n el original de este libro escrito por aquellos que, ampar{mdose en el infalible expediente de mis manos. Inicialmente, una vieja amistad, lo han hecho llegar a me infundi6 respeto la cantidad de sus paginas pero, luego, poco a poco, fue ganando mi carifto a tal punto que, bajo el ya socorrido pretexto, han vuelto, ahora, para pedinne que escriba una palabras.

En Cuba, verguenza da decirlo, no se vienen realizando muchos estudios sobre la cultura tradicional. Cierto es que hemos tenido figuras valiosisimas que han hecho sólidos aportes en este campo; lo que hace pensar que ya todo esta dicho en la obra, verbigracia, de Fernando Ortiz. La Casa del Caribe y su ambicioso programa de investigaciones, asi como su revista, <u>Del Caribe</u>, han evidenciado lo mucho que nos falta par recorrer en el camino que conduce al conocimiento de las esencias mas intimas de Ia cubania.

Leyendo *Barrio, Comparsa y Camaval Santiaguero*, recorde otro texto resultante de una investigacion y a Ia cual dedique un espacio en mi vida: **Grupos Folkloricos de Santiago de Cuba**, un libro insoslayable, para quien quiere tener una idea de Ia historia y tendencias de nuestro folklor danzario y carnavalesco. Barrio... es, realmente, una continuaci6n de Ia investigaci6n comenzada par este equipo integrado por los estudiosos Rafael Brea y José Millet, junto a Manuel Ruiz Vila, incorporado posteriormente. Es, simultaneamente, una profundizaci6n de las otras tantas propuestas en Grupos..., de esa linea que busca hurgar en Ia espiritualidad de ese personaje singular en Ia diversidad de lo cubano, que es el santiaguero. Avizora, por tanto, una continuidad, en el estudio de personajes, como Sebastian Herrera Zapata, "Chan", y por otro !ado, en el de otros barrios de gran fuerza comparsera y carnavalesca, como San Agustin.

Este libro es el fruto de un trabajo que, con mayor o menor intensidad, atendiendo a las contingencias de Ia vida de todo intelectual tercermundista, podemos situar en el periodo de 1986-1991. Para mi, estas fechas son importantes en tanto marcan las de las entrevistas y remiten a los hechos de Ia realidad cubana ocurrido durante ese lapso de tiempo. Particularmente, para Ia comparsa objeto de estudio -Los Hoyos- como para los propios carnavales no fueron los mas felices. Quizas ello pese en los criterios de los testimoniantes -quienes, en general critican, a veces de forma virulenta, Ia organizaci6n del carnaval y expresan ciertas afioranzas por los tiempos pasados. Lo importante es que aflora, mediante ellos, una concepcion en cuyo centro esta el barrio, sede de Ia comparsa;

desatendido antes del triunfo popular-revolucionario de 1959; o asimilado por una macroestructura estatal centralizadora, hoy.

Las criticas al carnaval actual son Ia critica a una forma de organizarlo. Para Ia memoria del comparsero, en su sentido del tiempo sobre todo si rebasa los 60 afios, existe nada mas que un antes y un ahora; y ese antes, por definicion, es todo lo que esta por fuera de lo mediato; funciona en el, el mecanismo de Ia utopia, que idealiza el pasado para criticar el presente, no para evadirse de el, como generalmente se cree.

Sin embargo, a fuer de sincero, tal rejuego temporal contribuye a convertir Ia lectura, que puede ser fatigosas, en algo fluido, casi de narracion novelesca. En este sentido puede verse como una larga conversacion entre amigos, a rato, sigzagueante, como noche de carnaval. Dejo a un Iado Ia erudici6n de Ia primera parte sociol6gica de una comparsa; en ella, solo hablan los investigadores, entre si.

Facilita la fluidez antes aludida, Ia manera en que se evita el uso de las comillas y otras argucias redaccionales y se acude a la inteligencia del lector quien percibe por el tono narrativo al interlocutor sin confusiones. En el plano lexical ocurre otro tanto ya que, constantemente, los comparseros emplean terminos usuales en su conversacion pero comprensibles gracias al contexto, un universo poblado de metaforas populares con Ia poesia de lo cotidiano.

Siempre sera digno de reconocimiento el trabajo iniciado por el Cabildo Teatral Santiago, en los afios 70, que lo llev6 a un acercamiento real con la cultura popular tradicional y al descubrimiento, entre otros, del teatro de relaciones, una forma de teatro popular: abri6 una brecha por Ia que han andado muchos investigadores estos afios y enriqueci6 Ia teoria y practica teatrales en Ia busqueda de un teatro cubano.

Barrio, comparsa y carnaval santiaguero no agota Ia investigaci6n del barrio, antes bien, indica la necesidad de continuarla. Me atrevo a decir que este es uno de los aspecto mas relevantes del. libra. Constituye un estudio de un barrio de gran importancia para nuestra cultura. AI indagar sobre Ia relaci6n barrio-comparsa se han detectado otras necesidades investigativas. Sin embargo, el aporte fundamental ha sido el reconocer Ia presencia de Ia conciencia colectiva como centro direccionador de Ia comparsa. Ella es una fuerza centripeta que elimina las diferencias y auna voluntades; Io que le permite convertirse en el soporte de Ia tradici6n.

Otro de los factores interactivos mas tratado es Ia tradici6n•o al decir de Marti, lo que esta en lo que fue. A traves de ella se' reconoce un concepto del mundo y de Ia vida. Se trasmite como elemento fecundante esto es, como patrimQnio y como expresi6n. Y, aunque se abordan en la segunda parte titulada, Las Voces de los Iniciados, este an{ilisis esta intimamente ligado con el estudio que se realiza, paso a paso de los mecanismos de direcci6n con Ia comparsa y de Ia forma, en una democracia sui generis, en que mantiene al frente de la comparsa solo a aquellos en quienes el barrio ha puesto su esperanza de ganar en las fiestas carnavalescas. Dialectica del carisma y Ia confianza que podria ayudar a comprender los mecanismos sociales en Cuba, al menos.

Hay, sin embargo, alga que, a mi modo de ver, debe ser tornado en cuenta. Hasta donde alcanzo a ver, constituye el primer estudio de caso relacionado con Ia tematica carnavalesca, que se

reatiza en Cuba; punta de vista que contribuye a ahondar las r nes por las cuales la comparsa -al menos, Ia.de Los Ho ?s, en San tago de Cuba- es Ia imagen publica del bamo, su creacton y, al nnsmo tiempo, su basamento. Esto nos lleva de Ia mana a reconocer Ia importancia del estudio de caso -algo ya usen el muno, pero aro en Cuba- y, con ella, Ia necesidad de escnbtr Ia histona del p s, a partir de las historias locales; de igual manera, la cultura del ats su fisonomia cultural para que en ella se puedan reconocer los.dt rsos rostros de lo cubano. Lo otro es la reafirmaci6n de Ia convtccton de que Ia oberania reside en Ia cultura popular tra icional; Y que atent contra ella -cuantos to hacen sin saberlo- es tr contra ta oberarua nacional. Luchar contra todo lo que nos desdibuja y oonstnfie es un acto, en ultima instancia, de defensa de Ia sobera. QuIa cabeza tenga oidos para tender a los pies siempre sera una tdea feliz.

He leido con gusto este libro y me he decidido a torgar un voto d confianza a los investigadores de Ia Casa del Canbe Y a los que, con su vida, son el soporte de Ia cultura cubana.

Lic. Pascual Díaz Fernandez

Santiago de Cuba,
20 de enero de 1995

INTRODUCCION

Desde su fundación en junio de 1982, Ia Casa del Caribe se trazó en su programa de investigación el estudio de Ia cultura tradicional del pueblo cubano, objeto bastante relegado por los especialistas cubanos actuales. Este interes es una manera de contribuir a conjurar esa tara colonial propia de los paises subdesarrollados, asi como, al nusmo tiempo, pretende convertirse en un modesto aporte al reconocimiento y Ia dignificación de las expresiones culturales del pueblo cubano.

Los investigadores de Ia Casa del Caribe que trabajaron en este libro hemos pretendido concretar este fin a la vez que hemos querido contribuir a Uenar el vacio existente en materia de antropologia cultural y de sociologia de la cultura que aun se observa hoy dia en nuestro pais. Aunque resta mucho por realizar, nos sentimos orgullosos de Ia decision tomada.

Por ello, nos hemos ocupado siempre del estudio de fen6menos concretos de las localidades previamente seleccionadas. Fundamentalm te en lo relacionado con las religiones populares y las fiests tradtcJOnales y populares. A fuer de sinceros, solo eramos los cont n dores del trabajo iniciado por el Cabildo Teatral Santiago en os ctos de. toanos 70. Constituye un acto de justicia el te ttmoru.aIa mentona labor hecha por este colectivo en los barrios mas tradtciOnales y populares de la ciudad de Santiago de Cub '
como su contnbuci6n en el rescate de muchas tradiciones carnavalescas.

Nuestro pri er i tento por aproximarnos al barrio de Los Hoyos es de .1983; Alh aphcamos una encuesta a partir de un curso de Soctolo ta cuyos resultados nos sirvieron como elementos referenctales. Luego, un pesquisaje hecho por los compaiieros Millet Y.Brea, que tuvo otros resultados, fue Ia segunda aproximaci6n Fmalm nte, en 1989, iniciamos Ia fase final del actual estudio: determmar el significado cultural que tenia para el barrio en tant que s.ustento d,su identidad, Ia comparsa. O dicho de o ra forma: estt dtar Ia relac1On comparsa/barrio, desde Ia perspectiva mas am lia postble. P

P ra log rarl, realizamos observaciones durante mas de un ano en elrwçleg dtrecttyo de Ia comparsa en un clima de amistad y confi anza ve ct.en o preJUICtos y resistencias naturales. Un trabajo de animación arttsttca Y l ral, dirigido a Ia sede de Ia comparsa, o sea, el foco, nos permt.tto comp ne.trarnos y apreciar mucho mejor el co portarruento del pubhco y al barrio, en general. Gracias a ello pudtmos conversar largam nte con las mas diversas formas y realiza; las encuestas que son descntas en ellibro.

Finalmente dejamos constancia de dos hechos. La mayoria de los elementos de juicio que sirvieron para formular los objetivos del estudio asi como los resultados mismos del trabajo de investigaci6n de campo, fueron sometidos a Ia consideraci6n de un equipo que integraban Alexis Alarcon, investigador de la Casa del Caribe; Fatima Patterson, integrante por muchos anos del Cabildo Teatral Santiago; y Rogelio Meneses, director artistico de esta propia agrupaci6n y de los Festivales de Ia Cultura Caribena que se efectUan en Santiago de Cuba. En las tareas de aplicaci6n de encuestas se sumaron Jorge Ullosa e lvonne Menéndez; quien junto con Raimis Destrades, tuvo a su cargo Ia mecanografia del original. Las colegas Ana María Cabrera y Katia Diaz cooperaron en el pesquizaje de archivo y de selecci6n de Ia muestra. El licenciado Pascual Díaz Fernández revis6 Ia redacci6n y el estilo del libro..

Nuestro agradecimiento mayor a los vecinos del barrio de Los Hoyos, en general, y a los integrantes de su comparsa, en particular. De modo especial, estamos agradecidos del tiempo que, con amabitidad y paciencia, nos regalaron Felix Algines Carvajal, Ibrrahin Chambers, Felix Banderas; y todos aquellos que aparecen en este libro. Pero sobre todo a Sebastian Herrera Zapata, Chan, y a su vida de comparsero.

CAPITULO I

SOCIOL061A DE UNA COMPARSA

ELBARRIO

El santiaguero considera at barrio de los Hoyos como el mas tradicional de Ia ciudad, entre otras cosas, porque percibe que es el Iugar en el que mas se han consetvado nuestras tradiciones.. Parad6jicamente Ia historia a veces se comporta con mucho capricho. Durante Ia colonia y Ia Republica, Los Hoyos no fue reconocido formalmente como barrio. Tampoco Ia actual division politico-administrativa lo ha instituido como tal. Y, sin embargo, Ia sociedad lo ha sancionado como tal en franca · oposici6n a los empadronamientos oficiales.

Existen criterios bastantes disimiles en cuanto a Ia delimitaci6n fisica de Los Hoyos. Parece como si el reconocimiento social de este barrio como entidad cultural bien definida, jugase una mala pasada al enjuiciamiento geognifico. Sin embargo, este juego no deja de responder a causas de tipo hist6rico. Segl!n las pesquisas en los archivos de Ia ciudad el dato mas antiguo referido a este distrito es de 1865 donde se consigna en un documento que en Ia calle San Ricardo y a Ia entrada de Santa Ines existia una laguna a Ia que Ia Secretaria politica del Ayuntamiento solicita rellenar. Ese aiio dicha instancia apela a la omision de ?mato y a los arquitectos para que solucionen ests1tuac10n. Este testimonio escrito parece apoyar Ia afinnacion del peno?ista Ramon Cisneros Justiz, que da una explicacion bastante plaustble en torno al surgimiento del barrio.

Este articulista remonta su origen a los siglos XVll y XVIll, cua?do se lle aron a cabo labores topograficas en el area proxima a Ia bahia de Ia cmdad. El motivo era Ia necesidad de rellenar algunos lugares done penetraba el mar. Los materiales que se emplearon fueron extratdos de Ia parte Norte de Santiago y esas excavaciones provocaron hoyos en aquellas llanuras. La tradicion oral parece confirmru: esta teoria; es decir, esos huecos sirvieron para que el area fuese destgnada como Los Hoyos, nombre que ha sobrevivido hasta el presente.

No es hasta el afio 1880 en que existe otro dato referido a Ia division en barrios urbanos del termino municipal de Santiago de Cuba. En el e?de poblacion realizado diez anos despues, se ratdica esta dtVJston. Vale Ia pena registrar sus nombres, y no s6lo por mera curiosidad historica: barrios de Belen, de El Cristo, de Ia Catedral, de Dolor s, e Sant? !omas y de Trinidad. Entre 1909 y 1910 se produce el stgmente drasttco cambio en los nombres de estos barrios: Aguilera en Iugar de Dolores; Bravo, en el de Belen; Castillo Duany, en el de Ia Catedral; Maceo, en el de Santo Tomas y Moncada, en el de Trinidad.

Lo.s ant guos ba os de Trinidad, Santo Tomas y el Cristo han quedado mclmdos parctal o totalmente en Ia delimitaci6n geognifica de los Hoyos consagrada por Ia tradicion oral. Esta demarcaci6n del barrio --que comprende el 50 % del area total-- Ia fijan quienes se

auto-reconocen como hoyeros autenticos y ellos fundamentan su criterio en Ia autoridad de sus antepasados. Seg{Jn Aristides Garvey, de 72 afios,

> Aunque este reparto se llama oficialmente Los Olmos, pertenece a lo que conocemos como Los Hoyos: toda esta zona siempre se le llamó de esa forma. De la calle Trinidad para acá es la zona de Los Hoyos. El pueblo le puso ese nombre y no hay definición exacta de este barrio. No se sabe dónde termina, ni dónde comienza.

El carnaval santiaguero hunde sus raices en una etapa muy remota de Ia colonia, seglln se ha podido establecer documentalmente. Justamente alrededor de Ia Catedral a fines del siglo XVll una procesion recorria las calles con motivo de Ia celebracion del patrono de Ia Villa, Santiago Apostol. Asi quedaban fijados algunos de los rasgos del fenomeno festivo local, entre los que destacaremos el desarrollarse en tomo a las fiestas patronales --lo que involucraba a una gran parte de Ia poblacion-- y el hecho de tener lugar a cielo abierto, es decir, en las calles. Estas festividades patronales se extendieron desde los dias de San Juan (24 de junio), San Pedro (29 de junio), Santa Cristina (24 de julio), pasando por Santiago (25 de julio) y basta Santa Ana (26 de julio).

Resulta muy significativo el que dichas celebraciones involucraron a sectores de Ia sociedad que se mantenian bastante alejados de las motivaciones religiosas oficiales. En efecto, cuando concluia Ia procesion, se les pennitia desfilar a los cabildos y sus integrantes, los negros esclavos inicialmente, introducian una nota discordante con respecto a Ia solemnidad de Ia procesion; se desplazaban por las calles haciendose acompafiar de tamboriles, sonajas, bandolas y chachas. AI mismo tiempo decian cuartetas y estribillos pegajosos que servian para ambientar alegremente las fiestas.

Puede afirmarse que estas agrupaciones de origen africano constituyen el antecedente cultural mas definitorio de las congas y paseos que habrian de cristalizar posteriormente. Desde entonces es perceptible el poderio de Ia presencia africana en el camaval local, elemento fecundante que alcanzaria areas tan diversas como Ia danza, la musica, los instrumentos musicales, el vestuario y otros aspectos visuales y ph1sticos. Aunque aqui solo nos permitimos apuntar el problema, at que hay que aiiadir el aporte franco-haitiano producido por Ia revolucion que tuvo Iugar en Saint Domingue a fines del siglo XVIII.

En Ia formacion de los barrios mas antiguos de Santiago estan presentes los cabildos. En lo que a las fiestas del camaval se refiere, las comparsas emergieron a partir de las tradiciones culturales q_ue esos cabildos preservaron y supieron transmitir a las generaciones subsiguientes. Es que a los integrantes de los cabildos se les permitia salir en procesion para las fiestas de mascaras o --como originalmente se le denornino al camaval-- "de mamarrachos". Ellos salian, como queda dicho, con banderolas, estandartes, farolas, con Ia percusion africana y... con sus "disfraces". Y asi paseaban por el barrio frances de El Tivoli,las calles de Los Hoyos, y hasta la Plaza de Marte, para presentarse, finalmente ante el Ayuntamiento donde permanecian las autoridades coloniales las que les regalaban el aguinaldo.

Con el tiempo, cada barrio se convirtio en generador de una comparsa al menos. Del rnismo modo, los cabildos han evolucionado hasta el punto en que han sido capaces de servir de celula germinadora de estas agrupaciones Seg(In Ia musicologa cubana

Maria Teresa Linares las comparsas eran "agrupaciones en las que se desarrollaba una danza... colectiva, ensayada minuciosamente con personajes distintos, trajes, muiiecones y farolas, alusivas al asunto o argumento de Ia danza que interpretaban..."

Hay consenso general entre historiadores y estudiosos en que Ia zona donde esta enclavado el barrio de Los Hoyos fue el asiento del grueso de Ia poblacion negra y mestiza de Ia ciudad. Durante el periodo colonial, conto con Ia presencia de sociedades negras, como los Cabildos congos, lucurnis y carabali. En el siglo XVTII Ia poblacion santiaguera recibio el fuerte impacto de Ia inmigracion francohaitiana, que se sumo a este abigarrado entramado multietnico. Los antiguos plantadores de Haiti, y las dotaciones de esclavos que en muchos casos trajeron consigo, intervinieron con un peso elevado en el proceso de formacion de nuestra cultura. Un ejemplo elocuente de ello lo constituye Ia Tumba francesa.

Mas, de forma generica, cabe aqui apuntar Ia emergencia de fuertes expresiones danzarias, teatrales y musicales que son el fruto mas genuino del proceso de interaccion de tan disirniles componentes etnicos, el que muestra claramente Ia complejidad de Ia transculturacion que se venia produciendo con inusitada intensidad en el interior de Ia sociedad hispano cubana. AI mismo tiempo, el mestizaje cultural implicaba mecanismos de prestamos e intercambios de indole diversa, como el que se efecrua en el desaparecido Cabildo Congo -ubicado en Santo Tomas, entre San Antonio y San Mateo-, donde se tocaba y se bailaba tumba francesa.

En el barrio de Los Hoyos posiblemente hayan existido mas de una de estas tumbas. Pero ha quedado fehacientemente establecida Ia existencia de una tumba francesa cuyo prestigio e influjo en todIa localidad ha vencido el tiempo para instalarse en el presente. En este terreno abonado por el aporte enriquecedor de los cabildos y Ia tumba francesa, los descendientes de aquellos esclavos de espafioles y franceses fundaron Ia comparsa-conga de Los Hoyos y se consideraron los herederos de El Cocoye, Ia que se presentaba asi como digna continuadora de aquellas tradiciones y se imponia rendir tributo a aquella venerada sociedad de cultura francesa. Esta comparsa fue la cristalizaci6n mas elevada del proceso de transculturaci6n mencionado y el antecedente mas genuino de los valores que sabria portar esta agrupaci6n camavalesca. En efecto, el legado cultural que supieron rescatar refleja hasta d6nde habia avanzado Ia formaci6n de nuestra cultura nacional, valiendose de complicados mecanismos de integraci6n y cristalizaci6n de todos aquellos componentes que convergieron en Ia epoca. Asi, en su repertorio musical --por solo situar un ejemplo ilustrativo-- se incluyen toques de procedencia franco-haitiana, como el <u>mason</u>, el que provoca en los arrolladores un frenesi indescriptible, el toque pilon, enteramente originado en este extrema oriental de Ia Isla, y el toque denominado columbia.

La sola enumeracion de los titulos de las comparsadas salidas de este barrio, sin exagerar, seria una buena muestra de poesi ,t popular. La fama de esta comparsa Ia hizo inscribirse en los anales del barrio como uno de los exponentes de su cultura mas dignos de respeto y carifio. La consustanciacion de comparsa y barrio, dada en el decursar del tiempo, es uno de los capitulos que mereceria ser exhaustivamente estudiado por Ia Sociologia. A traves de esa comparsa, los vecinos han expresado sus anhelos y esperanzas, asi como su voluntad de sobreponerse a las dificiles condiciones materiales que rodearon durante tanto tiempo sus existencias. Pero Ia comparsa es tambien concrecion viva de Ia historia de ese barrio de

Los Hoy s, **no** de los mas preteridos y marginados, a la vez que uno de los mas ncos en cuanto al tesoro de las tradiciones celosamente guardadas por Ia ciudad.

LOS **FACTORES** INTERACTIVOS

> *La tradición no sólo sirve de vehículo a ideas susceptibles de forma lógica, sino que también encarna una vida que comprende a la vez sentimientos, pensamientos, creencias, aspiraciones y acciones. Ella entrega por una especie de contacto fecundante aquello de que las generaciones sucesivas tienen igualmente que impregnarse y que tienen lugar como una condición permanente de vivificación, de participación en una realidad en la que el esfuerzo individual y sucesivo puede indefinidamente beber sin agotarlo.*
>
> *Maurice Blondel*

El sentido activo y original del termino tradici6n --entendido univocamente por transmisi6n– en nuestro pais ha ido siendo desplazado por el del resultado de Ia transrnisi6n rnisma. Asi, comunmente se emplea mas bien el vocablo "las tradiciones" para referirse a algo entregado por el pasado y que tiene gran valor para las personas que las traspasan y retiben. Elias encierran una comuni6n espiritual en gentes que sienten, piensan y actuan pennanentemente movilizadas por Ia acci6n de un conjunto de ideales de diversa indole; constituyen pues, un patrimonio de incalculable valia para un grupo determinado o para toda Ia sociedad y una fonna elevada de expresi6n espiritual de cualquier conglomerado humano.

Mediante el presente trabajo nos proponemos aproximamos a un fen6meno singular dntro de las tradiciones culturales en Cuba: el del camaval de Santiago de Cuba. Intentamos estudiarlo no ya desde un punto de vista etnogn1fico o hist6rico, como ha sido abordado por otros investigadores, sino desde una perspectiva sociol6gica. Asi, a partir del estudio detallado de una comparsa de reconocido prestigio e historia, imbricada coherentemente con el barrio a Ia que pertenece, nos interesa indagar lo que el carnaval representa para el pueblo santiaguero y, mas particulannente para aquellos barrios de Ia ciudad donde las tradiciones camavalescase han mantenido mas firmemente arraigadas; en tanto constituyen un vehiculo identificador de las expresiones culturales que cohesionan a una comunidad determinada

Es por ello que, desde Ia etapa inicial, nuestra investigaci6n centro su atenci6n en el barrio de Los Hoyos, el que desde hace mas de un siglo ha exhibido Ia comparsa conga mas famosa de Ia Isla: Ia conocida como El Cocoye. La celebridad nacional de esta agrupaci6n camavalesca se fundamenta en muchas razones, entre las que subrayaremos una de las mas relevantes: el de ser expresiva de la espiritualidad de una comunidad mayor, cuya personalidad integral aun no ha sido estudiada en sus rasgos mas sobresalientes: Ia personalidad cultural del santiaguero.

Observaciones de campo sistematicas, conversaciones con comparseros y una suerte de entrevista biografica al actual director de la comparsa de Los Hoyos, Sebastian Herrera Zapata, Chan -un hombre septuagenario que casi tiene el mismo tiempo de nacido que de comparsero, segun su propio decir-, inicialmente nos han pennitido acercamos a la compleja madeja de los fen6menos interactivos de la vida material y la praxis social presentes en la est ctura de esta agrupaci6n camavalesca que resume aspectos senstbles del camaval santiaguero. Asimismo, lo anteriormente sefialado y Ia aplicaci6n de otros instrumentos de medici6n social desp jaron el.camino para tomar contacto con la comunidad en qu se astenta y ahmenta esta comparsa: el barrio de Los Hoyos.

En dichos fen6menos inte activos se entrelazan firmemente Ia fuerza de Ia tradicion como maximo elemento de integraci6n intema - -Ia que tiene en las religiones no institucionalizadas uno de sus elementos mas impregnantes y cohesionadores-- , la lucha neracfonal,. Ia competencia entre las agrupaciones comparseras, Ia ttca. profe 10nal. y el aprendizaje. Del contacto mutuo y la mtennfluencta extstentes entre todos estos factores enunciados emergen los componentes de lo que denominamos una "concienci colectiva" que sostiene y afianza Ia tradici6n.

LA CONCIENCIA COLECTIVA

La observacion de las actividades grupales e individuates de los miembros de Ia comparsa, nos conducen a pensar en Ia presencia de una conciencia del valor y Ia importancia del legado c l ral del que hemos venido hablando. Esta conciencia, en primer termmo, se proyecta como imagen del grupo y de su lugar en Ia propia comunidad. en Ia que ha surgido y actua con cierta eficacia. Mas que como manifestacion de determinados fenomenos psicologicos --los que, por lo demas, soreales y atendibl s--, esa conciencia se expresa como un ser conse1ente; como un sujeto que sabe autoestimar la herencia que porta, consciente de que representa el patrimonio de una comunidad mayor.

No se trata, pues, de un yo colectivo resultane de. la suma de las individualidades, sino mas bien de un centro ?trecctonadodel comportamiento del grupo que se manifiesta a travs de un onJunto de juicios de valor y de acciones que difieren en ctertmed1da de la conducta individual de sus miembros cuando actuan fuera del colectivo.

Esta conciencia colectiva esta sometida permanentemente al juego de los flujos y reflujos propios. del c maval. Asi, se c.omporta relativamente debil en el periodo mmedtatamente poste or a la celebracion de estas fiestas y se va fortaleciendo paulatmamente cuando se acercan los meses de las festividades. Este proceso alcanza su punto climatico en las semanas inmediatamente antenores al comienzo y durante la realizacion del camaval. Ela f se de los ensayos de la comparsa, justamente c ando se mtensifican los preparativos de la organizacion del colecttvo om arsero Y se ponen en tension maxima los esfuerzos del nucleo dtrectlvo de la. comparsa por ver cristalizada la propuesta estetica de ese afio, se cl nfica en un grado extremo el fin comun de mas alto valr cohes10nador del grupo: organizar una comparsa capaz de sal1r ven edora n la competencia frente a otras agrupaciones de indole eqmvalente en la ciudad.

Es de sumo interes observar como se manifiesta el mencionado juego en el plano intemo. La comparsa resulta en si mia una s erte de pivote o puilto de equilibrio de fuerzas en tens10n de slgnos contrapuestos, resultante del ataque de fuerzas centrifugas y centripetas que provocan un desorden ritualizado al cual sigue habitualmente un restablecimiento del orden. Por ello, Ia comparsa tal vez pueda ser definida como un sistema en el ·que los factores desintegradores son finalmente neutralizados gracias a un atenerse a una meta superior previamente propuesta. Siguiendo el movirniento de Ia comparsa en el transcurso de un ano, descubrimos su dim\mica intema y como supera, desde ella misma, estas crisis ciclicas. En el periodo de un carnaval a otro, afloran inicialmente contradicciones de indole diversa -generacionales o producto del choque entre lo nuevo y lo viejo; profesionales, de competencia en cuanto a Ia direcci6n del colectivo o liderazgo, etc.-. Mas, luego, estas contradicciones se acercan a un punto intermedio en que parecen equilibrase en raz6n de ceder ante Ia perspectiva de colocar en peligro algunos fines del colectivo que siempre debenin ser resguardados.

Finalmente, todas estas tensiones cornienzan a aflojarse en la medida en que nos acercamos a Ia fecha de realizaci6n del camaval, hasta el punta en que --ante tal inminencia-- algunos rniembros de Ia comparsa que mostraban una actitud de franca beligerancia u hostilidad, deponen su agresividad y parecen que poco a poco se van integrando a un solo bloque que al final podra calificarse de compacta. Es el momenta en que mas se manifiesta la presencia de esa conciencia colectiva a la que nos queremos aproximar desde diferentes angulos: va aflorando una forma de pensar casi (mica y todo parece subordinarse a Ia acci6n dirigida a conseguir esa meta en la que se funden -al menos en lo que aspiran- comparsa y barrio. Ese fin com(m obliga a que las discrepancias se desplacen a un lugar secundario. Es como silas contradicciones que habitualmente operan como parte de la forma propia de manifestarse de la conga, se

soterrasen o no hubiesen existido, al dar paso a una unidad de criteria y de acci6n original por su vital funci6n cohesionadora.

No importa que las fuerzas centrifugas -en cuyo espectro esta gravitando el sentido de la modernidad producto de los bruscos cambios que tienen lugar en nuestra sociedad- vuelvan a manifestarse cuando ya haya transcurrido la fecha de realizaci6n del carnaval. Ahara, en este punta tan algido del ciclo de muerte y resurrecci6n del camaval, lo importante es que el grupo se ha sobreimpuesto a Ia pugna de las individualidades: ha triunfado Ia conciencia colectiva en base a la cohesion restablecida por el imperativo de obtener la victoria en las competencias.

LA TRADICION

Pr6ximos al camaval, aun sin comenzar loensayos,.hay un ambiente de franca alegria en el barr10. Los JOvenes, principalmente, acuden a Ia sede de Ia comparsa para formalizar su inscripci6n como comparseros. Tocadores, caperos, salidores, pendoneros y muchos otros figurantes que durante este ciclo vital habian asistido esporadicamente al Foco, sede de Ia comparsa, o que llevaban meses sin husmear directamente en el, se exhiben alii con una fuerza delatora. Nada cuenta el que hayan estado ausentes en tantas Y tantas actividades que durante el afio brind6 la comparsa. De alg(ln modo misterioso, ellos han estado aunque no hayan estado fisicamente; es la representaci6n ausente;s6lo se asume que han reaparecido cuando hacia falta: en adelante, todo consistira en poner

Ja conga sobre *los* carriles y bastani
andar, como Dios manda.   con un *soplo* para que ella eche a

Comienzan entonces reunione   1   .   .
c mparsa presenta su plan *conocids* en ,as que Ia drrecttva de Ia
tmembros mas allegados S   d'   o *olo* por algunos de *los*
cuadros vestuario   .   e tscuten tdeas sobre coreografia
mantenida como n, perol nada de estrategia: esta es trabajada;
                        a ce osamente oculta d   m
cuando cierto disturbio vue)   .   d   .   e un ano a otro. Es
                          ve a mtro uctrse en)   h
cntenos contrapuestos, no cesai l   d'   .   a conga: ay
nunca podran ser conciliadas t   d' as tscustones y par ecena que

tdea artistica de Ia presentacion t t l d *r*   en aguas turbulentas, Ia

Mas, como Ia parte de   . ban tscrepantes y enconadas opiniones .
.   un tee erg sumer 'd
                                    a
el jurado solo seni revel d   o a   = a comparsa.ante Ia ciudad y
subitamenteel director ;eal en un mstante prects?. AI parecer,
espiritu del grupo --dice unas : : mpar a. --como st encarnara el
si vamos a ganar!", y todos ca an ..l magtcas: "Ya.la ten o! Ahora
la apabullante evidencia del triunf .   emnes, como st estuvteran ante

Esto que pudiese ser interpr t d   ,
pueril puesta en escena es un d l e a o, erroneamente, como una
vida de la comparsa. *'Si* h·o e os momentos rna,dificiles de Ia
liderazgo tiene que   t ' ay algo de representacwn teatral: el
                   mos rarse com   . d .
como en un rapto. Pero Ia racia no gra ta tvma ue es concedida
yerra, puede ahond   g   , o es ctento por ctento certera y, si
                 ar. aum mas los   ntr
contradicciones con el barri N   co. tctos mtemos o las
conciuyente, *sino* dar fe d· uestro testimonio no pretende ser
literatura escrita sobre el cam atp ctos raramente tratados en la
estamos refiriendo al proceso :v.. n todo caso, .recuerdese que nos
termino-- en que se dese   lgoruco --en el sentido
                 unamuniano del nvue ven estas
                 agrupaciones. Aunque para

cada cosa hay un tiempo-- basta para las mas pedestres. Arribamos al
punto mas elevado del climax.

Mientras tienen Iugar las inscripciones, los parches de los tambores
son reparados, se disefia el vestuario, se confonnan las coreograflas y
el barrio experimenta con ello una animacion inusitada. Los
escepticos y disidentes encuentran espacio, en medio de situaciones
caoticas, para poner sus cuestionamientos. Pero los que tienen Ia
experiencia saben que para ellos llegola hora del silencio. Comienzan
los ensayos y todo el espacio se estremece con el hondo bramido de

Ia cometa china. Un mar de gente invade la plazoleta de los ensayos.
los tambores, el repiquetear de las campanas y el penetrante timbre de

El barrio se transfigura al oir su comparsa. El santiaguero, saliendo de
un sopor acostumbrado, constata con ello que ya empezo el carnaval.

El entusiasmo no apaga las voces criticas; mas bien las
multiplica y convierte en recomendaciones pnicticas. El vecindario es
solo ojos y oidos para Ia comparsa: hay que mejorar este toque,
afinen aca, este problema tiene que resolverse. y de pronto, se
produce esa copula que es Ia clave para conocer por que el camaval
de Santiago de Cuba no solo es el mas tradicional del pais, sino a su
vez el mas popular: el santiaguero acude al Foco, toma al potro porIa

rienda y lo lleva al ruedo para que se entrene. A partir de ahora,
comparsa y barrio, carnaval y pueblo son la misma cosa.

La comunidad, simultaneamente, se convierte en juez y parte:
se constituye ante si misma en juez que emitini un veredicto que,
aunque no sea oficial, tiene consecuencias muy profundas. Antes de
presentarse ante el jurado oficialmente nombrado para otorgar los
premios de ese afio, la comparsa recibe el fallo de su comunidad que
la ha estado observando largamente en silencio. El barrio de

antemano sabe si su conga gan6 o perdi6; el otorga su fallo, del que dependeni Ia conducta del barrio ante el veredicto definitive. Esa sentencia popular cuenta con mucho mas poder : se trata del poder selector de una conciencia colectiva que, movida por Ia fuerza de la tra?ici6n,. valua el nivel artistico de quienes Ia van a representar y en que condiciones se presentani en Ia competencia.

Ha/ margen todavia para corregir defectos. Los ensayos se convierten asi en mecanismos reguladores de las relaciones del barrio con Ia comparsa. En ellos se van perfeccionando aquellos problemas que Ia comunidad ha vista en su conga y que necesita ver superados. Cuando se haya alcanzado ese nivel de aspiraci6n del barrio, Ia comparsa tocara y se desplazani oronda. El juicio simple del jurado naturales el mas contundente: "ahara si!: ya salio el piano".

LA *IN\\(ASION*

La socieda?, cubanha sa?ido configurar los mecanismos de preservaciOn y CircuJacton de muchas de nuestras mas hermosas tradiciones. Otras, irremediablemente, se han perdido. Santiago de Cuba no se viste de mamarrachos solo en el mes de julio. La camavalizaci6n de Ia vida del santiaguero es un hecho al que deberemos prestar Ia debida atencion. No se da en ningl!n otro Iugar de Cuba, con tal intensidad. Su camaval es el testimonio vivo mas elocuente; a tal punta que serviria para escribir un tratado de psicologia popular. Con esto queremos que los fenomenos que pretendemos describir, no echen sombra sabre Ia luz de fonda que debe tomarse como lo esencial del carnaval. Sin el, el santiaguero seria un ser mutilado, trunco, incomplete y, como tal, frustrado. Esa luz de fonda ilumina una verdad: Ia vida aqui estit raigal y esencialmente vinculada al carnaval. Camaval y pueblo forman una indisoluble unidad.

Algo de la historia se proyecta en el presente. Es mas, Ia sabiduria del pueblo no puede ser entendida y captada en toda su plenitud abstrayendonos de nuestros origenes. El carnaval cristalizo como institucion cultural en el media urbana, pero sus raices mas profundas hay que buscarlas en el campo y, muy particularmente, en la plantacion. De las areas rurales y suburbanas venian las representaciones de **negros** afiicanos esclavizados que rendian pleitesia a sus amos y a las autoridades civiles y eclesiasticas reunidas en Ia ciudad en el marco de determinadas celebraciones oficiales en que se les concedia licencia a los esclavos para que realizaran sus jolgorios. Es muy posible que en el inconsciente colectivo haya quedado fijado el sentido de invasion que se producia aqui con motivo de las fiestas de mamarrachos. Si no es este su sentido, Ia voz invasion se ha conservado para sefialar un fenomeno unico que se produce en el panorama de las fiestas cubanas. Nos referiremos muy suscintamente a el.

En el mes previo al cornienzo del carnaval, se intensifican todas las acciones relacionadas con estas tradicionales fiestas, entre elias los referidos ensayos. Hay un creciente ajetreo y se amplian los contactos entre las agrupaciones carnavalescas, aun con las marcadas por Ia tradicion como eternamente rivales. La competencia entre congas y paseos aumentara en Ia medida en que se aproxime el inicio del camaval. Y he aqui que las tensiones seran sometidas nuevamente a un juego para que Ia sangre no llegue al rio: este es el objetivo oculto de Ia invasion; Ia cual consiste en el encuentro entre varias comparsas que concurren en un barrio previamente acordado e impuesto del hecho. Se pretende asi rebajarle el fila a la enemistad ya consabida y al incremento de Ia agresividad, que aflora en un contexto cargado de sentirnientos encontrados y por pugnas que esperan el momento propicio para solucionarse.

De modo que Ia invasion se comporta en este juego como una presentacion publica de colectivos humanos con cierto nivel de rivalidad y que se han preparado durante un afio para un certamen al que aprecian como altamente importante para sus vidas. Asirnismo, como un evento en que se producini un intercambio mutuamente provechoso, desde el punta de vista cultural. Este evento pone en tension a los barrios implicados directamente en el y llama Ia atencion de toda Ia ciudad. Es una especie de arranque del motor mayor ante Ia recta final que conduce a lo esperado: a!carnaval.

Puede ser entendida tambien, como una suerte de aviso competitive dirigido a espolear a aquellas agrupaciones con las que se compite. De hecho es una lucha que tiene -como dijimos- un juez natural: los barrios. No es exagerado decir que el certamen del carnaval comienza informalmente con Ia invasion: Ia sociedad se va por encima de las estructuras institucionalizadas y establece a priori un dictamen que espera confrontar con el fallo del jurado en un plano mas formalizado..

La invasion contribuye asirnismo a incrementar Ia conciencia colectiva en torno a la comparsa, por lo que es algo mas que el mero cotejo competitive entre agrupaciones carnavalescas: es Ia confrontacion de las comunidades de los barrios envueltos en el carnaval. De ahi que, a partir de este momenta, Ia rivalidad entre las individualidades que habian pugnado en el seno de cada agrupacion

quedan neutralizadas y que Ia contienda entre las agrupaciones pase a primer plano. No se piensa ya mas individualmente: se observa el entrelazamiento de muchos cuerpos, pero un cerebro directriz emerge del colectivo, el que hace que cada cual responda al interes comun.

Lo importante es ganar --y el triunfo no es cuestion solamente de la direccion de Ia comparsa, ni siquiera de Ia comparsa misma, sino de todo el barrio. Por tanto, de ahora en adelante, piensa y actua el barrio.

En este nuevo esquema, Ia comparsa representa at barrio, es depositaria de su legado mas valioso: las tradiciones espirituales celosamente guardadas y conservadas como un bien comun. Es su delegado: Ia que expresa ante Ia sociedad una cultura que lo identifica y distingue, esa rnisma cultura que le imprime un sella patticular. Es como si el barrio saliera a Ia luz a traves de Ia comparsa y mostrara su mejor vestuario con una inscripcion locuaz: existo, porque estoy compitiendo por ser el mejor; yo soy el carnaval santiaguero. Desplaz{mdose ante los demas, mostrando sus artes y sus ciencias, en esta lucha ritualizada en terreno ajeno, cada comparsa tratara de adelantar lo que se ha propuesto en el carnaval: ser Ia mejor.

EL APRENDIZAJE

Los tocadores constituyen el nucleo principal de la comparsa. A Ia ejecucion de los intrumentos musicales de Ia conga se llega a traves de un proceso de seleccion natural; no media, pues, en el, el convencional sistema academico de ensefiani:a-aprendizaje. El virtuosismo en Ia produccion de Ia musica carnavalesca constituye un autentico fen6meno que responde enteramente a los mecanismos de la tradici6n.

Se trata de una verdadera carrera de relevo en la que los mas viejos trasladan a lomas j6venes las tecnicas y los conoc mien ?s adquiridos; los padres ensefian a sus hijos los secretos‌ Ia eJecucton y, en suma, los comparseros mas sabios se marufie,stn como catedraticos avezados en Ia funci6n de ensefiar a tocar, prachcamente los instrumentos musicales legados por los antepasados. Estas ensefianzas las van asimilando las nuevas generaciones con aptitudes de modo empirico, casi primitivo: oyendo y viendo tocar dichos instrumentos desde que comienzan a caminar y a hablar.

Despues de un largo proceso de aprendiz.aje empiri' los .b otes nuevas empiezan a tocar a solas o en presencta dlos vteJOS,estos se Io perrniten. Es asi como se desarrollan las aptitudes y hab l_tdades de Ia generaci6n recien iniciada en el camaval: en una suceston que va del nifio al joven y de este al adulto maduro. El resultado final es su insersi6n de forma espontanea en el nucleo de tocadores, sustituyendo a un ejecutante ausente o, simplemente, relevando _ un musico cuando la calidad del ejecutante nuevo ha permtttdo distinguirlo con ese privilegio. En un momenta casi imprevisible de Ia carrera, pues, la calidad de la musica del que va a efectuar el eleva se deja sentir y, al ser reconocido como un igual poese nuclo de tocadores consagrados; pasa a formar parte de el. Despues del momenta iniciatico, se ha graduado sin rendir examenes segiln marca Ia liturgia academica y teniendo como jurado competente esa conciencia colectiva que lo evalu6 y aprob6 en secreta.

La tradici6n no escapa a las determinaciones de un fen6meno tan general en el evolucionismo social. El proceso evolutivo de las tradiciones, en efecto, se presenta bajo Ia apariencia de una lucha entre generaciones, ocultandose en ella Ia verdadera esencia del problema: Ia necesidad de garantizar a toda costa Ia continuidad de lo que se transmite de una generaci6n a otra.

La comparsa funciona, en tanto que exponente representativo de una comunidad, como una microsociedad. En su interior, pues, encontramos microestructuras establecidas a partir de un conjunto de valores compartidos por el conglomerado humano mayor y consagrados y codificados por Ia tradici6n. El arden interior no es estatico, por el contrario, esta siempre sacudido por frecuentes conmociones dadas por las contradicciones existentes entre sus componentes. Esta microsociedad esta conformada por personas de estratos sociales bastantes similares en los que se pone de manifiesto ese choque comunmente denominado lucha generacional, detnis del cual se esconden procesos de una complejidad aun mayor. El entramado de esta confrontaci6n se presenta asi:

a) *Una generación* vieja. Configura, en lo fundamental, el nucleo de direcci6n de Ia comparsa. Se caracteriza por su experiencia, el conocimiento de historias y leyendas en torno a determinadas cuestiones --como las cualidades artisticas y personales-- y por ser portadora de un conjunto de patrones y normas de conducta que recibi6 de sus antepasados y que mantiene y se encarga de trasladar a las generaciones subsiguientes. Este grupo trata de mantener Ia tradicion --yes, de facto, un nucleo selector-- para impedir Ia ruptura de esos patrones culturales en que se sustenta esa microsociedad.

b) Una gelleracion !!!il!J!!!. Su conducta social, en general, esta marcada por similares patrones y normas de Ia generacion anterior pero, como resultado de los requerimientos de las nuevas condiciones de vida, asume poslcl ones radicales --en gran medida inconscientemente-- en lo referente a Ia introduccion de innovaciones, lo que deviene en un conflicto generacional que, en su esencia, puede ser interpretado como el choque entre el tradicionalismo, entendido como conservacion, y el radicalismo, entendido como innovacion.

c) Una generación intermedia. En su apariencia se presenta como puente entre Ia vieja y Ia nueva generacion, pero esencialmente no es sino aquella generacion que, habiendo sido nueva, fue asimilada por la tradici6n, o sea, a la que el mecanismo selector permitio aprobar las innovaciones insertandolas de forma util en esta. Es, por tanto, parte principal de la fuerza reorientadora que garantiza la continuidad.

LARELGION

La comparsa-conga de Los Hoyos parece resumir en si misma los componentes de lo que se ha definido como cultura tradicional popular cubana. Abstrayendo de estos los factores de tipo histórico, resaltan las huellas, perfectamente perceptibles aun hoy, no s6lo en Ia esfera de la conciencia del grupo, sino incluso en el de su

pec liar manera de comportamiento social y cultural, dejadas entre sus mtegrantes por esa fragua de nuestra personalidad nacional que eron ls cabildos. Estos, en el caso que nos ocupa, reforzaron su mfluencJa con Ia de las denominadas tumbas francesas. En ese crisol se s tetizaron los aportes, en cuanto a valores espirituales y a pecuhares maneras de pensar y hacer de los africanos sus descendientes transculturados y los de los antiguos amos blandos en estrecho contacto con una realidad distinta que trastocaba su escala de valores y conceptos generales.

Si esas entidades organizativas de tanta relevancia tuvieron a su cargo el importante rol de servir de soporte para Ia sintesis aludida una responsabilidad muy elevada en ella descanso en Ia religion. E ef to,.aq ellosistemas de creencias y practicas magico-religiosas n? mstJtuc10nalizadas que contluyeron entonces, dieron origen a las difere tes expresiones religiosas del pueblo cubano tan conocidas y extendidas hoy. Esa carga de valores y comportamientos preservados Y tr smitidos!an beneficamente para nuestra cultura nacional por los cabddos, traena como fruto Ia emergencia de una concepcion del munode Ia vida que asumirian --con mayor o menor grado de conetencta-- las comparsas santiagueras, herederas inmediatas de todo ese pafrimonio valorado como herencia de excepcional riqueza. Tal fiJ sofia, sistematicamente elaborada o con menor grado de refinanuento en un caso u otro, y tales creencias y practicas religiosas populares con mayor especificacion, no solo son el sustrato de Ia conciencia social y grupal de los integrantes de Ia Conga de Los Hoyos, sino parte del soporte etico y espiritual de una peculiar escala de valores que rige su conducta y condiciona su vision del mundo.

Religion popular y camaval andan juntos entre estos comparseros porque, en primer lugar, Ia cultura tradicional de que son portadores no se desdobla en su conciencia ni en su actuaci6n cotidiana o para determinadas ocasiones de su existenciapara nosotros se nos transparenta Ia funcion de ligamenta que justamente ejerce Ia religion como elemento cohesionador del grupo. En efecto, si entre las disimiles y no siempre congruentes individualidades que convergen en el nucleo comparsero de Ia barriada hay una fuerza centripeta, esas son las creencias magico-religiosas mayormente compartidas, a pesar de los diversos matices que las mismas pueden tener. Los signos espirituales tan raigalmente inscriptos en su conciencia no son mas que el reflejo de las peculiares condiciones de vida cultural de nuestro pueblo que, sin dudas Ia Conga de Los Hoyos sintetiza y resume. Y, justamente porque este es un reflejo vivo y creador de tales condiciones, Ia religion constituye un factor de identificacion cultural de excepcional peso entre Ia comunidad y esa comparsa.

Esta identificacion tiene Iugar porque existe un sustrato cultural comun: los comparseros expresan en su conciencia y actuacion, las necesidades y valores mas altos consagrados por una tradicion que arranca de los origenes mismos de nuestro pueblo y de nuestra cultura nacional. De ahi que hablemos de un alto grado de religiosidad popular entre los integrantes de Ia comparsa y que esta se corresponde, bastante cercanamente con Ia conciencia religiosa de Ia propia comunidad en que Ia comparsa esta inserta y que constituye un elemento de subrayada importancia en esa conciencia colectiva que sirve de soporte a Ia manifestacion cultural objeto de nuestro .estudio.

\!/ALORACION SOCIOL06ICA

Al inicio de esta exposicion enumeramos un conjunto de hip6tesis y de consideraciones te6ricas surgidas en el proceso de observaci6n del nucleo central de Ia comparsa, del analisis testimonial y de nuestro propio conocimiento del carnaval. Basicamente, nuestras afirmaciones apuntaban a la e stencia de lo que denominamos una conciencia colectiva resultante de la interrelaci6n activa de ese nucleo cohesionador y Ia barriada en torno al carnaval. Dificilmente pueda encontrarse algo que ocupe tanto el tiempo y Ia atenci6n de estas personas como esta manifestaci6n cultural. Podriamos decir que el carnaval es para ellos raz6n de vida, mas que ocupaci6n o pasatiempo placentero. En tanto es asumido una relaci6n creadora -tanto en las esferas de Ia imaginacion y del intelecto, como en Ia del quehacer fisico-, el carnaval se convierte asi en generador relevante de conocimientos, comprension socio-hist6rica y orientaci6n de los sentimientos, Ia voluntad y Ia conducta de estos hombres, contribuyendo a unificarlos en una conciencia comun.

Resultaba indispensable conocer los criterios del barrio en torno al fen6meno estudiado, con un grado de independencia con respecto a los del nucleo directivo de Ia comparsa, grupo observado por nosotros durante un largo periodo de tiempo. A Ia informacion de las personas que participan activamente en Ia comparsa y de aquellas que, como masa espectadora, concurren a los ensayos y paseos, habia que sumar, pues, los juicios valorativos de un conjunto de gente de Ia barriada, muy numerosos en consideraci6n a Ia delimitaci6n geogritfica que de Ia misma establecimos inicialmente. Asi, seg(Jn los datos censales, el barrio de Los Hoyos cuenta con alrededor de 20 000 habitantes agrupados en 4 476 familias, cifra que constituye el universo en que se inscribe el objeto de imestra investigaci6n.

Para obtener esos datos seleccionamos una muestra de dicho universo, Ia cual debia satisfacer los siguientes requisitos:

a) ser representativa de la poblaci6n, id est, que aglutinase a todos los estratos sociales y

b) ser pequena para permitir su manipulaci6n.

Aplicamos el metodo de muestreo aleatorio estratificado:

correspondencia con Ia estructura de asentamientos poblacionales que hist6ricamente habian mantenido las capas sociales del barrio. Asi, en dependencia del numero de familias residentes en cada una de estas micro-porciones, fue seleccionado aleatoriamente un numero de familias proporcional a cada una de estas micro-areas hasta completar la cifra de 133 para el area total.

A continuaci6n presentamos los datos de la composici6n de Ia muestra:

COMPOSICION DE LA MUESTRA

ATENDIENDO AL TIEMPO DE RESIDENCIA ENELBARRIO

TIEMPO DE RESIDENCIA	Nro. DE FAMILIAS	%
0 - 5 aflos	14	10,5
5,1 - 10 "	8	6,0
10,1- 15 "	2	1,5
15,1 -20 "	17	12,8
20,1 - 25 "	8	6,0
25 - 30 "	5	3,8
30,1 - 35	9	6,8
Masde 35 "	69	51,9
No determinada	1	0,7
TOTAL	133	.100,0

Como puede apreciarse, casi el 52 % de las familias encuestadas tiene mas de 35 afios de residencia en el barrio, lo cual resulta una cifra significativa, entre otras razones, porque demuestra un gran arraigo de la poblaci6n y posibilita una mayor validaci6n de sus juicios y valoraciones emitidos acerca de las tradiciones y costumbres de su propia comunidad. Lo seria mas si tomamos en cuenta que un 6,8 % de las familias lleva de 30 a 35 afios residiendo tambien alii, lo que totaliza un 58,7 %de elias con mas de 3 decadas de residencia.

AT£NDIENDO A LA COMPOSICION RACIAL

RAZA	No. DE FAMILIAS	%
negros	41	30,8
blancos	27	20,3
mulatos	51	28,4
chinos	7	5,3
no definidos	7	5,2
TOTAL	133	100,0

Obviamente, al hablar aqui de razas tomamos en cuenta los juicios criticos que sobre esta asunto han emitido muchos especialistas; lo hacemos, pues, desde un punto de vista etnico-cultural. Los datos obtenidos, no obstante, subrayan el que este barrio fue asentamiento tradicional de negros desde Ia colonia, en particular asi lo demuestra la cifra de un 69,2% de familias integradas por negros y mulat s.

ATENDIENDO A LA ESCOLARIDAD DE LA FAMIUA

ESCOLARIDAD	No. DE FAMILIAS	%
Menos de 6to. Grado	6	4,5
Con 6to. Grado	14	10,5
Secundaria Basica	46	34,6
Pre-Univcrsitario	47	35,3
Universitario	9	6,8
No Determinada	11	8,3
TOTAL	133	100,0

Como puede verse, casi el 70 % de las familias posee una escolaridad que oscila entre la Secundaria Basica y el Pr-universitario, estructura educacional que se corresponde con la medta de escolaridad de Ia poblaci6n de Ia isla. Resulta un dato confiable, aunque no dejamos de tener en cuenta la tendencia general a ex gerar el indice educacional en aquellas personas hist6ricamente somettdas a una situaci6n de marginalidad desde el punto de vista socio-cultural.

ESTRUCTURA DE PARENTESCO

En cuanto a Ia composici6n de Ia familia segun las relaciones de parentesco, nos parece importante estudiar su homogeneidad, entendida como Ia existencia de lineas de parentesco directas, homogeneas, esto es, en el sentido continuo de Ia familia; o indirectas, heterogeneas en el sentido discontinuo de Ia familia. En general, hemos podido apreciar una tendencia a Ia configuraci6n de familiar macro y multinucleadas, Ia cual parece poner en tela de juicio la existencia de Ia Hamada familia tradicional, tal como Ia hemos tornado y concebido en Cuba. Estos son los resultados de Ia muestra:

ESTRUCTURA FAMILIAR	No. DE FAMILIA	%
Homogeneas	117	88,0
Heterogeneas	14	10,5
Sin clasificar	2	1,5
	133	

La validez de Ia muestra ha quedado demostrada por los resultados de los analisis expuestos. Esta muestra, por tanto, es significativa tanto con respecto a Ia poblaci6n como en relaci6n al objeto mismo de nuestra investigaci6n. Concluido, asi, el proceso de analisis de Ia validez de Ia muestra, pasemos a examinar Ia tradici6n carnavalesca del barrio y su comparsa, como su forma mas significativa de expresi6n cultural.

TRADICION CARNAVALESCA

Aproximadamente las tres cuartas partes (74 %) de las familias encuestadas se declararon vinculadas con Ia tradici6n carnavalesca. Si tomamos en cuenta Ia representatividad de la muestra, estamos en condiciones de inferir que se trata de un barrio con una poderosa tradici6n carnavalesca. Los datos siguientes refuerzan esta afirmaci6n:

TIEMPO DE RESIDENCIA E.N EL BARRIO Y TRADICION CARNAVALESCA

AÑO DE RESIDENCIA EN EL BARRIO	No. DE FAMILIAS	TRADICION CARNAVALESCA			
		SI		NO	
		CANT.	%	CANT	%
Mas de 20 "	91	72	79	19	21
No determinado	1	1	100		
TOTAL	133	98	74	35	'26

El 79 % de las familias de mayor tiempo de residencia en el barrio manifest ron estar vinculadas con Ia tradicio\ del carnaval. Este porcentaje es de por si significativo y ratifica justamente la tradicionalidad carnavalesca de Los Hoyos.

TRADICION COMPARSERA

Es necesario definir aqui que entendemos por tradici6n comparsera. Comparsero es quien participa activamente en una comparsa, pero .pue acerlo por costumbre u ocasionalmente. Sin embargo, existe tradtcton comparsera cuando una familia o barrio lo hace habitualmente, o sea, cuando esa acci6n se ha convertido en una

aceptada como una costumbre. Aqui, como en tantas otras cosas Ia práctica se convierte en el elemento definitorio; aunque ésta definicion no excluye Ia identificaci6n emocional y espiritual con el f n6meno de la comparsa. En efecto, hay muchas personas que stenten Ia comparsa como bien patrimonial suyo o de Ia comunidad y lo reconocen como .forma de expresi6n de su cultura, con lo cual podriamos estar en condiciones de declararlas con tradici6n carnavalesca, aunque elias no participen activa y permanentemente en Ia comparsa. Algo parecido ocurre en nuestro deporte nacional, el base ball, donde todos los famiticos o seguidores apasionados de un equipo no por su aficci6n, son miembros del mismo.

El 43 % de las familias que se encuestaron tienen tradici6n comparsera, Ia que aumenta con el numero de afios de residencia en el barrio, segun lo evidencia el siguiente cuadro:

TRADICION COMPARSERA Y TIEMPO DE RESIDENCIA ENELBARRIO

TIEMPO DE RESIDENCIA EN EL BARRIO	No. DE FAMILIAS		TRADICION COMPARSERA				NO RESP.	
	CANT.	%	SI		NO		CANT.	%
			CAT.	%	CANT	%		
0 - 20 anos	41	100	13	32	28	68		
20,16 mas	92	100	44	48	47	51		
TOTAL	133	100	57	43	75	56		

Observemos que el mayor tanto porciento de las familias con esta tradici6n corresponde a las familias con 20 afios o mas de residencia en el barrio, lo que representa casi Ia mitad de Ia poblaci6n. Las familias con menos tiempo de residencia proceden generalmente de otros barrios con tradici6n comparsera. Tambien hay personas que no vivian en el barrio, pero cuyos vinculos familiares en el le proporcionaban un margen de participaci6n en Ia comparsa de Los Hoyos.

Resulta un indicador sumamente elocuente que 4 de cada 10 familias estan vinculadas a Ia tradici6n comparsera, lo cual fundamente a(m mas nuestra afirmaci6n, hecha mas arriba, de que en el barrio de Los Hoyos Ia practica del camaval se ha consagrado y esta tradici6n festiva se identifica basicamente con Ia participaci6n en la comparsa.

ESTRUCTURA RACIAL Y TRADICION CARNA\'ALESCA

La composici6n racial es un factor tanto en Ia participaci6n regularizada en Ia comparsa como en lo que respecta a Ia tradici6n camavalesca. Lo es por efecio de los fen6menos de endoculturaci6n y etnocultura; asi, se aprecia cierto predominio de Ia cultura eurooccidental en los casos de mestizaje. Veamos el cuadro siguiente en que podremos ilustras lo que intentamos decir:

£STRUCTURA RACIAL Y TRADICION CARNAVALESCA

ESTRUCTURA RACIAL	No. DE FAMILIAS		TRADICION CARNAVALESCA			
			SI		NO	
	CANT.	%	CANT.	%	CANT.	%
Negros	41	100	32	78,0	9	22.0
Blancos	27	100	78	66,7	9	33,3
Mulatos	51	100	39	76,5	12	23,5
Chinos	7	100	5	71,5	2	28,6
No Definidos	7	100	4	57,1	3	42,9
TOTAL	133	100	98	74,9	35	26,0

Creeemos que el dato mas significativo es el de el 66 % d.ls personas blancas que se declararon vinculadaa Ia .tradt ton carnavalesca. Igual que el alto porcentaje de mulatos, esta ctfra mega el estereotipo cultural tan aceptado referido a que el cam.val es una "cosa de negros". Nos indica, asimismo, Ia alta aceptac10n de este fen6meno espiritual por parte de toda Ia sociedad y su arraigo. Antes de continuar comentando estos datos estadisticos, nos parece oportuno presentar Ia relaci6n entre Ia composici6n racial y la tradici6n comparsera.

ESTRUCTURA RACIAL Y TRADICION COMPARSERA

ESTRUCTURA RACIAL	No. DE FAMILIAS		TRADICION COMPARSERA					
	CANT.	%	CANT.	%	CANT.	%	CANT.	%
Negros	41	100	21	51	20	49		
Blancos	27	100	12	44	15	56		
Mulatos	51	100	16	31	34	67	2	
Chinos	7	100	5	71	2	29		
No Definida	7	100	3	43	4	57		
TOTAL	133	100	57	43	75	56	1	

Observamos dos fen6menos a nuestro juicio muy significativos en esta tabla:

a) Aunque Ia participaci6n regularizada en Ia comparsa es alta en el caso.de los negros, Ia de los chinos Ia sobrepasa en un 20 %. Puede ad ctrse,f vor de este desbalance el reducido numero de familias de ongen astattco existente en Ia muestra.

b) La tradici6n comparsera de las familias mulatas es inferior en un 13 % con respecto a la de las familias blancas.

Aventuramos a continuaci6n algunas reflexiones. Cabe la posibilidad de que para cada caso entren en juego las siguientes motivaciones:

En cuanto a los chinos, apreciamos una fuerte asimilaci6n por parte de Ia cultura "negra", semejanza producida por el predominio de esta en el batTiO y por e) hecho de que)os asiatiCOS constituyen una minmia etnica alii. Un mecanismo similar pero en direcci6n contraria funciona en el caso de las familias mulatas: en elias se aprecia una excesiva equiparaci6n con los valores de una cultura supuestamente "blanca".

Esta ultima identificaci6n puede responder a un complejo racial que se manifiesta en una tendencia a acercarse a los modelos de Ia cultura eurooccidental expuestos por Ia clase dominante como ideales a que debian aspirar todos los estratos de Ia sociedad. Esta orientaci6n clasista tiene un correlate negativo: en el fondo evidencia una actitud que subvalora las expresiones de Ia cultura "negra" o, cuando menos, opera prejuiciadamente en relaci6n con los contenidos, valores esteticos y eticos y alcance de los mismos. Es dificil, obviamente, desembarazarse de las taras de una herencia colonial que cumpli6 quinientos afios mas, en particular, es en la esfera de Ia conciencia en que todos estos prejuicios funcionan con un maximo de intensidad y amplitud.

En tanto estos comentarios no dejan de tener cierto matiz especulativo, deben asumirse como interrogantes que deber{m ser despejadas y tratadas en un estudio exhaustive que rebasa las pretensiones de nuestro trabajo.

CONCIENCIA DE LA TRADICION COMO PART£ DE LA IDENTIDAD CULTURAL

.. En el presente estudio destacamos factores que han permttldo comprobar Ia existencia en estas farnilias de una conciencia colectiva como soporte de esta manifiestaci6n carnavalesca que es Ia comparsa. A saber son los siguientes:

1. El juzgar Ia comparsa como expresi6n de Ia cultura del barrio.
2. La voluntad de preservar y mantener viva esta tradici6n comparsera.

..Seglln los datos expuestos a continuaci6n, las opiniones de las farrulms encuestadas fueron muy significativas en relaci6n con Ia primera de estas dos variables:

Criterios de Ia comparsa como expresion
cultural de-la barriada

No. DE FAMILIAS		SI		NO		NO RESPUESTA	
CANT.	%	CANT.	%	CANT.	%	CANT.	%
133	100	122	91,7	9	6,8	2	1,5

Cas,el 92 % de las familias consideraron a Ia comparsa como expreswn de Ia cultura del barrio. Esta cifra tan alta nos indica que aun cuando una gran cantidad de personas no toman parte activa

en Ia comparsa, hay una identificaci6n casi total del barrio con esta. Es en base a este hecho social que Ia comparsa tiene el poder de representar al barrio en este gran fen6meno cultural que es el carnaval.

Al analizar esta primera variable, nos percatamos de que se trata de una estructura en Ia que el tiempo de resldencia, la raza y Ia escolaridad influyen en el grado de conciencia colectiva de este fen6meno al que nos estamos refiriendo. E!! efecto, aunque las diferencias no sean tan notables, el aumento del tiempo de residencia o del nivel de escolaridad le otorganin una mayor o menor representatividad a Ia comparsa como expresi6n de Ia cultura del barrio. Las tablas siguientes asi lo demuestran:

TIEMPO DE RESIDENCIA Y CRITERIO DE LA COMPARSA
COMO EXPRESION CULTURAL DEL BARRIO

TIEMPO RESIDENCIA	No. DE FAMILIAS		COMPARSA COMO EXPRESION CULTURAL DEL BARRIO					
			SI		NO		NO OPINION	
	CANT.	%	CANT	%	CANT.	%	CANT.	%
Hasta 20 rulos	41	100	34	82,9	5	12,2	2	4,9
Mas de 20 afios	91	100	87	95,6	4	4,4		
No Deterrninados		100	1	100,0				
TOTAL	133	100	122	91,7	9	6,8	2	1,5

ESTRUCTURA RACIAL Y CRITERIO DE LA COMPARSA COMO EXPRESION CULTURAL DEL BARRIO

ESTRUCTURA RACIAL	No. DE FAMILIAS		COMPARSA COMO EXPRESION CULTURAL DEL BARRIO					
			SI		NO		NO OPINION	
	CANT.	%	CANT.	%	CANT.	%	CANT	%
Negros	41	100	39	95,1	2	4,9		
Blancos	27	100	25	92,6	1	3,7	1	3,7
Mulatos	51	100	45	88,2	6	11,8		
Chinos	7	100	7	100,0				
No definido	7	100	6	85,7				14,3
TOTAL	133	100	122	91,7	9	6,8	2	1,5

ESTRUCTURA EDUCACIONAL Y CRITERIO DE LA COMPARSA COMO EXPRESION CULTURAL DEL BARRIO

ESCOLARIDAD	No. DE FAMILIAS		COMPARSA COMO EXPRESION CULTURAL DEL BARRIO					
			SI		NO		NO OPINION	
	CANT.	%	CANT.	%	CANT	%	CANT	%
Menos de 6to. Gr.	6	100	5	83,3			1	16,7
6to. Grado	14	100	12	85,7	2	14,3		
Secundaria Basica	46	100	45	97,8	1	2,2		
Pre-Universitario	47	100	43	91,5	4	8,5		
Universitario	9	100	7	77,8	2	22,2		
No determinada	11	100	10	90,9				9,1
TOTAL	133	100	122	91,7	9	6,8	2	1,5

Como ha podido apreciarse, existen ligeras fluctuaciones en el criteria valorativo que venimos estudiando, las que est{m dadas precisamente por los tres parametros aludidos: arraigo, r? a, escolaridad. Los rangos se moveran desde un 96% entre las famtltas de origen chino y de negros, hasta un 91 % en los mulatos y blancos; entre el 93 y 78 % sin nivel universitario y con este y entre el 96 Y el 83 % con mas o menos de 20 afios de.residencia en Los Hoyos.

En una pregunta abierta de la encuesta, los vecinos se pronunciaron libremente en torno a este criteria valorativo. Estas son sus opiniones sobre la comparsa:

- La heredamos de nuestros antepasados y no puede perderse.

- Es tradici6n, siempre ha existido, es hist6rico.

- Es lo unico que mantiene la tradici6n carnavalesca que en otros aspectos se ha perdido.

- Lleva afios representando el barrio.

- Mantiene todo el ritual antiguo y representa lo tipico del barrio.

- Mantiene su esencia y su tradici6n cultural.

- Hay gran satisfacci6n e identificaci6n con la comparsa.

- Alegra al barrio con su musica.

- Es del pueblo y propio de la barriada.

- Sin cov:ga no hay camaval.

- Es antigua, tradicional, del barrio, sin ella el barrio perderia su alegria.

- Es necesario, al pueblo le gusta y forma parte de esa tradici6n.

- Caracteriza al barrio.

Es propio del barrio aun cuando no sea epoca del carnaval.

- Atrae y llama a la barriada.

- Estimula el alma del barrio y de todos.

- Refleja lo que es capaz de hacer el pueblo que se viste, participa y disfruta.

- Es una tradici6n del barrio, no se puede vivir sin ella, se lleva en la sangre como herencia de los antepasados.

- Es la del barrio, la nuestra.

- Esta tormada por los vecinos del barrio, expresa el sentir de   estos y los representa.

Es forma de expresi6n espiritual de la barriada.

- Si deja de existir, la barriada pierde su raz6n de ser. Ellas pnicticamente fundaron los carnavales.

- Es forma de expresi6n del barrio; se disfrutan y sufren sus   exitos y fracasos como si fueran los de la barriada.

- Es patte de la tradici6n del bamo aslstlr a los ensayos,   salir con la comparsa, etc.

Expresa el sentir de la barriada. En el caso de Los Hoyos su   toque es el mas tradicional.

- Es la forma original de diversion de Ia barriada desde Ia epoca de Ia colonia.

- Surge del barrio y refleja su identidad cultural.

- Alii estan nuestras raices culturales, porque ademas es la expresion de una comunidad, del sentir popular del barrio.

- Forma parte de Ia tradicion y dla historia del barrio.

2) En cuanto a Ia voluntad de preservar y mantener viva la tradicion

no sea muy ostensible. Asi el 93 % de las familias coincidieron en la

No. DE FAMILIAS		CRITERIOS DE SI LA COMPARSA DEBE O NO MANTENERSE					
CANT.	%	CANT.	%	CANT.	%	CANT.	%
133	100	124	93,2	2	1.5	7	5,3

Tambien a! analizar esta segunda variable, nos damos cuenta que entran en juego los mismos elementos incluidos en el analisis de la primera: arraigo, raza e indice educacional. Ellos influiran en Ia decision de preservacion de la comparsa, seglln los datos arrojados en la siguientes tablas:

TIEMPO DE RESIDENCIlt "{ CRITERIOS SOBRE MANTENER LACOMPARSA

TIEMPO DE RESIDENCIA	No. DE FAMILIAS		TRADICION COMPARSERA					
	CANT.	%	CANT.	%	CANT.	%	CANT.	%
Hasta 20 afios	41	100	36	88		2	4 3	10 3
No definido	1	100		100				
TOTAL	133	100	124	93.2	2	1,5	7	5,3

Observamos que el 96 % de las familias con mas de 20 an?s en Los Hoyos juzga que Ia comparsa debe ponerse a res .ardo y solo el 1% se opone a este pronunciamiento. Inclu.s? las fanuhæcon menor arraigo en el barrio abogan por su preservacton en un 88 Yo.

ESTRUCTURA RACIAL Y CRITt:RIOS SOBR£ MANTt:Nt:R LA
COMPARSA

ESTRUCTURA RACIAL	No. DE FAMILIAS		CRITERIOS DE MANTENER LA COMPARSA					
			SI		NO		NO OPINION	
	CANT.	%	CANT.	%	CANT.	%	CANT.	%
Negros	41	100	41	100.0				
Blancos	27	100	25	92,6			2	7,4
Mulatos	51	100	47	92,6		2,0	3	5,8
Chinos	7	100	7	100,0				
No definida	7	100	4	57,1		14,3	2	28,6
TOTAL	133	100	124	93,2	2	1,5	7	5,3

. Resulta .elocuente que el 100 % de las familias negras y china,se pronunClen por Ia preservaci6n de la conga. Llamamos Ia atenclon sobre el hecho de que el 4 % de las familias que plantearon que Ia,comparsa ya no era representativa del barrio, ahora plantean que . si d.ebe cons rvarse aun cuando opinan que debe surgir modlficacl0nes de dl versa indole: Por ejemplo, opinan que debe ser depurada su composici6n para que siga siendo representativa al recuperar toda su tradicionalidad.

Entre las familias de blancos y mulatos hay tambien un incremento de 4 % en. elaci6n con Ia primera variable ya analizada mas arriba. Estas f has se pronunciaron asimismo por los cambios y la depuracl0n que deben operarse en Ia comparsa.

£STRUCTURA EDUCACIONAL Y CRITERIOS SOBRE
Mltffft:Nt:R LA COMPARSA

ESCOLARIDAD	No. DE FAMILIAS		CRITERIOS DE MANTENER LA COMPARSA					
			SI		NO		NO OPINION	
	CANT.	%	CANT.	%	CANT.	%	CANT.	%
Menos de 6to. gdo.	6	100	4	66,7			2	33,3
6to. Grado	14	100	13	92,9				7,1
Sec. Basica	46	100	45	97,8				2,2
Preuniversitario	47	100	45	95,8		2,1		2,1
Universitario	9	100	8	88,9				II'1
Nodefinido	11	100	9	81,8		9,1	1	9,1
TOTAL	133	100	124	93,2	2	1,5	7	5,3

Aqui los porcentajes vuelven a aumentar siempre con respecto a Ia primera variable. Los rangos se mueven entre el 96 % sin nivel universitario y el 88,9 % con ese nivel. En este parametro esta presente lo apuntado en el analisis de Ia estructura racial.

Se impone aqui someter a examen las siguientes consideraciones:

1. La tradici6n actua como una fuerza modeladora que impone los criterios en torno a Ia preservaci6n de Ia comparsa como manifestaci6n representativa de Ia cultura del barrio. Es natural que ejerza su influencia sabre las familias de mayor arraigo, las que actuan en favor de Ia preservaci6n de sus costumbres y de aquellas expresiones relacionadas con su propia historia.

2. El 100 % de los negros que se pronuncian por Ia conservaci6n responden a una actitud consecuente tanto como a un fen6meno que los envuelve desde Ia cuna y los acompaiia a Ia tumba: Ia comparsa, es decir, el carnaval. Los chinos no actuan por mimetismo ni por simple asimilaci6n por parte de Ia cultura negra: ante Ia imposibilidad de ltaber podido expresar abierta y publicamente los contenidos y formas propios de su espiritualidad en el marco de Ia colonia y de Ia Republica ha!l asumido como patrimonio las manifestaciones de una cultura con amplios margenes de predominio. Eso dice mucho a favor de Ia solidez de nuestra cultura nacional.

3. La semejanza porcentual existente entre blancos y mulatos subraya el acercamiento de los segundos a los primeros. No obstante el alto tanto por ciento de criterios a favor de Ia preservaci6n de Ia comparsa que elias en conjunto manifiestan, evidencia dos casas: a) Ia alta influencia de Ia cultura de los negros sabre el resto de los integrantes del barrio; b) el que Ia comparsa no es vista ya, como en el pasado, como una "cosa de negros" solamente, sino como expresi6n de un conglomerado cultural en que las razas se han fundido. Volveren; os sabre este punta controvertido en las consideraciones te6ricas finales.

Las razones aducidas por los habitantes del barrio para sustentar estos criterios de preservaci6n de Ia comparsa tienen una riqueza y variedad que ayudan a comprender aun mas el alcance de Ia

fuerza de la tradici6n camavalesca en toda .ta. comunida. A continuaci6n relacionamos a prop6sito las pnnctpales optruones vertidas en una pregunta abierta de Ia encuesta.

- Es reflejo de nosotros mismos, de nuestra tradici6n.

Para que no se pierda Ia tradici6n.

Para mantener el folklore.

- Significa mucho para nosotros como raiz popular.

Sin Ia comparsa el barrio no es nadie.

Se perderia Ia tradici6n y dejaria de ser el carnaval.

Es muy propio del barrio.

- Es tradicional. El barrio se disgustaria, dejaria de ser si le quitan su comparsa.

- Es Io que mantiene el espiritu camavalesco.

- Representa autenticamente nuestro idiosincrasia.

- Es expresi6n de Ia barriada, es su entretenimiento.
- Es el alma del pueblo santiaguero.

- Es una tradici6n. Sin Ia conga, el barrio noes barrio.

Nose puede acabar, es oriundo nuestro, esta en nuestras raices.

- Le gusta al barrio. Es Ia alegria de Ia gente.

- Fonna parte del barrio y lo cáracteriza.

- Es una tradici6n, es un problema de idiosincrasia, es Ia cubania.

- Es Ia alegria del barrio.

- Es unidad de los vecinos, alegria y diversion.

- Responde a la forma de pensar del barrio, lo identifica como comunidad.

- Es parte de Ia tradici6n del barrio.

- Para que las nuevas generaciones la conozcan.

- Es la alegria y la tradicion del pueblo representando a Ia barriada.

- Es parte de Ia vida cultural de Ia barriada.

- Da mas vida al camaval.

- La comunidad Ia necesita.

- Es una de las pocas cosas que quedan de Ia tradici6n y que dan vida al camaval.

- Reune todo el pasado rustorico del barrio.

- Cada barrio tiene su comparsa, es parte de Ia actividad   competitiva entre estos y forma parte de su alegria.

REUGION, CARNAVAL Y COMPARSA

Las creencias y pnicticas religiosas son un soporte etico y espiritual que influyen en las valoraciones y conducta de los integrantes de Ia comparsa. En Ia base social natural -Ia barriada-, el grado de conciencia religiosa se amplia aun mas, en raz6n de los margenes de libertad de culto consagrados por nuestra legalidad. Antes de pasar a exponer los resultados arrojados por Ia encuesta nos parece obligado expresar algunos juicios que podrian ayudar a justipreciarlos mejor.

En primer Iugar, hay que tomar en cuenta Ia actitud bastante generalizada de prejuicios existentes en Cuba con respecto a Ia religion. Se ha hecho publico en mas de una ocasion el angulo politico del asunto, dado por los conflictos que tuvieron Iugar desde principios de 1959 entre Ia iglesia catolica y el estado revolucionario. Sus causas tambien son bien conocidas: aquella instituci6n religiosa se alineo a los reductos de la clase social desplazada del poder, planteando una postura de confrontacion frente al proceso de cambios radicales abierto en enero de 1959. Esta brecha se malinterpreto y fue manipulada por algunos dogmaticos torcidamente. En un periodo en que Ia lucha de clases se puso al"rojo vivo". esta esfera de las ideas y las pugnas politicas involucro a ciertos sectores religiosos, pero no a aquellos portadores genuinamente populares.

A ello hay que sumar el "aporte" de ciertas mixtificaciones ideologicas que contribuyo a complicar Ia madeja. Una inadecuada interpretacion del canicter de Ia concepcion del mundo --marxista-leninista-- que se abrazo como filosofia oficial, condujo a valorar como vergonzantes las creencias y pnicticas magico-religiosas de amplios sectores del pueblo cubano que abrazaron el socialismo como causa politica definitiva. Este aspecto de indole coercitiva, provoco que muchos de estos creyentes negasen su vinculacion con Ia religion o, cuando menos, mantuvieran sus creencias en Ia mayor intimidad. A causa del proceso de rectificacion de errores, henios podido comprobar en los ultimos aiios como se esta haciendo todo lo posible por restituir el lugar que Ia religion ha ocupado historicamente en el proceso de luchas del cubano por su emencipacion total.

El conocimiento de esta situacion nos obligo a considerar restrictivamente como religiosas a aquellas personas que en sus cuerpos o en alg(In lugar de Ia casa mostraban signos visibles que las identificaban como tales y/o la manifestaban abiertamente.

Experiencias previas nos hicieron calcular, conservadoramente, que estas personas representaban el 70 % de las que las profesaban realmente. Es por ello que el 50 % en adelante de las personas encuestadas que manifestaban sus creencias y/o signos de religiosidad

No obstante, los datos estadisticos nos proporcionaron casi un 55 % de las familias encuestadas con signos ostensibles de religion. Nos parece que este porcentaje nos situa en condiciones de estimar en alrededor de un 80 % Ia cantidad de familias realmente religiosas,

afirmacion que anteriormente habia sido formulada por nosotros en base a los estudios realizados a lo largo de casi 20 afios.

El componente racial esta presente con un peso considerable en Ia religion. Un 73 %de las familias negras y chinas manifiestan ser creyentes o evidencian signos religiosos, mientras que en las familias blancas y mularas solo se alcanza un 43 %. Observemos los detalles relacionados con estas creencias.

ESTRUCTURA RACIAL'/R£IJ610SIDAD OST£NSIBLE

ESTRUCTURA RACIAL	No. DE FAMILIAS		RELIGIOSIDAD MANIFIESTA Y OSTENSIBLE			
			SI		NO	
	CANT.	%	CANT.	%	CANT.	%
Negros	41	100	30	73,2	11	26,8
Blancos	27	100	12	44,4	15	55,6
Mulatos	51	100	22	43,1	29	56,9
Chinos	7	100	5	71,1	2	28,6
No definida	7	100	4	57,1	3	42,9
TOTAL	133	100	73	54,9	60	45,1

En efecto, llama Ia atencion que casi se igualan los po centajes de los negros y los chinos y la suma de ambos sobrepasan en casi un 20 % a Ia de blancos y mulatos.

ESCOLARIDAD Y R£LI610SIDAD OSTENSIBLE

ESCOLARIDAD	No. DE FAMILIAS		RELIGIOSIDAD MANIFIESTA Y OSTENSIBLE			
			SI		NO	
	CANT.	%	CANT.	%	CANT.	%
Menos de 6to. Gr.	6	100	4	66,7	2	33.3
6to. Grado	14	100	9	64,3	5	35.7
Secundaria Basica	46	100	29	63.0	17	37.0
Pre-Universitario	47	100	19	40,4 *	28	59,6
No determinada	11	100	8	72,7	3	27,3
TOTAL	133	100	73	54,9	60	45,1

La ausencia de ostentación de las creencias religiosas de se marufiesta en una relacion inversamente proporcional a la escolaridad promedio de las familias. Mas llama la atencion que esta inversion en la propocionalidad se acentua en aquellas familias con estructura hoMofamiliaR. En este caso nos atrevemos a aventurar que se trata de ocultamiento de las creencias religiosas, por efecto de la influencia de las generaciones jovenes sobre sus antecesores. No tenemos que evidenciar que, en sentido general, los jovenes consideran estas creencias como vergonzantes, en razon de lo que ya explicamos mas arriba. Para ilustrar nuestro comentario anterior presentamos como se comporta la religion con respcto al predominio familiar.

PREDOMINIO FAMIUAR Y REU610SIDAD OSTENSIBLE

ESTRUCTURA FAMILIAR	No. DE FAMILIAS		RELIGIOSIDAD MANIFIESTA Y OSTENSIBLE			
			SI		NO	
	CANT.	%	CANT.	%	CANT.	%
Homofamiliar	117	100	62	53,0*	55	47,0
Heterofamiliar	14	100	9	64,3	5	35,7
no detenninada	2	100	2	100,0		
TOTAL	133	100	73	54,9	60	45,1

TIEMPO DE RE.SIDENCIA Y REIJ610SIDAD OSTENSIBLE

El tiempo de residencia en el barrio es un factor importante en la interiorizacion y arraigo de los patrones culturales predominantes. Entre estos se destaca la religion la que, como dijimos

la conducta y valoraciones de los miembros portadores de esos

sentido fueron arrojados en la encuesta:

TIEMPO DE RESIDENCIA	No. DE FAMILIAS		RELIGIOSIDAD MANIFIESTA Y OSTENSIBLE			
				SI	NO	
	CANT.	%	CANT.	%	CANT.	%
Hasta 20 aftos	41	100	19	46.3	22	53,7
Mas de 20 aiios	9	100	53	58,2*	38	41,8
No determinada		100		100,0		
TOTAL	133	100	73	54,9	60	45,1

El indice de religiosidad de las familiar con mayor tiempo de residencia es superior en un 12 % de las de menor arraigo y supera en mas de un 3 % a la media total de la muestra.

TRADICION COM.PARSERA Y REIJ610SIDAD OST-:-NSIBLE

Para abundar en nuestra hipotesis de la vinculacion de la religiosidad popular con la comparsa, analizamos ahora en el cuadro siguiente el comportamiento justamente del fenomeno religioso en las

TRADICION COMPARSERA	No. DE FAMILIAS		RELIGIOSIDAD MANIFIESTA Y OSTENSIBLE			
				SI	NO	
	CANT.	%	CANT.	%	CANT.	%
Tiene tradici6n	57	100	38	66,7*	19	33,3
No tiene tradici6n	75	100	35	46,7	40	53,3
No respuesta	1	100				100,0
TOTAL	133	100	73	54,9	60	45,1

Las familias con tradicion comparsera superan en un 20 % mas a las familias sin ella, en lo que respecta a la religiosidad manifiesta y estan por encima de la media de la muestra en un 12 %.

TRADICION CARNAVALESCA / RELIGIOSIDAD OSTENSIBLE

Algo parecido sucede con las familias del barrio vinculadas raigalmente al carnaval en las que los signos ostensibles de las religiones populares cubanas marcan diferencias notables, como puede apreciarse en este cuadro.

TRADICION CARNAVALESCA	No. DE FAMILIAS		RELIGIOSIDAD MANIFIESTA Y OSTENSIBLE			
			SI		NO	
	CANT.	%	CANT.	%	CANT.	%
Tienen tradici6n	98	100	57	58,2*	41	41,8
No tiene tradici6n	35	100	16	45,7	19	54,3
TOTAL	133	100	73	54,9	60	45,1

El primer tipo de familia supera al segundo en un 12 %, lo que hace evidente que carnaval y religion estim intimamente relacionadas. Esas familias portadoras de determinadas tradiciones culturales se situan en un 3 % por encima de la media de la muestra, siempre refiriendose a esos signos visibles de los que estamos tratando.

Como resultantes del an{llisis de los dos tipos de familias que acabamos de presentar -los comparseros religiosos y los carnavaleros religiosos- se puede concluir que existe una relacion casi causal entre las expresiones carnavalescas mas arraigadas y los practicantes de las distintas religiones del pueblo cubano, las que son asimismo representativas de la cultura del barrio.

Tambien cabe aqui apuntar algunos elementos de juicio extraidos mediante las ovservaciones de campo realizadas en la comparsa y en el barrio, con anterioridad a las entrevistas de las familias de la muestra y que en estas se ratifican. Entre estos juicios nos parecen dignos de atencion los siguientes:

a) Signos predominantes de las religiones populares entre las familias negras y chinas.

b) Cierto grado de ocultamiento de los signos religiosos en las familias con mayor nivel educacional y mayor cohesion intema por el caracter homofamiliar del nucleo.

c) Menor indice de religiosidad ostensible en las familias blancas, entre las que se produce asimismo el ocultamiento de los signos en los casos que existe un nivel educacional superior y mayor cohesion intema, dada esta ultima --basicamente-- por el caracter homofamiliar del nucleo.

d) Mayor grado de ocultamiento de los signos visibles de religion en las familias mulatas, con subrayada tendencia a incrementar dicho ocultamiento en aquellas familias con alto nivel educacional y mayor cohesion interna, dada esta ultima por el caracter homofamiliar del nucleo.

Del analisis de las dos variables, religiosidad y tradicion camavafesca, y de otros factores concurrentes, puede derivarse Ia conclusion general siguiente: existe una relacion estrecha e intima entre las expresiones tradicionales del camaval y las religiones no institucionalizadas. Esta relacion justamente nos demuestra que la religion es uno de los factores interactivos de mayor peso configuradores de una conciencia colectiva que identifica a la comparsa de Los Hoyos como Ia expresi6n mas representativa de Ia cultura del barrio.

CONCLUSIONES

Ciertos elementos del arte trascienden su determinacion local al someterse a un proceso de socializacion en el que tenninan siendo interiorizados por un grupo social o comunidad y generalizados mediante manifestaciones diversas, como las festivas, o en su quehacer cotidiano. Dichos elementos imprimen un sella peculiar con el que hacen distintiva su cultura, Ia que remite casi necesariamente al soporte de su identidad particular y a la de un conglomerado humano mayoral que se denomina pueblo. Al remitir a este termino de pueblo, es referencia obligada ese otro, de complicada delimitacion, que se denomina nacionalidad. En esta misma linea de pensamiento, Joel James ha apuntado bacia el fen6meno de Ia singularidad de Ia cubania.

En efecto, este autor propane apresar Ia aparicion de los primeros vestigios de nuestra conciencia nacional, hecho que situa durante Ia Guerra de los Diez Afios (1868-1878) y lo microlocaliza en el universo del conocimiento regional que poseian los diferentes estratos de aquella sociedad local. Seglln este esfuerzo de conceptualizacion, es a nivel de estos tejidos de base que dicho conocimiento -en razon de los vinculos familiares, Ia convivencia y el media en que habitan- es transmitido al resto de Ia sociedad, de modo tal que el propio concepto de naci6n se circunscribiria, originalmente, en tenninos de region.

En el contexto de las manifestaciones culturales consagradas y codificadas por Ia sociedad,de las actividades festivas y de Ia cotidianeidad local, en Ia ciudad de Santiago de Cuba el camaval identifica y connota las expresiones mas genuinas y autenticas de nuestra cultura nacional, en tanto que --entre otras razones-- sostiene ese sentido de continuidad conherenciadora dado por Ia presencia del pasado en el presente que caracteriza a Ia tradicion.

El intrincado concepto que engloba localidad/tradicionl identidad cultural, se pone claramente en evidencia entre las familias y los comparseros residentes en el barrio de Los Hoyos cuando califican su comparsa de forma de expresion cultural de su banio. Consecuentemente, el inscribir su comparsa como un emblema portador de esa cultura del barrio, los conduce, consciente o inconscientemente, a interiorizar aquello que conforman sus patrones de nacionalidad y cubania. En la voluntad de mantener Ia comparsa actualizada y, a Ia vez, de preservar en ella determinadas expresiones artisticas tradicionales, confluyen fuerza encontradas: las del tradicionalismo y las del radicalismo. Estas se enfrentan en una Iucha por manter.er y cambiar Ia tradicion, pero se manifiestan con el ropaje de una Iucha generacional. El resultado consiste en el afianzamiento y Ia consolidacion del signo tradicion, sobre todo como efecto de Ia accion del vector reorientador resultante del choque de estas fuerzas contrapuestas. Asi quedan garantizada Ia continuidad y Ia tradicion.

AI estudiar las familias de Los Hoyos empleamos algunas variable sociologicas, como Ia escolaridad, el arraigo, la religion, Ia estructura de parentesco, la tradicion camavalesca y comparsera y Ia religion. En su examen tambien se pone en evidencia Ia conciencia colectiva de los comparseros y del barrio identificadora de esa expresion camavalesca que tanto contribuye a caracterizar a Los Hoyos: la comparsa. La comparsa es como algo que impone un peculiar modo de sentir y de actuar a los ciudadanos de esa pequeiia patria que es el barrio. Pequeiia patria en tanto que esa cultura asumida como propia y que se expresa, entre otros medias, a traves de Ia comparsa, es sintesis de las disimiles culturas -Ia espanola y Ia africana, en primer plano- que dieron origen a nuestra cultura nacional. En nuestro amilisis se aportan elementos que prueban Ia aceptacion porcentual mayoritaria de las familias encuestadas del significado de Ia comparsa como su forma de expresion cultural por excelencia y a su voluntad por preservarla.

El analisis de estas dos variables sociologicas: forma de expresi6n cultural del barrio y preservaci6n de Ia comparsa, nos confirma plenamente Ia funcion de esa "conciencia colectiva" referida mas arriba. En nuestras consideraciones hipoteticas a! inicio del trabajo, definimos esa conciencia colectiva no como mera suma de conciencias individuates, sino como conciencia comun en torno a objetivos claramente explicitados y aceptados por el grupo. El proposito principal del grupo se manifiesta en Ia voluntad competitiva de su representaci6n artistica en el certamen del carnaval,competencia que se convierte en centro de atencion del barrio en el transcurso de las fiestas.

En el cruce de las dos variables mencionadas en el parrafo anterior --en este segmento de Ia sociedad santiaguera que es el barrio de Los Hoyos y con respecto a su forma carnavalesca mas expresiva, Ia comparsa-- con las de estructura racial, religion, escolaridad, tradicion carnavalesca y comparsera, asi como en los cruces de estas ultimas entre si, se pone de manifiesto una suerte de unidad externa y contradicci6n interna que nos sugiere Ia oposici6n inherente a la conciencia colectiva del grupo humano estudiado y Ia conciencia de los individuos que lo componen.

contradicci6n intema se manifiesta en Ia ostentaci6n de signos reltgJOsos, en Ia tradicionalidad carnavalesca y comparsenentnr familias blancas y mulatas con respecto a las negras y a las chinas tambien entre aquellas familias con instrucci6n universitaria y las qu no Ia poseen. La unidad extema se patentiza en el gran manto porcentual de familias que atribuyen a Ia comparsa Ia representatividad artistica y que explicitan Ia voluntad por preservarla.

En los diferentes estratos que conforman la comunidad de Los Hoyos estan presentes los signos que distinguimos como de unidad y de contradicci6n. Unidad en Ia conciencia social que engloba a todos estos estratos como componentes de Ia idea y Ia voluntad de naci6n, en tanto les permite reconocerse en su forma de cxpresi6n cultural· contradicci6n, en las diferencias internas como estratos en relaci6 con los estereotipos socioculturales que les impuso Ia cultura de la clase dominante durante casi quinientos afios.

Derivado del presente estudio, se nos transparenta Ia necesidad de abordar determinados fen6menos de Ia sociedad cubana a partir del analisis de su celula social basica-la familia-- y de conglomerados humanos mayores, como las pequefias comunidades rurales y suburbanas, y los barrios urbanos tradicionales. En ellos debe encaminarse Ia bUsqueda de sus tradiciones locales, sus costumbres, el sentido de patria chica y de patria grande, asi como deben estudiarse aquellos intereses morales e intelectuales que, articulados con los elementos anteriores enumerados, constituyen m6viles de la conducta y elementos configurantes de Ia psicologia social de esas pequefias comunidades.

Asimismo, se afirma Ia importancia de los estudios de caso para los amllisis comparativos de estas microsociedades tan peculiares. Ellos nos permiten estar en condiciones mejores para examinar las manifestacines de Ia cultura tradicional representativas de estos segmentos de Ia sociedad cubana a los que nos estamos refiriendo. Valiendonos de procedimientos tales como Ia agregaci6n, Ia comparaci6n y Ia vinculacion de los resultados de tales estudios, podriamos encontrar detras de Ia heterogenea masa de esas manifestaciones y en Ia psicologia de los colectivos humanos que conforman su base social de apoyo, Ia solidez de una cultura nacional como Ia nuestra, Ia que nos revela --mas alia de sus contradicciones y de Ia forma de su unidad externa-- nuestra propia identidad. Los conflictos y Ia lucha para integrarlos, las diferencias y similitudes eXistentes en los elementos de esa totalidad mayor que nos distingue como naci6n, siempre nos remiten a Ia conciencia, y a Ia voluntad de fortalecer esa identidad como requisito sine qua nom para la existencia de esa totalidad. Con ese sentido de preservaci6n, transformaci6n y enriquecimiento dialectico de las tradiciones mas genuinas del pueblo debemos acercarnos al altar de nuestra cultura nacional.

CAPITULO 11

LAS VOCES DELOS INICIADOS

LOS INICIADOS

El carnaval es religion para el santiaguero; tiene todos los elementos propios de ella: su filosofia y su quehacer reiterative, su praxis creadora y un lenguaje especial que entienden sus protagonistas, pero que permanece inaccesible, cual criptograma, para los que no se han compenetrado con el. Su cuerpo doctrinal pocos lo han abstraido; Ia rrurada escrutadora solo se ha dirigido a sus aspectos visibles, en extrema subyugantes: a las comparsas y paseos en accion; al cromatismo del vestuario y los figurantes, como las carrozas y mamarrachos.

El camaval es un templo estructurado con jerarquias y contradictorias relaciones entre los que crean y los que dirigen; con sus sacerdotes, sus brujos y sus feligreses. A el no se acude en ocasion del calendario que marca Ia liturgia oficial de los seres humanos. En ese gran templo se comulga dia a dia y esa alquirrua de "recibir" a las fuerzas divinas no todos Ia conocen y manejan. Se comulga, si, a la luz de este sol que calienta aqui mas que en ning(Jn lugar del archipielago, o ante el conjuro de estas naches susurrantes de los tropicos.

A varios dioses en el camaval hay que rendirles: a las musas eroticas que no adrruten lirrutes humanos; al espiritu de Ia muerte; al gran Baco que levanta, lleno de jubilo, Ia copa, mientras observa el alcohol del azl!car de cafia o del vino del arroz que se extiende tambien por las llanuras interminables; al dios Pan, que sopla enloquecido su siringa y a Ia propia Santa Cecilia, protectora de las artes, quien lo secunda con las notas de un instrumento que se hunde en lo mas recondito del tiempo; a nuestra Ochun de los rios tranquilos y a Ia de los rios incontrolables, que nos empuja consciente a Ia sensualidad y al goce del cuerpo; al refulgente Apolo, que nos llama al sereno juicio y nos indica que debemos reconocer la Belleza; y a Ogiln y a Chango, con sus armas levantadas y su sempitema condicion de guerreros, swmpre dispuestos al combate, entre otros dioses no menos altivos.

Como toda religion, el camaval tiene sus ritos y ceremonias. A ellos hemos ido aproximandonos con nuestras teorias; ahora, permitiremos que el sujeto colectivo, duefio de Ia creacion y de la fuerza que sostiene estas fiestas, diga como es y ve a esta singular criatura surgida de su seno. Despues de todo, ese sujeto creador tiene derecho de aportar su propia voz y su humor acerca de este vastago que se resiste a envejecer y a desaparecer; despues de todo, el progenitor tiene derecho a hablar de Ia criatura que ha lanzado a! mundo y de Ia que, aunque sea en secreta, se enorgullece en su fuero intima.

Los comparseros primero se referiran a uno de los ritos mas fascinantes de Ia cultura; a su iniciacion en ese universo de Ia musica y Ia danza que se levanta como uno de los monumentos mas altos de nuestra cultura. Y, por los hilos de su voz, nos adentraremos en sus secretos y misterios mas ocultos; en sus intimidades de artistas puros que llevan Ia belleza prendida del cuerpo desde que ven Ia primera luz y que Ia levantan, a lo largo de su vida, como autentico

testimonio de su fe. Noes posible entender nuestro ser, que es decir
Ia sustancia de que estit hecha Ia cultura que nos moldea desde Ia
cuna al sepulcro; como no es posible entender Ia dinamica de
nuestra vida ante la Naturaleza misma, sin la vision de estos
anonimos hijos del pueblo que hoy tenemos el privilegio de
escuchar, respetuosos y atentos.

El hilo de sus vidas, a ratos vislumbradas por nosotros a traves de
los resquicios de su andar y hacer cotidianos, nos permiten ver el de
las nuestras; el de todos los que formamos parte de este conjunto
monumental que es Ia identidad del cubano. Siguiendo sus vidas nos
remontaremos a ese fenomeno definidor de nuestra cultura caribefia
que es el camaval, el que quedani asi, poco a poco, puesto al
descubrimiento por los mismos que lo crean y hunden cada afio,
despues de vivirlo basta la saciedad, en un letargo enriquecedor.

He aqui el fuego arrollador de su fe. He aqui el hombre que rie,
canta, danza y tafie sus instrumentos desde que despunta el sol hasta
que se hunde en el Occidente. He aqui Ia voz de los iniciados.

LA INICIACION, EL APRENDIZAJE
'/LA FAMILIA

Los veladores de los viejos ritos

A continuacion presentamos el testimonio de tres de los
comparseros de Los Hoyos nacidos entre la segunda
decada y la tercera de este siglo. Cronologica y emocionalmente se
ubican en aquel grupo creador que recibio la tradicion del camaval y
Ia ha guardado con celo. Son conscientes de su legado y velan
porque se mantenga lo mas cercanamente posible a su perfil
original; de ahi que oficien como sacerdotes de este culto en el que
no permiten facilismos ni concesiones a los miembros de las
generaciones mas jovenes. Pero su poder --y su virtud maxima—
podria radicar en Ia voluntad por no solo conservar lo heredado,
sino por mantener ese fenomeno cultural dentro de los limites
marcados por sus antecesores: en su esfuerzo y voluntad sostenidos
por no traicionar Ia creacion original.

Deben tenerse presente, no obstante, lo que testifican otros comparsantes pertenecen tambien al mismo grupo y que, por razones de organizacion del libro, ha sido colocados en su parte tercera. Para ser mas precisos: queremos remitir a las voces de Sebastian Herrera, Algines e Ibrahin, cuyos ecos contribuyen a completar la vision del sujeto colectivo sobre su objeto creado y sobre si mismos.

Los epigrafes que encabezan esta seccion son meras formas de clasificacion y ordenamiento de la informacion que aportan las fuentes orates. Sabemos que las vivencias, ideas, emociones y experiencias que se nos entregan, en la mayoria de los casos, aparecen entrecruzadas y en una unidad indisoluble. Algo semejante ocurrira con otros testimoniantes presentados mas adelante.

El quinto maYor

Eutimides Andres Sando Hechavarria nacio el O de noviembre de 1920 en San Ricardo y San Felix, en el seno de una familia hoyera cuyos integrantes todos eran tocadores de la comparsa y, en ese entonces, no se perdia el primer premio. Comenzo el aprendizaje de los instrumentos de la agrupacion cuando tenia unos nueve afios y, ya a los dieciseis, se hizo quinto mayor de aquella tremenda conga. El barrio actua poderosamente sobre la inclinacion y la entrada de aquel joven en la comparsa, porque en el existian artistas tradicionales con un influjo decisivo sobre adolescentes y jovenes. La primera vez que conocio la comparsa de Los Hoyos fue en ocasion de la salida de Los Nifios

Divertidos, organizada por los famosos directores Negrito y Sufiita, en una epoca en que;

> *las cosas no eran como ahora... Aquellos hombres se reunian y se multaban con el propósito de recaudar dinero para financiar los pormenores de la comparsa. Los tocadores de fundamento, de verdad, en aquella lejana época eran los señores Pablo Mojena, Abertico Maquindó, Urbanito, Luis Mariano, José Castillo, el difunto Alcarraz (quien era uno de los cabezas también), "Chencherencú" y Emedio Pomier. Tuve la suerte de aprender con ellos.*

Fidel Estrada Heredia nacio en la calle General Banderas, entre San Ricardo y San Rafael, el 24 de abril de 1927. Su testimonio subraya el valor de la tradicion comparsera de la familia en la vinculacion de sus miembros con el carnaval:

> *los primeros contactos que tuve con la conga del barrio fueron en 1937, cuando tenia 10 años. Mi familia estaba muy ligada a la conga. Mis parientes fueron congueros famosos: Alberto Maquindó, Germánico Sánchez, "Pililí", Eugenio Duany, Osvaldo Maquindó y "Tentén", hijo del viejo Germánico, que está en la comparsa todavia. En total eran unos 18 ó 20 compañeros de la misma familia y todos pasaron por la conga en algún momento. Desde pequeño me gustó la conga, era un problema de las raices culturales y eso yo lo sentia en el alma. Siendo un jovencito, me ponia a aprender cuando los tocadores estaban esperando la hora de comenzar los ensayos. Con el paso de los años, fuimos*

El requinto. comPa6ero de Por vida

Arlstides Garvey, Salchivo, naci6 el 15 de agosto de 1921 en Ia calle San Mateo, esquina a Reloj, y revela tambien Ia fuerza de la tradici6n familiar, aun cuando se trata, como en su caso, de unfamiliar suyo excepcional:

Los renovadores

Nacidos entre las postrimerias de Ia tercera decada y los inicios de Ia quinta de este siglo, ellos configuran Ia generaci6n intermedia entre Ia anterior y Ia que le continua. Su fuerza renovadora radical sufri6 un vuelco en el choque con Ia generaci6n del conservadurismo y se adapt6 mejor a un ritmo, en que el cambio debia trascurrir por cauces pacificos. Es Ia que definitivamente va a desempenar el papel de cultivar y proteger el legado cultural depositado en manos del grupo anterior, incorporando en el elementos novedosos propios de los contextos y de las experiencias que difieren de otras anejadas.

El Pilonero

Tenten, Germanico Sanchez Aguilar, nacido en Los Hoyos hace 55 anos, se inici6 oficialmente como tocador en 1963, en tiempos en que, seg(ln el, dirigian Ia comparsa Armandito Bravo, Eutimides Sando y Loynaz Hechavarria. Su difunto abuelo materno era Julian Garvey, Sufiita, uno de los mas famosos sacadores de comparsa del barrio. Tambien entre los familiares paternos hubo connotados tocadores y comparsantes. Su padre, Romarico Sanchez, su tio Julito Hechavarria, su primo Fidel Estrada y aun el legendario Pilili, se inscriben en esta constelaci6n familiar, por lo que no es dificil comprender que los primeros vinculos con Ia conga los estableciera siendo un nino. "Tu ves Ia nifiita mia? Asi mismito era yo tambien cuando nino: me volvia loco porla conga".

Ya era salidor cuando se pase6 por las calles santiagueras Los Hijos de El Cocove, La tradicton de Los Hoyos y "Los oriundos de Los Hoyos. El m gisterio ae su padre --quien tocaba cualquier instrumento: quinto, fondo, tambora, requinto y sartenes--, de su primo, el quinto Albertico Maquind6 o del bocu Eugenio Duany se habia consumf rl(\ Veamos como se pone de manifiesto Ia fuerza de esa tradicion en e\ momenta mismo de su iniciacion como arrollador de Ia comparsa:

Un corneta china famoso

V conocido nacional e internacionalmente. Siempre vivi6 en alentin Serrano Pozo es el actual corneta china, muy

el barrio donde ha ejercido inveteradamente el oficio de ebanista y el de pintor de brocha gorda. Quiza en el se pongan de manifiesto, con una fuerza inusitada, los rasgos de una personalidad muy indivi-

dualizada que lo apattan de la media de los demas integrantes de su
generación y aun de las de los restantes miembros de
la conga. Se destaca por un virtuosismo en la
ejecucion de su instrumento de
viento y por algunos rasgos de can!cter, de su abuelo Pisabonito:

> *A decir verdad, en lo que respecta a las relaciones de mi familia con la conga, solamente hubo tres hermanos mayores relacionados directamente con ella. Incluso no eran tocadores de la Conga de Los Hoyos. Miguel tocaba el quinto en la comparsa de San Pedrito, en los tiempos de la República, pero nunca fue tocador de Los Hoyos debido a que, en este barrio, siempre han sobrado los músicos de conga. Se retiró hace años.*

Emiliano es el otro hermano mío. Fue tocador de comparsa, y tampoco fue músico oficial en ninguna conga de Santiago de Cuba. En ocasiones integraba las llamadas "congas invasoras", como llamamos a las que van a otros pueblos del país para ofrecer su arte.

Tampoco Alfredo fue miembro de una conga, pues se dedicaba en ocasiones a tocar en los paseos, como La Quimona. Él sabe tocar instrumentos de percusión, como la batería y los tambores. Nunca fue intérprete de instrumentos de viento.

A mi papá le gustaba ver la conga desfilar y el carnaval, pero sobre todo, era aficionado a los bailes. Realmente no participaba en la conga de forma directa. Él era miembro de las sociedades aquellas que existían entonces. Nunca se vinculó a ninguna comparsa. Él vive todavía y se llama Esmérido Serrano Hechavarría. Mi padre es albañil, al igual que mi abuelo, ya muerto. Mi abuelo era conocido como "Pisabonito". Era un negro muy elegante que siempre estaba de "fita", con su leva, corbata y su "caminaíto" de chulón. Murió "paraíto", con presunción y elegancia.

Mi mamá no participaba directamente en el carnaval. Le gustaba, como a mi papá. Iba al Jurado a ver el desfile del carnaval cuando papá la autorizaba. Anteriormente veíamos el desfile de comparsas y paseos aquí mismo en el Paseo Martí, porque siempre hemos vivido a media cuadra de esta calle.

El jefe de la <u>Percusion</u>

Félix Banderas, de 45 años, cuyo padre era tamborero y su tío pilonero de la comparsa, es nacido en Los Olmos y desde niño sintió gusto por la música.

Puedo afirmar que soy músico de oído, pues grabo la música en mi memoria de forma rápida. Siempre veía y oía a "Pilili", a Chino Negro, que fueron los maestros de música de esta conga. Era muchacho y pensaba que, cuando fuera grande, quería tocar esos instrumentos. Fui creciendo con esa idea y la he logrado. Antes de tocar en esta conga, me integré en una brigada artística del Paseo de La Placita, la cual participaba en eventos de carácter internacional, como "Cuba, moda 84" y el Festival de campismo de Varadero.

Esa experiencia le ha servido de mucho: ser tambor mayor o redoblante de dicha brigada lo preparó para su incorporación definitiva en la conga más tradicional de Cuba.

Confié siempre en mi instrumento, pues llevaba aquello en la sangre, pero tenía ese secreto guardado, porque nadie en Los Hoyos sabía que yo tocaba esos instrumentos: el pilón y el redoblante, No le tenía miedo a ningún instrumento: tocaba el quinto y cualquier otro tambor.

Cuando el compañero Celso se enfermó y cogió cama, no había quien lo sustituyera de momento y entonces Sebastián, "Chan" Herrera, determinó que yo ocupara la jefatura de la tumba, es decir de la percusión y algunos conpañeros no estaban de acuerdo, pues manifestaron que no confiaban en mí, pero yo sí tenía confianza en mi capacidad y ya se estaban aproximando los carnavales.Eso ocurrió en mayo de 1982 ó 1983, si mal no recuerdo. En junio había que salir a la calle con la conga.

A la semana de Celso caer en cama, se celebró en el mes de abril el primero o segundo Festival del Caribe que se hizo en Cuba y me vi obligado a sustituir, provisionalmente, al compañero Celso. Dirigí la percusión en un espectáculo ofrecido en el Teatro Martí, y luego en las calles de Santiago y tuve éxito en esa oportunidad y todo me salió bien. El primer día estaba un poco tímido, porque era la primera vez que me paraba frente a los tambores; pero poco a poco

Estoy vinculado a la comparsa de Los Hoyos desde la edad de nueve años, y en ese tiempo cargaba un pendón pequeño, pues no tenía mucha fuerza. Fui pendonero durante cuatro o cinco carnavales consecutivos.

Cuando eso dirigía la comparsa el difunto Pablo Mojena, y los hijos eran los me daban la tela y los cortes, de camisa de la aplomé y me controlé y me enamoré de este

trabajo.agrupación. Los muchachos del barrio se burlaban de los pendoneros con cantos como éste:

Carga, mulo, tu pendón

Celso no puedo más

Entonces, como era joven, me afirmé, y me dije: "qué va, no voy de cargar más el pendón, tengo que seguir superándome". Celso era uno de los dirigentes que tenía que ver con los pendoneros y salidores. Me decidí a salir en el cordón. Allí me alaban los brazos y era un poco molesto todo aquello, porque era flaco y mi estructura física no aguantaba aquel tira y jala y me dije: "me van desbaratar los huesos estos muchachos". Salía de aquel cordón hecho un guiñapo. Abandoné entonces el cordón y me integré en el cuadro de los caperos, es decir, me hice capero. Pero tú sabes que antes el capero tenía que tener dinero porque no era como ahora que el Estado te lo da todo: zapatos, pantalón, tela para la capa. En aquellos tiempos era muy distinto todo, pues el capero tenía que gastarse entre 40 y 60 pesos y parte de ese dinero se recogía con los padrinos y las madrinas, pero era una lucha. Se recogía algo, pero no compensaba el trabajo realizado. Había hasta que amanecer armando y arreglando la capa para embellecerla.

El camPanero

A Lorenzo Merino Arango un familiar suyo, miembro de la comparsa, lo inclin6 a Ia campana. Habfa nacido tambien en Los, Olmos en 1?51 y a los 12 ya era uno de los iniciados. Empezo desde muy JOven y con el tiempo se fue superando hasta que, cuando cogi6 mas edad, se incorpor6 a Ia comparsa de los adultos:

Mas fue decisiva en su inclinaci6n por ese instrumento de ercusi?,n .el ap?yo e ocional brindado por Gladys Linares Mafia . Stendo el el mas pequefio de Ia conga, ella Ie tom6 carifio por el mteres que mostraba el muchacho por Ia conga "y se dedic6 a ensefiarme los misterios de Ia campana".

Desde antes de el nacer, en la familia de Enrique habiaTradici6n carnavalesca: "el corneta china" Agustin Vera era tio mio; un hermano mfo, llamado Angel Berroa, tocaba en Ia conga de El Guayabito e, incluso, una hermana mia era salidora de Ia comparsa. En resumen: soy nacido y criado en el barrio de Los Hoyos y toda mi familia ha sido fundadora de esta comparsa".

Bocusero de corazon

N acido en 1953 en Callejuela,.que se pue?e decir ue es el coraz6n de Los Hoyos, M1guel Beltran CarvaJal es el sobrino de uno de los fundadores de la tradici6n carnavalesca de Ia comparsa en el presente siglo: de Algines, cuyo testimonio completo entregamos en la tercera parte. "Lo veia tocando, y eso me fue inspirando poco a poco, hasta que, llegado el momento, entre de lleno en Ia conga", dice de su tio. Echemos un vistazo al relato que nos entreg6 sobre su propia iniciaci6n:

La generacion mas reciente

La iniciación, la tradición familiar y el aprendizaje de los miembros de la ultima hornada de comparseros, no parecen aportar elementos discordantes, con respecto a la vision dada, sabre el asunto por las generaciones precedentes. Es que la tradición de que estas son portadoras es demasido fuerte como para no sucumbir ante su empuje; otras ser{m las maneras de ser discrepantes con ella y de encontrar sus propios rumbos dentro de la cultura de esta sociedad tradicional. Mas adelante veremos en acción las diferencias.

El onlullo de un tocador

La distinción y recconocimiento que proporciona ser tocador la encontramos en el relato de Luisito, hermano del comparsante anterior. Trece años menos que Miguel no impideen que este joven exponga, sucintamente, una corta pero intensa vida en intima relación con las vibraciones de la espiritualidad de un barrio. Veamos:

Toto

Todo el mundo conoce a Toto, pero muy pocos saben que se nombra Luis Fermindez Rodriguez, que cuenta con 25 afios y que se inici6 en Ia comparsa de Ia forma mas simple: se apunt6 en una lista confeccionada para captar a muchachos que quisieran Integrar una comparsita denorninada Sucesores de <u>Los Hoyos</u> y se dio a la tarea de aprender a tocar Ia campana. "Y me di bueno en el toque y me seleccionaron para tocar en Ia cqnga de los adultos como campanero oficial, aunque se tocar de todo".

En ese aparente nipido aprendizaje e iniciaci6n intervinieron sutiles factores puestos de manifiesto, mas adelante, en su testificaci6n:

> Mi familia siempre tuvo vinculos con el arte popular, Mi mamá bailaba en un Conjunto Folklórico y mi abuelo era cantante. Mi abuelo era panameño y se llamaba Camilo Rodríguez. El murió el año pasado.Era cantante profesional de boleros y trabajaba con la Orquesta de Armando Mercerón.
>
> La comparsa de los muchachos contaba con 25 miembros. Empecé a tocar con ellos y aprendí muy rápido, oyendo a los grandes. Cogí la campana y toqué. Aprendí bien el manejo del instrumento y no tuve problemas.

Las tradiciones delbarrio

> **"E**l barrio apoya la conga, pero a nadie le gusta perder. Hay gente que no arrolla todos los días, pero el día de la invasión se van con la conga y lo dejan todo. Hasta los viejos que están jubilados arrollan ese día. Hay algunos vecinos que se van antes de salir la conga y nos esperan en los lugares que vamos a visitar y otros dicen: "¡no!, para ir alante no voy, me voy con la conga cuando arranque". Algunos van caminando en la conga y otros van arrollando. Van niños y viejos. Todo el mundo. En muchos casos cierran la casa y toda la familia se va a arrollar, los demás días van a los ensayos, pero siempre preguntan por la invasión, y ese día, desde por la mañana, preparan y hacen sus quehaceres para estar libres a la hora de la salida". (Arístides Garvey "Salchivo", 72 años)

La comparsa es en si un poderoso medio de soci izaci6n. Trata emos de enl ar el barrio con la comparsa y algunas tradtctones que han mfonnado o alimentado este vinculo orgaruco. La comparsa es tambien participaci6n y entrega del sujeto colectivo que la sustenta.

Todos los testimoniantes coinciden en el apoyo del barrio a su conga, aunqualgunos maticen su juicio, Ia gente Ia apoya, pero no con ese entustasmo de antes, como dice Tenten, para quien el que Ia comparsa no gane *el* primer premio no se debe a falta de atenci6n o gesti6n de su nucleo directivo, sino a Ia apreciaci6n fallida del jurado. Veamos en funcionamiento activo Ia comunidad -que se constituye en este caso en juez-- a prop6sito de estas controvertidas decisiones de los jueces oficiales de las competencias. A veces este fallo es desacertado, disgusta a los vecinos y decae el apoyo:

El barrio apoya la comparsa, pero a nadie le gusta perder. Todo el mundo no tiene la misma opinión y nos dicen: "¿qué pasa? Ustedes hace cinco años están perdiendo, no ganan". Estamos convencidos que salimos al carnaval a darlo todo por lograr el primer premio, aunque un segundo premio no es malo. El barrio tiene sus opiniones.

Este año todo el mundo pensó que el primer lugar era de nosotros, porque la comparsa estaba afinada. El mismo barrio la vio y opinaba favorablemente. Algunos vecinos fueron al área del jurado y se sentaron a ver desfilar su comparsa y pensaron que no teníamos contrario. San Pedrito tenía que "guardar". Este año había condiciones para obtener el primer premio.

El pueblo nos vio ganar, pero el jurado no. Eso no tiene explicación. Cuando la Conga de Los Hoyos entraba al área del jurado, se veía el ánimo del pueblo.

El gusto del barrio por la conga es muy grande: ahora mismo, salimos los músicos a tocar en esa esquina de Martí y Moncada y enseguida todo el mundo corre. Dejan la cocina. Cuando oyen el tambor lo dejan todo.

Los muchachos también quieren la comparsa. Si dejo de tocar hoy, mañana aparece otro joven para ocupar mi

instrumento. El relevo está asegurado. Aquí no se pierde la tradición y esos jóvenes tocan igualito que nosotros.

El barrio tiene amor por su comparsa. La gente a veces dice: "hoy no voy a arrollar". Pero cuando sienten la conga, cambian de opinión y no se aguantan. Los pies se van solos, los pies se los llevan. Y eso demuestra que hay amor por esta tradición. Si a la gente no le gustara esta conga no gozaran de esa forma con ella.

Cuando viene una delegación extranjera aquí al Foco, ellos se sientan frente a los tambores y, cuando empiezan a sonar los cueros, sus rostros se van transformando y empiezan a mover los pies y, llegado el momento, se paran y empiezan a dar la vuelta a la conga. Eso pasa con todos los extranjeros de cualquier país: se vuelven locos con este ritmo.

Este fen6meno de participaci6n masiva tambien lo observa Lorenzo Merino Arango cuando se refiere a las mujeres que en el pasado podian arrollar, pero no integraban Ia conga ni Ia coniparsa como miembros, ni figurantes. Pero cuando Ia conga sale el 24 y 29 de junio, dias hist6ricos, las mujeres de Ia familia arrollan. Tambien se meten en Ia conga cuando hay invasion o cuando desfila frente al jurado. La verdad es que al farnili6n siempre le gusta arrollar, porque cuando Ia conga dice: "para Ia calle", el barrio completo, sin excepci6n, se tira a arrollar.

. Las raices de este fen6meno de Ia participaci6n y entrega del barrio y de toda Ia comunidad son n merosas y conplejas, como las de Ia genesis del cafllaval mismo. Su convergencia con esta ciudad dibujan, en cierta medida, Ia personalidad cultural del santiaguero. No tomarlas en cuenta es fatal en todas las esferas de Ia vida social. Reconocerlas y atenderlas nos parece lo acertado. Quiza haya que remontarse a Ia esclavitud de los afiicanos transplantados al Nuevo Mundo y repritnidos violentamente en Ia carcel de Ia plantacion para entenderlas. Tal vez tengamos que remitirnos a las culturas afiicanas con que entramos en contacto en los comienzos de Ia colonia al estudiarlas. O a Ia interrelacion de estos factores y otros mas, como el de Ia "tumba francesa" sefialado por el septagenario Eutimides Sando Hechavarria cuando se remonta a Ia otra epoca:

Las tradiciones

Es opinion generalizada Ia perdida de una parte importante de la tradicion carnavalesca, pero simultaneamente se nos dice que hay un nucleo de ella que no se ha dafiado: uno que pertenece a lo musical, propiamente dicho. El viejo comparsero Fidel Estrada opina que se perdio tambien otro elemento esencial de coneXion del barrio con Ia comparsa, especificamente en el periodo del carnaval: la circulacion de Ia conga por el interior de Ia barriada, poco antes de producrise el desfile que debia concluir ante el jurado. "Ya no se hace nada de eso. Alegrabamos el barrio y los vecinos daban el visto bueno al premio". Este mismo animador de Ia cultura tradicional nos proporciona un catalogo de las mascaras a pie que existian entonces: el hombre encaramado en dos zancos altisimos; el diablito famoso; las calaveras ambulantes; el caballito que se bacia acompafiar por varios musicos trashumantes; los hombres con rostros pintarrajeados con enormes barrigones que evidenciaban el trasvestismo; el que se disfrazaba de aura; los que portaban sacos de vestir al reves, pantalones remangados y antifaz o sombrillas deshechas con tiras de tela de diversos colores y ropas de.colorines estridentes. Hasta las gentes de los circos venian a Santiago en tiempos de carnaval y hacian sus funciones con las congas.

Recuerda tambien que aquellos conjuntos soneros, como el mencionado caballito, cada vez que llegaban a la puerta de una casa actuaban y los vecinos les daban algo. Quienes los estimulaban, por lo general, eran las madrinas de los comparseros. Y, en esta misma direccii6n de la relaci6n de la musica cubana con el carnaval, conviene que traigamos a colaci6n algo que los estudiosos (pocos,. por cierto) de estas fiestas no toman en consideraci6n: la rumba. Mientras se esperaba la hora de la salida de la conga, se tocaba y se bebia incansablemente y se tocaba rumba toda la noche, amparados en la luz de una vela, basta la alborada. Fidel subraya la solidaridad del barrio cuando afirma:

Habla de un maestro de la rumba de aquellos tiempos: Antolin Pournier, el bailador de columbia mas diestro de entonces, quien enseii6 su arte danzario a la juventud santiaguera de su tiempo. Provenia de la conga, pero trabaj6 en un circo y se le atribuye el haber tocado el mismo requinto que Salchivo.

Felix Banderas considera que la rumba era y sigue siendo muy popular. Muchas personas sabian cantar y tiraban puyas: el contexto de la rumba propiciaba la expresi6n de algunos contenidos emocionales o psicol6gicos que permanecian reprirnidos por la cultura oficial de entonces y que se exteriorizaban oportunamente. Al actual foco de Los Hoyos, seglln los viejos comparseros, acudieron rumberos famosos, como Chano Pozo, "que se sent6 en esa piedra que tu vez ahi, en los tiempos que estaba rodando en el Paseo Marti".

La conga de Los Hoyos tiene su misterio: es parte esencial de ese templo al que nos estamos aproximando. Los instrumentos no se tocan por el mero placer de escucharlos, aunque ello resulte una de sus funciones. Fidel descorre un velo:

Este comparsero acude al poder de la naturaleza para explicar c6mo no existiendo una Academia, en el sentido mas corriente del termino, los muchachos aprenden estas artes tan dificiles de la musica: "comprobado esta en los muchachos que tocan la conga sin nadie haberles enseiiado y asi ocurre con mis hijos". Y concluye con esta afirmaci6n en que se conecta pasado con presente, la historia de nuestra patria con la sociedad actual:

Miguel Beltran Carvajal apunta que el carnaval ha perdido mucha estetica, una serie de elementos tradicionales que eran muy bonitos.

Este cambio experimentado por el carnaval ha implicado merma de las tradiciones propias de la comparsa y de las fiestas, en sentido general. Este comparsante apunta un dato social significativo cuando establece la diferencia entre el carnaval de ayer y de hoy:

Antes las capas se adornaban con canutillos, lentejuelas, espejos, plumas de aves, etc. Tenten nos entrega su opinion sobre este asunto del modo siguiente:

A las capas se le ponian mufiecas y virgenes, como Santa Barbara, y santos, como San Lazaro, pero aqui esa tradici6n tambien se perdi6 por la propaganda que hacian ciertos compafieros, dice Felix Banderas. El ataca ese procedimiento de frente. Ellos decian que esos santos no se podian usar. Entiendo que eso es una tradici6n y nadie antes la criticaba. Ahora tU le pones un santo a una capa y van corriendo a decirte que se lo tienes que quitar, que eso no puede pasar por el jurado. Eso tiene que volver porque forma parte de nuestra tradici6n.

Salchivo apunta la desaparici6n de los quioscos que hacian los particulares, como los bohios de los campesinos cubanos, los cuales llamaban mucho la atenci6n. Ahora los quioscos son mas grandes y usan otros materiales para construirlos" que no son aquellos rusticos y de bajo precio. Banderas sefiala que se esta haciendo un carnaval con madera de pino, tejas de fibrocemento y cabillas y eso no es camaval. La tradici6n de esta ciudad se caracteriz6 por la construcci6n de quioscos con pencas de guano, yaguas de palma real en los techos y, si queremos volver al verdadero camaval santiaguero, tenemos que hacerlo asi.

Tenten ofrece un catruogo elocuente de las tradiciones de la cultura material --en particular, Ia culinaria-- que se han ido esfumando de Santiago de Cuba despues de 1959.

La estatalizaci6n desmedida, los procedimientos administrativos y Ia falta de margenes a Ia iniciativa de Ia sociedad civil en Ia configuraci6n de Ia logistica del carnaval han traido estos funestos resultados. Sin embargo, actualmente, sobre todo a partir del IV Congreso del Partido Comunista de Cuba, se observa una tendencia a propiciar Ia mas amplia participaci6n civil en los festejos, asi como en Ia expresi6n de Ia religiosidad popular.

Costumbres reli!!iosas

Han pasado nueve anos de Ia entrevista con Felix Banderas de donde extrajimos el fragmento anterior. Otro es el contexto nacional favorecedor de un espacio para las expresiones de Ia cultura tradicional del pueblo cubano, en particular para los diversos y ricos sistemas religiosos vigentes en Ia Isla. Quede este testimonio para el recuerdde los que olvidan las interpretaciones y las aplicaciones de concepc10nes dogmaticas y err6neas por las que hemos transcurrido en algunos casos, y los efectos negativos que las mismas nos han deparado. Decir comparsero, en casi todos los casos, al menos en os Hoyos, es decir creyente. Justa era, pues, Ia reclamaci6n del Jefe de Ia percusi6n de la conga.

Segn hemos podido observar, hay tradiciones que se han ido presunublemente revitalizando en los ultimos afios. Una de elias es la costu bre del toque runebre al miembro de Ia conga fallecido. Est? no stempre existi6 en Ia agrupaci6n; es un fen6meno que ya se ha mst_alado omo definitivo. Alcanza a los miembros y tambien a los_anugos mas.cercanos del nucleo directivo o de los comparsantes m⊳;or reconoctdos de Ia conga. A veces se hace por petici6n expresa del qe va a morir. Pilili pidi6 que cuando muriera Ia conga le tocara, segun Miguel Beltran. Se interpreta el rito runebre como un homenaje y un reconocimiento al compafiero tocador, al comparsero o al allegado al Foco.

Tenten afirma que el ttibuto a los difuntos se inici6 cuando Ia mu rte de Ia campanera Gladys Linares, Mafifa, y que es un rito nactdo en Ia conga de Los Hoyos, que nadie lo habia hecho antes. Luis BeltraCarvajal se qued6 asombrado cuando, en el recorrido al cementeno, Ia enorme multitud que acompafiaba a Ia famosa ocadora no iba arrollando, a pesar de que se iba tocando mtensamente: el que veia eso, se asombraba. El que solo camine y no arrolle se debe a un control por Ia solemnidad de Ia ceremonia y el muchacho. que trate de arrollar es requerido por los mayores. Algunos tocadores consideran que a los tumberos difuntos se Ies debe velar en el Foco.

Lo usual es que se espere en este el paso del cortejo runebre y que los miembros de Ia conga lo´acompaften varias cuadras tocimdoles o que lleguen hasta el cementerio. Eso es lo que se ha hecho con el padre de Bebo Issac, que fue un viejo conguero; a Nango, miembro de Ia conga; a Lencho y a Pablo Mojena, hace varios aftos, segln Luis Beltran. Lorenzo Merino nos dice que esa costumbre comenz6 cuando muri6 Agustin Vera y tambien el difunto Gtiigui. Segiln Tenten Ia conga tambien le ha tocado a compafieros caidos de otras comparsas, como al director del Paseo Heredia, Chencho Heredia, "porque no solamente le tocamos a la gente de Los Hoyos: queremos tambien a compafteros distinguidos de otras comparsas, como el", pero a Pilili no se le hizo el toque runebre.

Banderas interpreta el toque como una tradici6n de hace varios aftos en Ia que no se puede arrollar. Oigamos su testimonio lleno de colorido

> *La conga les toca a sus muertos, igual que la Banda Municipal de Música le toca a los veteranos de la Guerra de Independencia y a los militares. Es la misma cosa, porque esta es nuestra banda. El entierro de Mafifa llevó un mundo de gente, pero nadie arrolló y tocamos un solo golpe, desde la casa de la difunta hasta el Campo Santo. En 1985 del barrio sacamos una peregrinación de 200 personas con puloveres blancos y sin música para rendirle un homenaje a Mafifa. La peregrinación fue filmada por la televisión.*
>
> *Aquí hay muchas tradiciones y creencias que no se conocen bien. Ayer murió una mujer que vivía aquí en el paseo Martí y cayó un tremendo aguacero. Aquí se dice que*

Fidel Estrada, conocedor profunda de las tradiciones de su barrio,
expresa criterios sobre Ia religiosidad popular y, en particular, sobre
aquellos que estim relacionadas con costumbres funerarias. El citado
tamborero estuvo en Angola en Ia segunda mitad de Ia decada del
setenta, y convivi6 alii con ese pueblo de ascendencia bantU. AI
referirse a su experiencia en ese pais africano, nos dice que "cuando
la gente muere tambien le tocan los tambores y cuando nace un
muchacho estiman que viene a sufrir a Ia tierra y eso lo he viston.
AI hablar, de manera mas cercana, de las tradiciones de su entomo
cultural vivencial, afirma con propiedad que Ia compafiera "Gladys
Linares muri6 y surgi6 Ia idea de tocarle los tambores. Parece que Ia
misma raiz aliment6 esa idea, porque no puede desaparecer lo que
es. En Los Hoyos Ia gente toma ron en los velorios y hasta hay
velorios que son cantados y bebidos".

Por ultimo, Felix Bandera aprecia Ia perdida de algunos elementos
vinculados perifericamente a Ia religion, o a algunos de sus
componentes, como los famosos yerberos asociadas a Ia terapeutica
popular y a lo que se conoce hoy como medicina altemativa. Yerra,
sin embargo, en lo que afirma acerca del debilitamiento de

celebraciones de tanto arraigo y masividad, como las fiestas a San
Lazaro y Santa Barbara:

Somos del criterio de que en los ultimos tiempos se manifiesta un
creciente fervor religioso en Ia poblaci6n. Actualmente acuden m s
personas a las ceremonias de las religiones institucionaliza as Y
tambien, en forma notable, participan en consultas y celebrac10nes
rituales de los cultos sincreticos cubanos.

La comparsa

En el testimonio de este comparsante de 40 años se aprecian los elementos formales mas importantes de la comparsa, en este caso en pleno funcionamiento. Su simple enumeración nos indica a las c a as la complejidad de esta estructura, por lo que en el presente acaptte nos proponemos realizar un acercamiento pr.eliminar, olamente. Esta estructura no se ha mantenido ni se manttene estattca, por lo que habria que hacer una verdadera labor de rec??strucción histórica para fijar los momentos de cambto y la evolucwn general de estos elementos constitutivos. A propósito, Felix Banderas ha recordado que, tras ocho años de perder en las competencias, la conga fue enriquecida coreograficamente en 1973. El excelente compositor musical santiaguero Rodulfo Vaillant, trajo a una especialista de La Habana para que ayudara en esta abor del arte del baile popular, pero a ella le dio un ataque de nervws cuando se

enfrentó al fenómeno titanico de organizar y poner en acción a 943 salidores, varones y hembras, que ese año integraban la comparsa.

Mortunadamente, el propio Bandera asumió la responsabilidad coreografica y, al dia siguiente, se tenia lista a Los Hoyos para desfilar frente al jurado con el tema Ritmo, baile y fantasia, que se llevó el primer premio.

El viejo Fidel Estrada nos ha recordado la existencia de una pequeña agrupación instrumental que contribuia a ambientar el carnaval y que esta en la base de la formación de la conga. Se trata de los famosos piquetes, integrados por cuatro o cinco personas que tocaban --y, a veces, hoy tocan-- para alegrar a la gente, en plena calle. Su musica se extendia hasta el amanecer y su rasgo distintivo era actuar en las esquinas o en los quioscos del barrio. Este comparsero recuerda el piquete de Isaac, el constructor de tambores, que se hacia acompañar por Neno, el mejor cometa china de Santiago de Cuba y de todo el pais actualmente, y por un chino apodado Chang-Li-Po.

Germanico Sanchez, Tenten, nos ofrece una valoración muy atinada de un elemento importante de la comparsa: el cordon.

Temas _ cantos de la comParsa

Es, realmente, muy bella esta ultima imagen que nos da Tenten de Ia comparsa, serpenteando en las calles, como un animal luminoso que se mueve en la noche. Mas; ahara pasaremos a tratar, someramente, otro asunto relacionado con estas agrupaciones y que revela Ia alta cuota de imaginacion y creatividad que despliegan sus integrantes con vistas a las competencias anuales: el titulo o tema que le ponen cada afio para someter a juicio de Ia comunidad y, sabre todo, del jurado oficialmente constituido para otorgar los prernios del carnaval.

Fidel Estrada nos ha recordado que en el barrio de Los Hoyos no solo ha salida siempre la famosa comparsa que ostenta su nombre, sino tambien paseos, como el de Esparraguera y el de Heredia, que ensayaban en Marti y Sorribes; el de Gole se le ha asociado siempre a su famosa chancleta y, por ultimo, hubo otro mas en Melilla, "cerca de Ia calle Habana, aunque no lo llegue a ver, me hablaron de ellos mas viejos". Fidel afirnia que el jurado estuvo situado en Ia Alameda, y tambien en Ia interseccion de las calles Marti y Carretera Central y frente a este desfilaron La payama verde, El Cocoye, La descubierta, La invasion, Los hijos de Ouirina, Los ases del ritmo y La tradicion del carnaval, entre otros no menos famosos del barrio.

El viejo Salchivo ponia mas atencion a su toque del requinto que a los titulos de la comparsa, pero nos aclara que en aquellos tiempos todo se hacia de memoria: no habia explicacion escrita al jurado -- como se hace ahara-- en torno a! significado del tema elegido. En ocasiones el nombre se le ponia siguiendo una razon comercial, como el caso de El imperio del Eden, que hacia propaganda a la famosa marca de cigarrillos Eden, por Ia cual Ia agrupacion carnavalesca recibia una remuneracion monetaria. Era el tiempo de Alcarraz y Emerido Poumier en Ia comparsa.

El viejo Sando trae en su relata un juicio que nos revela que, en ocasiones, el tema era buscado celosamente en fuentes documentales y bilbiograficas. Ellos acudian a! Museo Emilio Bacardi para leer historia del carnaval y luego, reunidos, decidir cual debia ser el titulo mejor. Luego de opiniones encontradas, se ponian de acuerdo y esa busqueda y ejercicio intelectual hacia que la eleccion fuese rigurosa. "Eso ya no se hace y por eso se pierde el primer premia", segtin el. Cada tema tenia su canto y Ia letra de este se relacionaba estrechamente con el resto de lo que se montaba en Ia coreografia. El testimonio de este mismo comparsero nos revela nteresantisimos elementos sabre el asunto que nos ocupa:

Acerca de El Cocoye ha quedado una estela de memorias y
leyendas. Es cierto que por esa comparsa, Los Hoyos se hizo
famoso en toda Cuba. Hasta el presente llega la celebridad; se le
hizo, desde entonces, una aureola que ya es indestructible. Es justa
subrayar que, en gran medida, eso se debe a la vinculacion ancestral
de la agrupación con la raiz francesa y francohaitiana que estuvo en
su base en el momenta mismo de su fundación. Salchivo ha traido a
colación el afio en que fueron a La Habana con la conga, cree que
fue la primera vez que lo hacian; el afio 1951. Nos aportó un canto
que ya no se oye:

>Ayer Y.Q fui <u>invasor,</u>
>
><u>ayer</u> Y.Q fui <u>invasor</u>
>
>Hoy "Ases del <u>Eden"</u>
>
>Cuando estaban los centinelas en ill
>lorna
>
>muchos <u>gozamos</u> en el viaje...
>ae!

Banderas ha recogido la letra de una canción hecha con motivo de
"La invasión". la cual transcribimos a continuación:

>Venimos <u>recordando</u> nuestro tiempo (bis)
>
>que ibamos <u>invadiendo</u> El Tivoli (bis)
>
>La conga de Los Hoyos es <u>conocida</u> (bis)
>
><u>popular</u> enpai<u>s...</u>

Otra muy conocida y tradicional, que todos repiten a la saciedad,
dice asi:

>Soy calavera, vengogo<u>zar (bis)</u>
>
>**<u>el</u> <u>que</u> <u>no</u> <u>arrolle,</u> <u>le</u> <u>va</u> <u>a</u> <u>pesar</u> (bis)**
>
>porque la conga no vuelve mas (bis)
>
>!abre, que ahi viene El Cocoye! (bis)

En la colonia, la policia fijaba una hora para que la gente se
recogiera en su casa. Pero muchos deseaban permanecer, mas alia
de la restricción, en sus trajines nocturnos y a esa contradictoria
situación se refleja en la letra de este canto usado en la comprasa:

Senor, sereno,

 por que me manda a dormir?

con tanta gente en la calle

wor que me manda a dormir?

De esta misma epoca es otra canci6n que alude al alzamiento dlos cubanos, en el periodo de las guerras por Ia independencia. D1cn que nc1onaba como una contrasefia para los que se iban a Ia mamgua. D1ce asi:

Choncholi se fue pit el monte (bis)

c6gelo, que se va (bis)

Hub_o un tiempo en que, segun Lorenzo Merino, se usaron en la conga Juegos de batit y sartenes. Fidel nos ha devuelto Ia Ietra de un canto muy tradicional de la comparsa:

que le gusta Juaniquita
que le pellizquen el bongo

un solo golpe na rrã (bis)

Y Luis Beltran aporta el texto de este otro:

mamá se fue (bis)

a hacer el ritmo en la calle

aee! aee! (bis)

Entre Ia conga, los vasallos que configuran una especie de coro masivo y la corneta china se produce un juego antifonal, en el instante en que se ejecuta el tema musical, en plena calle. Primero toea Ia corneta y luego le responde el coro con un estribillo; este instrumento hace las veces de un cantante solista. Aunque aclaramos que no siempre Ia cometa tiene que intervenir. Dicen que el siguiente, es un canto que se interpret6 en 1959, en el afio en que se produjo el triunfo de Ia revoluci6n cubana:

Ahora que estamos en Cuba libre (bis)

celebrando este carnaval (bis)

que buena.que buena. que buena

que buena es Ia libertad!

Desde Oriente hasta Occidente, a Ia comparsa de Los Hoyos el cubano Ia asocia al toque de arrebato y a una frase del canto mas arriba comentado, que dice:

Abre!, que ahi viene El Cocoye (bis)
cuidao. que te arrollo...

Sando ha aportado un rico testimonio en torno a este tema de El Cocoye, el cual retorno Ia raiz francesa presente en el origen de esta comparsa:

> *El Cocoyé fue el nombre de una comparsa salida de Los Hoyos. Fue la más grande y lujosa salida en la historia de este pueblo y alcanzó un gran renombre en todo Santiago de Cuba. Es por esa comparsa que a esta conga se le conoce en toda la Isla como El cocoyé y así quedó sembrado en toda la Isla ese legendario nombre. En esa oportunidad se bailó el palo encintado al toque del masón. Las mujeres bailaban alrededor del palo, mientras tejían sobre él las cintas blancas, azules y rojas. Eso fue una sorpresa para el pueblo y el jurado, pues nunca se había hecho en esta ciudad. Con esa comparsa cogimos el primer premio. Después sacamos Los Hijos del Cocoyé que fue una inspiración, pero no fue igual al original y se quedó por debajo del famoso Cocoyé.*

LOS MISTERIOS DE UNA COMPARSA

Tenten

> *Hay congas que no se pueden "requintar". El pilón no se puede tensar mucho, porque "chirrea" cuando das el golpe con el bolillo y no da el golpe seco que es debido. La comparsa tiene sus misterios y la gente no lo sabe. (Tenten)*

Trat{mdose de algo relaciQnado con el camaval, fenomeno de participacion social, por excelencia, en Ia conga se integra Ia musica y el baile, en una unidad admirable. En el caso de Los Hoyos, nos enfrentamos a una de las manifestaciones de estas fiestas mas complejas y dificiles de desentrafiar, en lo que a su aspecto musical se refiere. Ofrecemos Ia infonnacion y los juicios de los propios comparseros, quienes evidencian un conocimiento muy amplio acerca de estos temas.

ComPosicion or anoro ica

5and6, el mas viejo de los testimoniantes, afirma que la comparsa us6 siempre cuatro fonda e igual cantidad de campanas, dos requintos, una cometa china, veinticuatro bocues y dos quintos. Mas tarde disminuy6 la cantidad de bocues y dejaron un solo quinto y un solo requinto. Segiln Banderas, reconocido jefe de percusi6n de Los Hoyos, la cantidad de bocues puede variar y, a veces, la conga alcanza a ejecutar unos veinte, pero normalmente pueden ser 16 bocues, 3 tamboras, 1 quinto, 1 requinto, 3 campanas y 1 cometa china. Segiln el, los bocues son los encargados de "hacer ellleno" y, actuando con las campanas constituyen la base ritmica de la musica ejecutada por esta agrupaci6n.Hay, sin embargo, aspectos cualitativos que deben tomarse en cuenta. Es un·arte que tiene sus misterios, algunos de ellos por decifrar todavia. Es un fen6meno de nuestra cultura en el que hay toda una madeja por desentrafiar y, espera por el estudio exhaustivo que revele la estructura intema de esta conga; una tarea digna de los music6logos cubanos. Lo que presentamos a continuaci6n es el esfuerzo de los autores por exponer el problema.

fl Piano

Por consenso popular, a la conga de Los Hoyos se le ha bautizado como el piano; nominaci6n que remite a su excelencia como agrupaci6n musical. Hemos podido apreciar a decenas de agrupaciones musicales y comparseras en el camaval de Angola, donde muchos instrumentos y toques son reconocibls en nuestro pais. Sin embargo, de este 1 do el oceano se produJ? un nuevo modo de sentir las casas, una smtests que debe ser estudtada, pero que el pueblo ha resumido al calificar a la conga de Los Hoyos como el piano.

Los propios comparseros reconocen ese h l? de isterio indescifrable que se cieme en tomo a la.agrupa wn. c.ast ;o.dos coinciden en que su toque es inconfundtble, sut genens, umco. Alegan que se puede escuchar otras comparsasse reconoce que elias tocan diferente a Los Hoyos, aunque los mstrumentos sean iguales. El viejo Tenten afirma convencido que tu le das un golpe a una tumba de aqui y sientes el eco que retumba. Eso va en la manera de afinar los tambores, en su preparaci6n y ela foa de tocarlos. Sus instrumentos se forran con cuero de chi;o y solo se emplea el de camera en caso de necesidad. Los bocues ellos los sellan y estim persuadidos de que el forram ento que se le .da a la tumba es otro factor concurrente. Evidencian un c noctmten o tecnico que sorprende por ellujo de los detalles. Las caJuelas e tan bien pegadas. y colocadas. Pero las co gas tienen unos, hueqmtos para que respiren; si no los tienen, r vtentan: Cuando tu le das el golpe a la tambora, el aire sale por esos hueqmtos.

Los cueros

Antes los parches de los tambores se atesaban con candela. Es lo que se conoce como templar los cueros. El parche entonces se sujetaba clav{mdolo al tambor con tachuelas y, al someterlo directamente al fuego, este muchas veces lo quemaba y partia, sobre todo cuando quien lo bacia carecia de Ia pericia de los viejos tamboreroso Hoy se usan las Haves para tensarlo, por lo que es parte del recuerdo el acto de parar Ia comparsa en una esquina para prender una boguerita en Ia cual se templaban los cueros cuando estos se aflojaban en medio de una marcba fatigosao

En cuanto a. los materiales empleados para construir esos instrumentos prodigiosos y a su disposici6n en estos para que queden afinados, Tenten revela la sabiduria popular tejida durante largo tiempo y trasmitida oralmente de generaci6n en generaci6n basta el presente:

clavo y lo estiras bacia abajo y entonces clavas las esquinas de abajo y los costados. Despues dejas ssque el sol lo seque duranate varios dias, pero no pueden dejar que caiga agua porque le tumba Ia ceniza y se pudreo Asi tienes el cuero durante una semana. Cuando esta bien seco, usted quita el cuero y sin ponerlo en un tambor usted lo toea y suenao Entonces le quita el pellejo que le queda y lo mantas en Ia tumba, es decir, en el bocu o en Ia conga. Despuess Ia atesas un poco y con Ia cuchilla lo afeitas y le quitas todos los pelos. Pones el tambor en el sol y, cuando se calienta, empiezas a darle !lave y le vas dando golpes con las manos y lo vas llevando at nivel, al sonido que usted quiere.

Misterio

Algunos comparseros de Los Hoyos aprendieron a constmir instmmentos musicales como giiiros, maracas, tumbadoras, bata, claves y bocues. El viejo Fidel Estrada recuerda que a ello ayud6 en este aprendizaje Mingolo, el dueiio del torno empleado en estos menesteres. En aquella epoca, Ia comparsa tenia que costear con su esfuerzo y el pecunia de sus miembros los gastos del vestuarios, los instmmentos y hasta Ia bebida alcoh6lica que consumian. Era muy frecuente, clara esta, que acudiesen a las firmas comerciales para recibir ayuda monetaria, obligados por Ia imposibilidad de poderlo lograr con ese esfuerzo colectivo que queremos subrayar aqui. Detras de el, trabajaba Ia imaginaci6n creadora, asistida de un conocimiento y tecnicas muy bien depuradas.

Otras comparsas han solicitado a Los Hoyos que les forren sus tambores. Piensan que la calidad del montaje del parche determina que estos suenen bien. Pero, en opinion de Banderas, estan en un error porque todos los tambores se montan de la misma manera. Aunque los comparseros de Los Ho os les preste sus instrumentos, los miembros de otras agrupac10nes no pueden tgualar el ritmo de esta famosa conga. Seg(In el, "lo fundamental es eager el tiempo y la habilidad del percusionista". Esa habilidad "viene en la sangre, nadie la ha enseiiado" y es por ella que "en Los Hoyos la gente sabe sacarle el ritmo al tambor".

La leYenda d _ l _ oc _

Fidel no se cansa de repetir que lo tradicional en Ia conga era ei bocu con puntilla. Asi lo vio desde que tuvo uso de raz6n. Cuando aquello, los ensayos se realizaban por tanda y, cuando concluian, los parches se ablandaban y habia que te sarlos con candela. Era cuando el bocu se fabricaba con una sola pteza -- ahara se usan piezas de madera ensambladas con aros, igual que con las tumbadoras. Fue en los ai'ios cuarenta, mas o menos, que se introdujo el uso de las Haves, con lo cual se afecto la tradicion

la modernidad y la comercializacion.
constructiva, coincidentemente en un periodo en que se abren paso

En torno a este instrumento se ha tejido una leyenda. Se dice que los viejos comparseros preparaban muy bien los bocues y que basta le ponian cascabeles en su interior, con lo cual se nos sugiere que pudiese haber existido un rita de bautizo de este tambor o un acto magico-religioso previa a su salida publica en las conpetencias del camaval. El estar "preparado con una pila de casas" permitia que los ejecutantes pudiesen darle basta pifiazos en los cueros y que, el sonido desprendido de ellos, "caminase por ahi para alia". Era lo que arrebataba a Ia gente, cuando Ia comparsa salia par las calJes y lo que permitia a los musicos recorrer todo Santiago de Cuba con esos prodigiosos instrumentos a cuestas.

Cierto es que el bocu, par su configuraci6n fisica y su peso, es el tambor ideal para Ia ejecucion musical en marcha, tan caracteristica de Ia conga. En esta, todos los instrumentos se percuten de pie y caminando, mientras que en el paseo se tocan, fundamental ente las tumbadoras, en posicion de sentado. La barriga de la tumbadora y su elevado peso dificultan su uso en la ejecucion itinerante, mientras que el bocu se adapta al cuerpo del instrumentista mientras se desplaza. Esa comodidad lo ha convertido en el instrumento mas apropiado de Ia conga. La tumbadora, por lo demas, no soportarian el impacto de esos golpes violentos que se dan en los parches de los bocues.

Los tres toques maslicos

E a de factores artisticos. Uno de · los mas

l calificativo de el piano remite a una urdimbre muy
enrevesad
relevantes es lo que estos musicos tradicionales designan como "los

toques". Su combinaci6n es Io que distingue a Los Hoyos de las demas comparsas. La hace irconfundible. Ellos afirman que esos golrs fueron inventados en el barrio. Tenten particulariza mas al senalar que el pil6n fue creado por esa conga. El toque mason, seg(In el, fue un prestamo de Ia tumba francesa; se trata de un golpe vivo que alborota a Ia gente que viene bailando en Ia comparsa. Hace brincar. Actualmente es un golpe problematico, trae problemas. Miguel Beltran es mas expl1cito:

> *Los toques o cambios de toques ayudan a revolver al arrollador. Cuando se toca el mason la gente empieza a dar brincos y muchas veces viene la reyerta, la brincadera que trae golpes por aqui y golpes por allá y vienen los problemas. Por eso los cambios no se deben hacer en marcha, sino cuando la conga está parada en un sitio, porque eso vuelve loca a la gente y hasta se producen tiraderas de botellas. Tal parece que a la gente le han echado hormigas o pica-pica a la conga cuando se toca el masón. Algunas personas preguntan": "¿Por qué tocan eso?" Eso se toca porque es oriundo de la conga. Con esos tres toques empezó la conga y con ellos tenemos que morir.*

Tenten afirma que antes --en el tiempo de Ia barbarie-- se tocaba y no habia esos problemas de violencia. Es que hay muchos que hoy no salen a divettirse, sino a buscar problemas. Tomando en cuenta su efecto, Ia conga pasa frente al jurado ejecutando ese toque; luego, Ia columbia y continua su recorrido con el pil6n. Justamente, en el desplazamiento se emplea un toque abierto o golpe de calle, de conga, que en esencia es el golpe pil6n, aunque tambien son ejecutados los dos restantes. SOn los mismos toques que esta agrupaci6n saca a relucir en los topes con otras comparsas, aunque

Enrique Merifi.o senala que era el columbia el escogido para esto!3 encuentros

> *Primero se metia el golpe masón y después se daba columbia. Ese toque es originario no sé de qué rama, porque todo tiene su origen, pero me parece que viene de la época de la esclavitud, de los negros africanos. El golpe columbia no es originario de la Conga de Los Hoyos, pero no recuerdo de dónde nace. Esos golpes ya son tradicionales de la conga de este barrio y nunca van a decaer; al contrario, cada dia tienen más vida.*

Hasta donde hemos podido apreciar, cada toque tiene su momento. El preferido para Ia marcha es, pues, el pil6n, como si fuera, el alma de todos. Para ellos, este, en un tiempo no muy lejano, era un golpe que provocaba una excitaci6n extraordinaria en el publico que, seg(In sus palabras, "brincaba para el Cielo" al escucharlo. Consideran que actualmente no sc ejecuta como entonces, al punto que a Ia gente le parece que es para detener Ia conga.

El Pilon finstrumentoJ

> *En la música de la conga tienen mucha importancia los redoblantes que se parecen al bombo. En la conga la cosa cambia: Son tambores de dos cueros de chivo y son grandes, y reciben diferentes nombres: congas, tamboras, redoblantes y a uno le llaman pilón. El*

El pilon ocupa un Iugar de importancia, en Ia consideracion de los musicos instrumentistas. Al ejecutarlo, el parche tiene que estar bien estirado; de lo contrario, el ritmo no sale. Cuando el cuero esta flojo, el bolillo con que se percute se entierr, se hunde. Seglln Enrique Merino, el bolillo tiene que brincar y jugar con el cuero. Al golpe de conga hay que meterle candela con fuerza. Se le debe tocar con fuerza porque ese instrumento pesa mucho, cerca de cuarenta libras, y eso hace que no todo el mundo lo pueda tocar.

Tenten utiliza una imagen muy grafica de Ia forma cmpteada para jecutarlo cuando afirma que el piton lleva un solo golpe. Se trata de Ia conga mas grande de todo Santiago y no se escucha aqui otra que suene como esa. Su golpe sobresale por encima de los otros tambores. Sus dimensiones fisicas obligan a que dos tamboreros compartan la responsab1lidad de su ejecucion, porque se debe tener una resistencia excepcional para llevarla encima, tocandola, en distancias de varios quilometros, en una ciudad de una topografia montafiosa.

Gracias a su experiencia como pilonero, Tenten indica que los demas musicos tocan otras congas, galletas, mas livianas y que, en efecto son dos redoblantes que se turnan para repiquetear, mientras el se mantiene en el centro, sosteniendo el toque unico del pil6n. Este lleva Ia marcha de Ia comparsa. Luis Beltran Carvajal, Luisito,

es el otro que e atr ve a ejecutarlo; nadie lo sigue en ello, aunque no posea.res1stenc1a excepcional de Tenten, es capaz de sacar del Foco el ptlon y regresarlo durante el recorrido de una invasion.

Luisito sabe ejecutar casi todos los instrumentos. Aprendio a tocarlos escuchando, mirando y aprovechando cualquier ocasion. Para el, es cosa de magia:

Miguel Beltran Carvajal revela otro angulo que no suele tomarse ecuent:, las condiciones fisicas del musico. El comenzo a tocar el nusmo ptlon del famoso Pilili y lo toco hasta que sufiio un accidente en una mano. A partir de entonces, por mucho que se esfuerza no puede tocarlo, porque no puede hacerle d lleno y se le queda un vacJ? entrlos dedos; y el sonido que le saca no es bueno; entonces se vlo obhgado a"echr, mano del bocu "que se toea en uno y dos". Por el contrano, el ptlon es un solo golpe y se toea con bolillo y el fondo [se toea] con Ia mano".

Estmusi , cuando se r fiere al modo de ejecucion del pilon y a la art.1culac10n de su sorudo con el resto de los instrumentos reflexwna

Del mismo modo refleja que pasa y hay que hacer cuando deja de sentirse e ta relación armónica.

La mayoria de los comparseros coinciden en que las l?ebidas alcoh6licas son el acompaftante inseparable de 1conga. El gasto enorme de energia por el esfuerzo fisico requerido para cargar y ejecutar los instrumentos, tratan de suplirlo con el consumo de este tipo de bebida. Cuando la ingieren, segtin ellos, porque estos instrumentos requieren de un trago, entonces no hay quien los pare. Es el remedio infalible para no sentir el peso del instrumento.

Otros instrumentos

Por su estructura y manera de ejecutarse todos los instrumentos de la conga cumplen una funci6n. Todos son importantes; aunque existan diferencias entre los comparseros. A Luisito lo estimula sentir el quinto detnis de el pues considera que tiene que sobresalir con su sonido por encima de los restantes instrumentos. Es el que, seg(In el, proporciona la armonia y estimula a los demas tocadores. Otros piensan que tambien el requinto es necesario que se destaque. Es uno de los instrumentos que tiene que sentirse mas nipidamente.

Salchivo considera que introdujo una innovaci6n muy personal en la ejecuci6n de este instrumento:

Enrique Merino amplia la informacion en torno at modo de
ejecutar este instrumento. Para el, desempena el papel de una clave

En cuanto at bombo, Enrique Merino sintetiza

Su hermano Lorenzo recuerda a Mafifa cuando va a referirse a la
campana. Ella tocaba de todo; le sabia a todos los instrumentos de
la conga. El toea la campana que la hizo pasar a la celebridad, pero
tambien el fondo y, cuando un comparsero se cansa, lo ayuda.
Seg6n el, la campana es como un quinto mayor y su funci6n es darle
fuerza al redoblante, al pil6n y al requinto. El ritmo de la campana
se adelanta a los tambores durante las marchas; apura a la conga
para que no se caiga la musica. Aunque este instrumento pesa unas
cuantas libras, el no siente su peso cuando lo esta tocando: es como
si tuviera una muneca en la mano.

En los inicios de Ia conga, y hasta 1930, se usaron los sartenes. Se trata de dos sartenes sujetos a una madera que se colgaban al cuello del tocador mediante una cuerda. Salchivo afirma que en Ia decada del cuarenta se dejaron de usar y su Iugar lo ocuparon las muelas de hierro con mango. El saca del baul de los recuerdos Ia imagen de aquellos legendarios instrumentos:

Los sartenes daban un buen ritmo, pero su sonido metálico era muy pobre y los tambores se los tragaban. Era muy bajito al sonido. Por eso se usaron las muelas de hierro. Parecian unas muelas con una agarradera. Se le golpeaba con un tornillo grande, igual que a la campana ahora. Después vino la campana actual por su sonido más fuerte.

La corneta china

Tenten acude a sus recuerdos cuando se habla de Ia corneta china:

El corneta china iba montado en un caballo. Asi sobresalía en el grupo de la conga. Era más alto y el chillido de la corneta se sentia más extendido. También en parte para protegerle del público y evitar el agotamiento del músico. Hoy no se utilizan los caballos. Se usaba mucho el caballo blanco. El caballo iba metido en la comparsa.

Si hay un instrumento musical en el carnaval santiaguero que haya sido objeto de disputa, esa es Ia corneta china. Paso Franco y Los Hoyos ofrecen opiniones encontradas en cuanto a quien fue el primero en tocarla. No vamos a detenernos aqui en ras"trear su origen y en discutir otros asuntos relacionados con ella; ofrecemos el testimonio de uno de los cornetistas mas reconocidos en toda Cuba: Valentin Serrano. Lo cierto es que Ia corneta china, montada o no en un corcel, se ha convertido en simbolo distintivo de nuestras fiestas. Gran paradoja, porque se trata de un elemento ex6tico, de relativa reciente incorporaci6n.

La corneta china es del carnaval de Santiago de Cuba, es un instrumento contagioso, llamativo, pegajoso, que gusta a la gente, a cubanos y extranjeros. Ahora los grupos folklóricos quieren también corneta china. En Guantánamo las congas tocan con trompetas, tambores, y trombones. Toqué la corneta china en Guantánamo en la Comparsa de "La Loma del Chivo" y un año le toqué a la comparsa "El

Este lugar cimero lo ha alcanzado sobre la base de sus
excelencias. Pero, sobre todo, este artefacto de origen asiatica,
desempeiia funciones que resaltan su importancia:

Las fimitaciones del instrumento son suplidas por Ia capacidad
creadora del ejecutante. Genera una relaci6n de tension y
competici6n que se establece con los restantes musicos de la
comparsa:

En ocasiones, muchos se sorprenden por el sonido tan peculiar
que algunos ejecutantes extraen de este artefacto. Desconocen su
estructura y la parte material, sin las cuales no podria hacer estos
prodigios. A estos aspectos se refiere Valentin en su testimonio:

Practicamente el musico sustituye con su imaginación Y habilidades al constructor de instrumentos. Y esto lo puede lograr porque es un artista; alguien que ama su trabajo:

El valor del aporte personal enriquece el impacto que causa a Ia población cuando establece con ella un dialogo. A pesar de las peculiaridades de las culturas locales entre La Habana y el oriente de la Isla, hay muestras, como Ia que se proporciona a continuación, que revelan como Ia sociedad habanera resulta finalmente arrastrada y dominada por esta expresión del carnaval oriental:

complica aquello. Les explico mi situación. Pero me quedé
compartiendo con el grupo de Oriente y con gente de La
Habana. Entonces cuando quiero retirarme para ver a
Pacho, al final del desfile, ahí fue el dolor de cabeza.
Bueno, llegué a un arreglo. Tuve que hacer una comparsa
sin comparsa, ¿por qué? Yo iba tocando la corneta,
descargando y empiezo a tocar la Chambelona por todo
San Lázaro y arranco, y al poquito rato lo que iba detrás
de mí era un pueblo, ¡un pueblo! Y en ese año en La
Habana no se podía tocar una trompeta, ni un tambor fuera
del área del desfile del carnaval. El carnaval de La Habana
es muy estricto en eso, muy conflictivo en ese aspecto, no es
como aquí en Santiago de Cuba. En Oriente el pueblo
disfruta y en otros lugares también. Donde quiera se toca
un bongó. El sistema de La Habana es distinto. Bueno,
volviendo al asunto; era un pueblo lo que iba arrollando
con la Chambelona y usted sentía los pasos de la gente
rosando en el asfalto y un coro cantando la Chambelona;
hasta que me salieron unos policías allí y se puso malo
aquello y me cayeron arriba. Vino el forcejeo, me
rompieron la corneta arriba. Y yo: "¡compañero!" ¡Qué va,
ellos no entendían! Yo estaba muy mal. Entonces fui a casa
de unos compañeros y me trataron de calmar. Esos policías
decían: "¡tíralo para allá!"; así hablaban, como si yo fuera
un cualquiera, un delincuente. ¿Usted cree que debe
tratarse así a un compañero que está alegrando al pueblo?
Bueno, me llevaron los compañeros a un apartamento de
un edificio y empezamos a tomar tragos y a comer saladitos
y me contentaron conversando. Con esto, te quiero decir
que con la corneta china yo, parado en un lugar, solo, hago
una comparsa. Toco una cosita y al momento están

bailando, arrollando, cantando. Uno coge una lata, un
cajón y así se forma la conga enseguida o, si no, con la
boca. Ese instrumento es mágico, es una voz cantante, es el
solista de la comparsa y con él se puede hacer mucho.

El instrumental Percusivo de la conlla

Banderas nos brinda un interesante resumen del instrumental
percusivo de la conga. Algu_nos de esos objetos sonoros
tienen nombres propios que concuerdan con sus funciones musicales
dentro del conjunto conguero.

Los instrumentos de una conga son los siguientes:
dieciséis fondos, que es el instrumento más numeroso
porque hace el "lleno". Los fondos hacen la base rítmica,
conjuntamente con las campanas. Su nombre tradicional es
bocú, pero ahora le decimos fondo. Actualmente esos
tambores los están haciendo en la fábrica de instrumentos
musicales "Sindo Garay", de esta ciudad. En otro tiempo
los fabricaba el carpintero "Madilé", cuyo nombre no
recuerdo, pero podemos localizarlo.

La percusión de la conga lleva un quinto; un redoblante o
galleta; dos piloneras, de las cuales una es mayor que la
otra. Hay varias campanas con sus nombres propios, como
"Maní Tostao" y la otra es el "gon" y se llama así por su
sonido, porque cuando le das suena ¡gon! La chiquita es
"Maní Tostao" y la grande es el "gon" que trabaja de

. UDER£8, 6RUPO SOCIAL'{ ARTISTAS TRADICIONALES

Tres generaciones de comparseros coinciden en atribuirle a la conga de Los Hoyos Ia capacidad generadora de lideres para la conducci6n de Ia propia agrupaci6n; de artistas tradicionales que son expresiones genuinas de Ia cultura popular; y Ia capacidad de ejercer Ia democracia necesaria para el funcionamiento de la directiva.

La comparsa constituye, ademas, una fuente inagotable de musicos que permiten el relevo sistematico y, con el, Ia continuidad hist6rica de Ia tradici6n y la preservaci6n de su indispensable calidad artistica.

Eutimides Sando manifiesta el sentido democratico del ejercicio de Ia critica en el seno de Ia comparsa y del conocimiento de los mecanismos de direcci6n que deben regir su funcionamiento, cuando dice que en estos momentos no existe realmente una direcci6n de Los Hoyos, porque hay problemas intemos que Ia hacen perder su antiguo brillo. Seiiala los efectos negativos que este vacio de poder provoca y, estableciendo una comparaci6n temporal, apunta su juicio a Ia falta de autoridad:

El director de Ia comparsa no se selecciona mediante. mecanismos democraticos universales de eleccion por votacion. Las personalidades mas notables de Ia comparsa se constituyen, por consenso entre ellos mismos, en Junta directiva y esta designa a quien asumira Ia maxima autoridad de Ia agrupacion y al resto de los responsables de Ia estructura organizativa. El barrio no interviene en Ia eleccion de estos dirigentes, pero evalua sistematicamente los resultados e su gestion. Estos resultados son medidos por el lugar o los prenuos que cada afio alcanza la conga en el certamen del camaval. Cuando pierde varios afios consecutivamente, el barrio ge era un estado de opinion que involucra a los participantes acttvos e a comparsa. Esto posibilita la configuracion de un grupo d.opostcton formado por personas potenciadas del propio grupo dmgente que Ia propia dinamica del proceso convierte en figuras relev ntes. En el contexto de esta situacion de crisis se producira el cambto de mando de forma pacifica o violenta, en dependencia del carisma de Ia persona que dirige la comparsa.

A mediados de los afios cincuenta se produjo una situacion conflictiva en Los Hoyos. Las contradicciones entre algunos notables de Ia comparsa y su director, Chencherecu, se extremaron, al punto de llegarse a la escision entre ellos. La fuerza del l'ider carismatico impidio su democion y sus opositores acudieron al exgediente de sacar otra comparsa que fuese capaz de ganar en el certamen y destruyera con su triunfo el prestigio que el director tenia en el barrio. Fue asi como, par dos anos consecutivos, Los Hoyos tuvo dos comparsas. El cambia de mando dependeria del resultado de Ia competencia entre ambas, durante el carnaval. Salchivo explica como el grupo opositor actuo para resolver esta disputa:

La comparsa de los jovenes derrot6 a Ia del director consagrado. Aqui intervino el barrio, que no solo cuestiono el escalon de mando anterior y al que habia sido considerado como lider, sino que sancion6 el ascenso de los jovenes que demostraron con su triunfo poseer una capacidad y empuje indispensables para ac:ceder al poder.

Valentin Serrano nos ofrece detalles de mucho interes para historiar estos sucesos cuando se refiere al comportamiento del conflicto:

*Sandó, que vivía en San Ricardo, entre Carnicería y San
Rafael. Chenchercú mantuvo dos años la división. En ese
tiempo me acerqué a esta conga al lado de Sebastián
Herrera y Eutímides Sandó.*

*Una comparsa ensayaba en la Avenida Ramos Latourt,
frente a la carnicería estaba la tarima de Chenchercú. La
otra conga estaba en Julián del Casal y prolongación de
Callejuela, donde actualmente se realizan los ensayos de la
Conga de Los Hoyos.*

*Recuerdo que cuando la división, Chenchercú sacó en
Los Hoyos una comparsa titulada "El Gran Kan", en la
cual este señor hacía el papel de rey. Iba sentado en una
carroza, vestido como un monarca con mucho lujo. Tenía
un juego de capas roja y negra de mucho brillo y colorido.
Durante ese año de la década de 1950 el jurado estuvo
ubicado en la esquina del Paseo Martí y San Pedro.
Sebastián "Chan" Herrera y Eutímides Sandó presentaron:
"La tradición de Los Hoyos" en el año 1956 ó 1957. Yo
participé en esa comparsa en contra de Chenchercú.*

Eutimides Sando afirma que despues la comparsa cayo en
manos de Pablo Mojena. Se produjo una mala racha; Los Hoyos
siempre era derrotado en el certamen del carnaval, por lo que ellos
decidieron recuperar el control de la conga para salvar el honor del
barrio, puesto en entredicho por los continuos resultados negatives
que se estaban obteniendo. La recuperacion del entusiasmo y de la
union que se estaban perdiendo solo podia lograrse con el cambio.

El testimonio de Germanico Sanchez, Tenten, ilustra ca-
balmente la situacion creada y los mecanismos a los que se recurre
para realizar el cambio:

*En la época de Pablito la comparsa estaba perdiendo y
hubo un grupo de comparseros que la llevaron a un
análisis. El barrio estaba bastante disgustado con la
dirección de la comparsa. El problema se llevó a una
discusión y pasó de nuevo a manos de Armandito, de
Eutímides, Loynaz, Manolo Trutié, Andrés Hechavarría,
que era uno de los cabezas principales de la comparsa. Se
hizo una junta. La gente también se quejaba del mal trato
del compañero Pablito. Y no tanto de él, como del de los
hijos. Ellos pensaban que la comparsa era de ellos y tenían
problemas hasta con los mismos tocadores. Estos se fueron
disgustando y llegó un momento que no quería nadie tocar
más en la comparsa.*

*Nos reunimos en Heredia y San Félix. Se llegó al acuerdo
de que Pablito no dirigiera más la comparsa y pasó a
manos de una nueva directiva. Después pusieron al frente
de la comparsa a Sebastián Herrera (Chan). La comparsa
mejoró y Chan quedó al frente. Armandito y Eutímides
Sandó se apartaron y Celso se enfermó. Ahora están Chan
y Banderas en la dirección de la conga.*

Despues de la sustitucion de Mojena, se instala en Los Hoyos
uuna nueva junta directiva integrada por Andres Hechavarria,
Sebastian Herrera, Armando Bravo, Loynaz Hechavarria, Manolo
Trutie, Eutimides Sando y Edilberto Boll, El Moro.

Dinamica del grupo

El barrio se ofrece a la comparsa como una fuente inagotable de energia y talento. Actua como una fuerza de empuje que no permite la fosilizacion de sus estructuras de mando. Hemos visto, aunque someramente como se producen los cambios en el interior de Ia conga. Resulta fundamental Ia aceptacion de Ia comunidad para mantenerse en el poder y esta aceptacion solo se logra sobre Ia base del triunfo. A esta evaluacion sistematica del barrio no escapa ni el lider mas caristmatico. Este debe ceder su Iugar cuando su labor no es coronada por el exito; de lo contrario, se expone a ser derrotado por otros comparseros.

El barrio mantiene encendido el motor de Ia comparsa. Y es una cantera siempre dispuesta a proporcionar el relevo oportuno y necesario. Nunca permitini que su comparsa se estanque, que no se renueve y pierda su empuje creador, porque esos son los indicativos claros del cansancio y Ia esclerosis del grupo. Son los rnismos que sefialan el disgusto y Ia division; los mismos que conducen inevitablemente al cambio, porque otra cosa seria equivalente a marchar hacia la muerte o al absurdo.

El barrio es una escuela donde se forman, desde nifios, quienes son Ia garantia de ese relevo. La comparsa resulta Ia academia donde se inician y perfeccionan los adolescentes y jovenes que recibieron el bautizo en Ia comunidad que los vio nacer. El factor educativo es primordial para entender los mecanismos de promoci6n

y ascenso que actuan en Ia relaci6n barrio/comparsa. Asi lo pone de manifiesto Fidel Estrada al referirse a uno de sus hijo3:

> *Mi hijo Jesús ya tiene 38 años, pero empezó a tocar conmigo cuando era un niño. El tocó con Bonne. Llegado un momento superó a todos los tocadores en el grupo, siendo un jovencito. Tocaba todos los instrumentos y empezó con el guiro. Una vez fuimos a La Habana y cogió el quinto en la puerta del Hotel Sevilla y lo que puso allí dejó a todo el mundo con la boca abierta. El muchacho me dejó atrás y ahora es el profesor. Se superó con el conocimiento de la música folklórica, en la popular y en la de salón. Cuando salió del conjunto de Bonne, pasó a la Banda Municipal que es otro género de música y allí tocó bombo y platillo. Pero le interesaba lo popular.*

Enrique Merino afirma que siempre aqui hay tocadores aprendiendo y ejemplifica:

> *El compañero Toto cuando vino a la conga no sabía nada del tambor porque en ese tiempo él era un pionero, un niño, pero siempre estaba mirando los instrumentos y aprendiendo a tocar. Al principio Toto estaba con una campanita y aprendió a tocarla, porque tiene un oído que le "ronca el mango". El toca cualquier tumba, cualquier instrumento y cuando llegó al foco no sabía tocar ni campana.*
>
> *Luisito Beltrán es un buen muchacho y es uno de los mejores con el pilón. Ese muchachito "baila" con el pilón, que es el instrumento más pesado de la conga. Los*

muchachos vienen, miran y aprenden bajo la orientación de los más viejos. De esa forma la conga siempre tiene el relevo asegurado. Por eso te digo a ti que la conga de Los Hoyos no se cae y no morirá nunca. Este muchacho, que está aquí, empezó hace poco a tocar con nosotros y yo quisiera que tú escucharas el sonido que le saca al fondo. Este muchacho va bien.

Artistas tradicionales

Para Fidel Estrada la relación de artistas salidos de la comparsa y del barrio puede ser extensa. Entre otros recuerda que:

Fueron famosos tocadores de la conga "Chino Negro", Pilili, "Guigui", Germánico Sánchez (el viejo, padre de Tentén), "Hatuey", Vitilla, "Pancho" Chacón, Eugenio Duany, Alberto Maquindó, Elaide, Sebastián Herrera "Chan", Eutimides Sandó y Armandito Bravo.

Las propias agrupaciones carnavalescas funcionan tambien como cantera y promotoras de artistas raigalmente vinculadas a la tradicion. No solo han generado comparseros famosos, sino artistas que han llevado a escenarios de Cuba y de otros paises expresiones genuinas de nuestra cultura nacional. Nos referimos a la musica, conscientes de la necesidad de rescatar, ademas, del olvido a aquellos comparsantes destacados en el baile, la coreografia, la construccion de mascaras o la creacion de capas, por citar otras manifestaciones.

Eutimides Sando privilegió en su memoria a uno de los u icos que mas se recuerda en Los Hoyos: a Agustin era, al que sitila en un pedestal no alcanzado por ningiln otro cornetista:

Cuando la Compañía Trinidad y Hermanos llevó la comparsa a la capital, ya yo estaba bien integrado a ella. Por cierto, cuando eso ocurrió, ya estaba tocando la corneta china Agustín Vera que es el mejor corneta de todos los tiempos. Te estoy hablando de la década del treinta, no cosas de ayer, sino muy viejas. Todavía no ha sido superada Agustín Vera, aunque han surgido en los últimos tiempos muchos cornetas de calibre. Tal es el caso de "Neno", seguidor de Vera.

Sando sitUa en los l gares siguientes, en cuanto a exce epcia artistica se refiere, a otros ejecutantes de este instrumento de vtento. Estas son sus valoraciones:

Erenio Betancourt, más conocido por Neno, es uno de los mejores discípulos del difunto Vera y ahora él es el mejor de Cuba con la cornetica china. Es un corneta destacado que alienta con su melodía a los tocadores, aunque ya no está tocando oficialmente en la conga. Después recuerdo como corneta a Julián y por último a Valentín Serrano que aunque es bastante nuevo con el instrumento, está tocando bastante bien, aunque no llega todavía al virtuosismo de Neno. La música de la corneta arrastra a Neno; cuando la escucha, corre, coge la corneta y la pone a gozar y entonces si se pone buena la conga de verdad.

Enrique Merino recuerda que en Marti y Moncada han salido congas, pero tambien sacaron cierta vez un renombrado paseo organizado por Isidro Beltran. Con su muerte, muri6 este paseo, porque parece que no habia relevo. Ese paseo no tenia contrario. Lo. ultimo que'tir6 fue El guajiro cubano, si mal no recuerdo.

En 1985, Los Hoyos rindi6 honores a uno de sus artistas mas queridos con la comparsa titulada Los Hoyos homenajeando: A la celebrada companera Mafifa, a quien se le recuerda como una mujer muy valiosa en la conga y fuera de ella. De ella nos ofreci6 Toto un testimonio muy sintetico, a Ia vez que muy preciso en la evaluaci6n de sus cualidades personates muy importantes. "Era muy querida en el barrio. Tocaba cualquier instrumento en la conga. La conoci nada mas, se puede decir, un mes. Cuando muri6, yo no tocaba en la conga, pero la conocia en el barrio. Practicamehte Ia sustitui en el puesto de campanero. ¡Tremendo compromiso!"

Lorenzo Merino Arango completa en su testimonio el retrato de la famosa campanera. Por el nos acercamos a rasgos de su personalidad que le hicieron ser una persona muy reconocida en el barrio. Observese la relaci6n, no exenta de sentimientos religiosos, que este musico establece con ella

En Ia conga de Los Hoyos funcionan, empiricamente, el dominio legal, tradicional y carismatico en los mecanismos de direcci6n y de ejercicio del liderazgo. A estos no son ajenas otras agrupaciones que han mantenido vivo al camaval santiaguero. El ejercicio democratico se expresa en Ia rendici6n de cuentas que debe hacer la estructura de direcci6n de Ia conga ante el jurado que Ia situ6 en ese Iugar jerarquico y del cualla puede echar cuando no le proporcione los laureles esperados. Al jurado a que nos referimos es el barrio, al que representa esa agrupaci6n artistica.

El relevo sistematico de musicos, comparsantes y dirigentes caracteriza la dinamica intema de la comparsa y garantiza Ia contlnuidad hist6rica de sus tradiciones. Cuando esta continuidad es amenazada por situaciones de coflicto entre Ia comparsa o el barrio y la mencionada estructura de direcci6n, se producen los cambios de mando pertinentes. El relevo viabiliza Ia emergencia de nuevos talentos artisticos que se concretan en el suelo de esas mismas tradiciones que le sirven de elementos de sustentaci6n e inspiraci6n. Los artistas recien surgidos, por conducto de este movimiento permanente, exponen sus dotes individuates y exaltan tambien aquellos valores genuinos de la tradici6n. Todas estas expresiones artisticas son exponentes de una identidad que es uno de los principales componentes que identifican nuestra nacionalidad.

Lucha ritualizada:la invasion

El camaval es dificil de imaginar sin asociarlo a las competencias. Los grupos tradicionales se praparan durante meses para participar en ese evento popular que adquiere ribetes de franca rivalidad entre los banios sustentadores de expresiones festivas que conforman una identidad cultural comunitaria. Los vecinos de los barrios estan atentos a su conga, comparsa o paseo y viven intensamente los acontecimientos que de alguna manera van clarificando el camino de Ia fase competitiva que antecede el carnaval. El divertimento se manifiesta en los ensayos de las congas, ejecutados en tarimas concebidas para esos menesteres y los vecinos asisten a ese espectaculo reiterado afio tras ano en la comunidad. La gente escucha el sonar trepidante de los tambores y son testigos excepcionales de la afinacion que, paulatinamente, ira conquistando esa singular orquesta de fuerte sonoridad afroca-ribena. Los amigos y fanciticos de Ia conga hacen comentarios y esperan su salida el dia de San Juan y de San Pedro, para enrolarse en una muchedumbre sudorosa y andariega, con la finalidad de "arrollar" hasta el agotamiento del cuerpo y Ia saturacion del espiritu.

El juego del carnaval ha comenzado como un rito ceremonial expresado en una concepcion ludicra en Ia que participan todas las generaciones amantes de una tradicion centenaria y anaigada en las familias del barrio. Asi se producen visitas a otros congas de la ciudad y se ha desencadenado un episodio sumamente interesante por sus contenidos socioculturales y su sentido competitivo. Toques, saludos, visitas e invasion son parte de toda una urdimbre de acciones culturales que se van perfilando paulatinamente en ese

---

ue titivo que deviene en unde los rostros de mas realce

Los iniciados en estos rrustenos esperan con cierta ansiedad asumir andari su ro como artistas consagrados e interpretar esa musica univer:a qe se plenamente cuando se ejecuta en su contexto mas autenttco: Ia calle y cumple su funcion s r d es dectr en una rei octa tza ora, sociedad acton comurucattva y participativa de la

Luisito Beltran, de manera senctla, se refiere a esos acontectmientos en estos terminos:

> También en esas primeras salidas la policia recoge a los maleantes que buscan problemas en la conga. Después se sale el dia de San Juan. Ese dia se hace un recorrido un poco breve, porque cuando termina tenemos la sangre caliente y con deseo de seguir. Damos una vuelta pequeña por los barrios cercanos y regresamos a Martí. En otros tiempos dábamos una vuelta por el barrio de Cuabitas, volviamos al lugar de ensayo y de ahí para nuestro Foco. Muchas veces nos cortan en Martí. El 24 y 29 de junio los recorridos son cortos. El dia que más caminamos es el dia de la invasión.

En cuanto a Ia fecha d l calendario festivo e a mvas_to, no hay una precision en el pero se extenonza en el mes de julio pnnctpalmente, en Ia primera quincena de ese mismo mes. y,

La emocion de un conguero es notable cuando relata sus e ene xp nctas vttales en tomo a las visitas y, en especial, al referirse a

Ia invasion que, como su nombre indica, es una demostraci6n vigorosa de Ia sociedad conguera. Hay reglas establecidas consuetudinariamente por cuanto estan consagradas por Ia pnictica socio-cultural de Ia comunidad. Asi, una conga de poderoso ritmo, como la de Los Hoyos, derrota a su adversario cuando los arrolladores posesos por el embrujo de esa musica se pasan a Ia agrupaci6n contraria. La descripci6n del percusionista Enrique Merino nos ilustra al respecto:

> *Cuando visitamos otra conga se produce una competencia. Ellos tocan primero y nosotros tocamos al final. Después regresamos para Martí y Moncada con mucha gente detrás, con un mundo de gente. A veces la policía nos dice: "den una vuelta en el barrio". Entonces la gente cree que vamos a seguir tocando y se "desprenden" a correr detrás de nosotros. Si nos dejan seguir, tú sabes cómo es eso. Antiguamente, cuando las congas se encontraban, había que ver aquello. La que mejor ritmo tenía se llevaba a la gente. Ahí fue cuando cantaron:*

La conga de Los Hoyos parece!!!!1m!

> *En ese tiempo te parabas en un edificio y era un mundo de gente lo que llevaba. Los arrolladores iban con sus sombrillas, con sus velitas encendidas y la cantidad de personas que arrastraba era mucha. Tú veías la "cabeza" de la conga aquí en Martí y Moncada y "el rabo" allá por* Ii
 y San Pedro! La cabeza muchas veces estaba subiendo la loma de Martí y el ritmo se escuchaba clarito

> *en la cola, donde venían arrollando y gozando y cantando. Muchos arrolladores se metían en la conga con cutaras de palo o de goma.*

En verdad, esa muchedumbre compacta, compuesta por orquesta Y por a.rrolladores, se desplaza como relata Enrique, por las calles como sl fuera un gran reptil con cabeza y rabo, y se mueve sinuosa Y sonoramente con ritmo, melodia, canto y el sonido de los pies que se arrastran en el pavimento.

El misterio escondido

LOS iniciados en el ritual e Ia conga de Los Hoyos tienen .na confianza uy espectal en las cualidades magicas de su agrupac10n y en el sentido gregario de esa soc.iedad. El certamen carnavalesco estimula las fuerzas generadonales en sentido aglutinante y excluye temporalmente las contradicciones internas de esa colectividad. Se genera asi una suerte de pacto unitario entre los congueros. Lorenzo Merino aborda el tema

> *Tenemos siempre algo escondido para los que dicen por ahí que la conga de Los Hoyos está caída. Esta conga nunca se cae. Cuando ellos piensan que está decayendo, es cuando más ánimo tenemos los jóvenes y los viejos. Ya se acerca el carnaval de este año y quiero que sepas que las demás congas van a apretarse bien el cinturón del pantalón, porque le vamos a ganar el primer premio.*

El premia es un acicate para elevar la competitividad del grupo y la solidaridad colectiva en ese empefio.

Para Miguel Beltran, Ia calidad musical de Ia conga de Los Hoyos, es un factor simbolico y, al mismo tiempo, real en las valoraciones que hacen los vecinos del barrio en el momenta de emprender Ia conquista de los enclaves tradicionales de Ia ciudad. Cuatro congas son saludadas por Ia invasion de Los Hoyos y para ello realizan un movimiento casi circular alrededor del nucleo colonial de Santiago y solo queda fuera de ese recorrido la conga de San Pedrito, por encontrarse un tanto apartada:

> *A la conga de Los Hoyos le llaman el piano porque, cuando sale del barrio, suena como si de verdad se estuviera tocando un piano afinado, con una música bien ensayada. Toda una vida le han dicho así y la gente dice: "Vamos a invadir con el piano". La invasión no tiene fecha fija, pero casi siempre se hace el 13 de julio, aunque la policia la puede variar en fecha, la adelanta o la atrasa. Los recorrridos se inician en Los Hoyos y vamos directamente al Alto Pino, a El Guayabito, a San Agustin y, por último, saludamos al Paso Franco y, de ahi, regresamos al barrio por la calle Corona o San Pedro. En ocasiones, los arrolladores se han comportado mal y la policia nos ha hecho bajar hasta Marti sin tocar un tambor.*

La cultura tradicional camavalesca no se ha mantenido estatica, sino que en ella se han operado transformaciones y cambios de costumbres en correspondencia con los procesos socio-culturales y politicos en que se ha visto involucrada la sociedad santiaguera. En el caso de la invasion, hecho cultural protagonizado por los hoyeros, .tambien se han generado cambios importantes en cuanto a su recomdo dentro de los perimetros urbanos de la ciudad y asi lo confirman los testimonios de las personas de mayor edad en la conga. ct almentea Comision del Camaval, conjuntamente con el rden Pubhcoplarufican dia, horario y recorrido de la invasion que difiersusta ctalmente del que se concebia hace mas de treinta afios. Tenten, el p,tlonero de Los Hoyos, nos expone su testimonio rico en det ls y en precision, pues nos informa de comparsas Y de tradtciOnes solo existentes en Ia memoria colectiva:

> *La comparsa salía desde Moncada y esa es la tradición. Yo recuerdo que cuando íbamos a la invasión, salíamos a las cinco de la tarde y el recorrido no era el mismo de ahora; era un recorrido intenso. La invasión es una cosa vieja, tradicional.*
>
> El recorrido de antes era subiendo Marti o, en ocasiones, se entraba por Moncada y subia hasta Trinidad y cogia Calvario y después Aguilera hasta San Agustin. Seguia hasta Artes y Oficios por Santa Ursula y llegaba a donde vivia el difunto Vitue. La comparsa daba la vuelta en la rotonda de Artes y Oficios y volvia para atrás de nuevo y se metía por el Hospitalito infantil de Chicharrones (Policlinico). Salia al parquecito de Chicharrones y daba una vuelta por la parte de atrás de la Colonia Española y salía a Trocha y entraba por Carretara del Morro, donde ensayaba el Paso Franco. Después ibamos para la Loma del Intendente. En ocasiones salíamos de Chicharrones y bajábamos una loma hasta Carretera del Morro y topábamos con el Paso Franco para saludarlos. Cuando cogiamos Trocha, bajábamos hasta llegar a los Cangrejitos pegado al mar. Alli, en Trocha y Cristina,

ensayaba una comparsa que ya no existe y le decían Los Cangrejitos. Después cogíamos toda la Alameda y subíamos Marina, actual calle Aguilera. En ese tiempo no se paraba tanto como ahora, y no era como ahora que las tumbas son de llave, eran de puntillas y había que darles candela en las esquinas de las calles.

Volviendo al recorrido de la invasión. Subíamos Marina y llegábamos al Vivac de Santiago y nos parábamos allí a tocarles a los presos que había en esa cárcel. En el medio de una puerta grande había un parabán para que los presos no vieran la calle pero, cuando llegaba la conga, quitaban el parabán para que vieran la comparsa. También los presos se encaramaban en los barrotes y veían la comparsa. Se les tocaba un promedio de media hora o un cuarto de hora, más o menos. De ahí volvía a andar y llegaba hasta Santo Tomás y daba una vuelta en el Parque Céspedes. En ocasiones cogía por San Pedro, que era bajada, hasta Martí. La invasión no tenía un recorrido fijo y lo decidían los cabezas de la comparsa y no tenía límite de tiempo para recogerse. Los guardias determinaban cesar cuando el tumbero se sentía agotado. Recuerdo que se cantaba:

Aee un sólo golpe ná má

Aee un sólo golpe na" má

Y un sólo golpe ná má (bis).

y la tumba iba sonando sabrosa y la cornetica china "gritando": ¡Era un fenómeno! ¡No paraba! No es como la cornetica china de ahora, que tararea aquí y no vuelve a sentirse hasta la Alameda.

El barrio vacio

Los viejos tamboreros del barrio de Los Hoyos, de un modo u otro, confirman los cambios ocurridos en la ruta de la invasion y el arrastre que tenia ese acontecimiento singular en la barriada. El dia de la invasion es el momento propicio para que cualquier vecino asuma funciones de actor en el escenario callejero. Objetos domesticos en desuso o en petfecto estado son utilizados por los improvisados actores rindiendole culto al absurdo carnavalesco. Fidel Estrada reconoce que

La invasión siempre existió, pero con otro recorrido. Todas las familias se iban a arrollar y el barrio se quedaba vacío. Todo el mundo con sus toallas, velas, sombrillas, chancletas de madera y goma. La gente cantaba mucho. Agustín Vera sonando su corneta china y también al viejo Tontor que está vivo todavía. A veces se formaban tiroteos y podía ser peligroso. Era una mole de gente que arrastraba la conga. ¡Si te digo que la conga estaba en Trocha y había gente en Enramadas es poco! ¡Era mucho aquello con una conga de ritmo natural con un solo golpe firme!.

Hay alusion reiterada en muchos testimoniantes al papel musical que desempeñaba la corneta china en manos de artistas tradicionales qe c.alaron hondo en Ia admiracion de sus contempor{meos y que aun vtven en el recuerdo de los congueros.

La invasion tiene una importancia de primera magnitud para la ong. Es el momenta en que el barrio de Los Hoyos expresa su td ntlda? cultural comunitaria en un gesto de reafirmacion que va mas alia de las fronteras naturales de su propio barrio. Es una expte ion de cohesion del grupo social portador de arraigadas tradtctones y, en ese sentido, se delinea todo un conjunto de costu bres ancestrales que rememoran deterrninadas expresiones de la ps co gia .soc al del periodo tribal del hombre, sin que esta apre mc10n tmphque valoraciones peyorativas. Los hoyeros mamfiestan Ia autoconciencia social de pertenecer a una comunidad tradicional cuyo desempefio en terminos culturales tiene un profundo sentido en Ia conformacion de una identidad cultural global: el carnaval santiaguero.

La invasion es un acto de fuerza cultural y de amor a una tradici6n que se ultia con vehemencia. Es una accion competitiva consuetudmana que funge como soporte psicologico de la competencia oficial instituida por las autoridades civiles de Ia ciudad Y que se llevani a efecto a traves de los desfiles de las agrupaciones frente a un jurado.

Desfile jurado

El desfile es parte del sentido de competencia que presupone el carnaval para los grupos tradicionales que anualmente parttctpan en este certamen popular. Ese desfile oficial difiere de las salidas y de Ia invasion en muchos aspectos. Ahora las agrupaciones se presentan con mejores atuendos y sus cuadros de bailes responden a un tema especifico que se mostrara, en las evoluciones danzarias y escenicas con el apoyo de Ia musica. Para esa ocasi6n se establece un conjunto de reglas que las comparsas deberan cumplir para obtener una posicion de primacia por parte del jurado integrado por especialistas y personalidades de Ia cultura de Ia ciudad.

Luisito, el pilonero mas joven de Ia conga, expone su vision personal, avalada Ia experiencia colectiva:

El desfile tenia deficiencias en cuanto al horario. Eramos los últimos y, en ocasiones, pasábamos a las cinco y seis de la mañana. A esa hora nadie nos presenciaba en las gradas y palcos. Ya todo el mundo se había ido para su casa. Muchos compañeros de la comparsa se sentían agotados. A esa hora desfilábamos por desfilar, pero no por ningún tipo de representación, porque no había público. El mismo jurado se había marchado a esa hora. Nosotros a esa hora éramos un reloj para la gente que iba a trabajar. Subíamos Martí hasta llegar al Foco. La gente se estaba levantando para buscar la leche y el pan.

Hace un tiempo es por orden de llegada al desfile. Desde el carnaval del pasado año estamos desfilando a una hora buena. No nos podemos quejar de la hora. Hemos salido temprano, hemos llegado temprano y hemos regresado temprano.

¡ComParsas ricascomparsas pobres?

Toto ha visualizado ciertas diferencias en la atención que
determinadas instancias ofrecen a paseos y comparsas. En
la practica, las reglas de la competencia estan alteradas en cuanto a
los recursos materiales y de talento artistico con que cuentan esas
agmpaciones, beneficiadas por apadrinamientos ventajosos, en
detrimento de los que no reciben apoyo equivalente. Esas
diferencias concurren negativamente en la capacidad de competir de
los grupos no privilegiados. Toto refiere una experiencia cercana

En los anales del carnaval frecuentemente se han generado
incidentes a propósito de los otorgamientos de los premios en
metalicos otrora y honorificos en tiempos mas cercanos. En
ocasiones la .violencia verbal y hasta fisica se ha aduefiado del area
de ubicación del jurado. Ese escenario callejero es un sitio
apropiado para apreciar comportamientos humanos divergentes y de
variados matices. El jurado es el poder simbólico, pero el ambiente
de democracia popular que presupone el carnaval posibilita su
emplazamiento publico y el ejercicio de la critica de modos muy
originales. En los afios de la decada del 60, el cometa china de la

conga de Los Hoyos, Valentín Serrano fue testigo de uno de esos episodios:

Recuerdo que cuando estaba integrado a la conga de El Guayabito, el Jurado estaba ubicado en Ferreiro, en la zona de Garzón. El Guayabito estaba dirigido por el difunto Valentín Rodríguez, quien rompió el cheque del premio en metálico manifestando su desacuerdo con la decisión del jurado. Otros comparseros viraron las capas al revés. Entonces entró la comparsa de San Agustín e inmediatamente se formó el tiroteo.

Después de pasar aquella reyerta se apareció la conga de Los Hoyos con una carroza y el mapa de la isla de Cuba, pero no recuerdo exactamente lo que representaba. Venían muy contentos y organizados. Cantaban a coro:

Dame lo que sea, dame!

Dame lo que sea, dame!

El jurado le otorgó casi todos los premios. Arrazaron con todos los primeros premios. Te estoy contando cosas de cuando era un jovencito.

Los tamboreros de la conga expresan JUICios en ocasiones extremadamente virulentos sobre la gestión evaluativa que ejerce el jurado del certamen carnavalesco. El joven Toto emite consideraciones apasionadas y emplaza de manera directa la idoneidad profesional de los especialistas resposabilizados con esa compleja tarea cultural. Asumir estilos de otros contextos culturales no tradicionales para ser trasladados al carnaval es sumamente riesgoso, pocas veces, aconsejable. Toto critica al jurado

Eso es como el programa de televisión "Todo el mundo canta". El jurado debe dar una explicación sobre los motivos de sus decisiones. Deben decir por qué gana una comparsa y por qué pierde. Si perdí, debo conocer por qué perdí para corregir los problemas y presentarme mejor en el carnaval del año próximo. Que me señalen los fallos es lo que quiero.

Pasó San Pedrito por el jurado y cogió el primer lugar y a Los Hoyos le otorgaron el segundo lugar. No hay explicación, no hay por qué.

El jurado no debe ser de esta ciudad, debe seleccionarse en otra provincia. Que no conozca a nadie. La integración del jurado, pienso que no es correcta. El jurado está compuesto por un pintor, un escultor. Debe estar compuesto por un folklorista, que sepa lo que se está bailando, un pintor para los colores, un coreógrafo, que sepa de verdad quién tiene la coreografía bien montada. Un pintor se relaciona en algo con las comparsas y con el carnaval, pero no sabe de coreografía, ni de bailes. Cada cual a su campo.

Ahora, pregunto ¿quién del jurado sabe de música y puede fundamentar cuál toca mejor en el carnaval? ?Quién conoce los toques de la conga?

Un Padrino de San Pedrito

Salchivo, veterano de la conga, no disimula su disgusto con las decisiones del jurado aunque reconoce la perdida de algunaJ tradiciones del barrio de Los Hoyos que han sido asumidas creativamente por otra comparsa conga. El atestigua:

Elcarnaval visto Por los mas jovenes

La generacion mas joven de la conga es muy critica en sus opiniones. Toto es uno de los que señala los males que, segun su opinion, desmeritan al festejo camavalesco en aspectos tan relevantes como los relacionados con abastecimientos culinarios y de bebidas, como la cerveza y el ron, que contribuyen a emiquecer en terminos de cultura material el ambiente de diversion popular:

Luisito es otro joven de esa generación continuadora de Ia tradición conguera que también expone opiniones en Ia misma dirección de su coet{meo Toto, aunque reconoce que en el carnaval de 1986 hubo un cierto mejoramiento en los abastecirniento medulares del cainaval publico, es decir, aquel que va mas alia de sus componentes propiamente folk16ricos. Sin embargo, hace hincapie en Ia perdida u omisión de las pequeñas congas que alegran el ambiente callejero. Esos grupos pequeños a veces no han sido tornados en cuenta por las autoridades comprometidas con la celebración camavalesca y su ausencia produce un vacio en la atmosfera sonora, pues esa musica concurre en el ambiente de ruegria colectiva de esos dias. Ei cuestionarniento de Luisito no se hace esperar:

Miguel Beltran establece coinparaciones interesantes con los camavales an eri.ores a 1968 y se refiere, ademas, a Ia colaboración de otras.provmctas c?n el camaval santiaguero, pero puntualiza su expectattva en el senttdo de esperar un continuo proceso positivo:

Miguel Beltran apunta sobre el vestuario del mamarracho que en o inion no contribuye al realce estetico de su comparsa. os es ones preocupan a este tamborero: la elaboración de los traJes camavalescos y la poca variedad de sus atuendos:

Los comparseros mas antiguos tienen otra perspectiva basada en la experiencia acumulada durante su larga vida vinculada a la tradición. Entre muchos miembros de esos veteranos de la conga existe como un sentimiento de afioranza por los carnavales que conocieron en su nifiez y juventud, y en ocasiones idealizan ese tiempo pasado, como lo hace Salchivo cuando rememora:

Pensamos que quizas influya en las opiniones criticas de los mas jovenes esta tendencia idealizadora d1 pasado, a tal punto que puedan parecer injustas sus apreclacl0nes. .Qu de, como testimonio, a pesar de ello, la conciencia de las deflctenctas actuates de los festejos carnavalescos santiague os.

Vision de los otros

Las palabras de Jose Villalon Vaillant, viejo adrnira or del carnaval, inician este capitulo dedicado a ofrecer lavaloracto es e ideas de personalidades carnavalescas de otros ban:s de Sa ttago. Con ello intentamos abrir otro {mgulo de observacl0n al fenomeno del barrio de Los Hoyos y de su famosa comparsa. Te e os la conviccion de que el testimonio de esos comparseros postb hta un grado de objetividad mayor en su evaluacion de nuestro objeto de estudio. A la informacion y juicios de los hoyeros-que se ofr cen en la primera parte del libro, se suma aqui la de los que han mtrado a

os Hoyos cn el distanciamiento propio de las personas que han stdo, .en ocasl0nes o, incluso, casi siempre, sus contendientes en matena de competicion festiva.

.S glln la radicion oral, originalmente, en el carnaval santiaguero extst eron solo tres congas: Los Hoyos, El Tivoli y El Guayabito. Detrade cada ua siempre encontramos una personalidad orgaruzadora y cohesl0nadora del grupo o la barriada. En ocasiones algunas desta.personas poseen cualidades carismaticas y se llegan a o verttrn ltderes populares. Se afirma que, en la decada del 20, Vttue? el arumador de El Guayabito, se traslado a San Agustin y rompto la.!rilogia de las primeras parrandas: San Agustin sustituye en este tnangulo al Guayabito, que dejo de sacar comparsas varios afios consecutivos a causa de ese traslado.

El Tivoli

carlos *Giro* Zorrilla, e perimentado tocadr y antiguo di-recttvo de San Agustm, afirma que la pnmera conga de Cuba.fue Ide El.Tivoli. Situa, incluso, como fecha aproximada de su ext tencta la pnmera decada de este siglo. Mas en este barrio se produjo un suceso que daria al traste con la preeminencia de la comparsa: a la muerte del famoso Feliciano Mesa, siguio sacando la conga Jose Antonio Portuondo, Tofiono, y se comete el error de mud rl, para La Trocha. Fue asi como, en 1938, El Tivoli se on rtto en el Pas.o Franco, que por lo demas se inaugura con el pie tzqmerd.o pues pterde en las competencias carnavalescas. Paso F anc,o mtegr6, desde entonces, con Los Hoyos y San Agustin, la tnlogta de las comparsas-congas mas importantes de Cuba.

Fue una causa economica la que provoco ese traslado. El
fragmento del testimonio de Villalon que encabeza este epigrafe, lo
pone de relieve. El Tivoli y Los Hoyos eran los barrios mas
populares y tradicionales de Santiago de Cuba y el primero de ellos,
en opinion de este mismo tivolisero, constituia el centro del camaval
hasta que se produjo ese vuelco. Hubo varias personas que lucharon
porque los ensayos de la conga volviesen a su lugar de origen, pero
finalmente fueron derrotadas.

Villalon dice categoricamente que, durante las fiestas, todas las
comparsas pasaban por El Tivoli; todas subian la calle Princesa, a
pesar de que esa calle tenia una zanja en el centro y lo hacian para
saludar a Feliciano Mesa, que era un dios. Incluso, despues de
muerto, venian y le repicaban el bongo, eso despues se fue
olvidando. Tambien lo hacia gente de otros barrios, incluyendo Los
Hoyos, atraidos por el ambiente agradable que se creaba. Asi lo
testimonia este tivolisero, amante de las fiestas:

> *La primera calle que se adornó en Santiago fue
> General Rabí. Aquí se bailaba en la calle. En cada casa
> había una música particular. Pero la fiesta en El Tivolí no
> era fundamentalmente bailable. La gente bailaba dentro
> de su casa con un radio o tocadiscos. Ponían una bocina
> en la puerta y bailaban en los corredores. Todo el mundo
> visitaba El Tivolí.*

En el barrio existian tradiciones culturales que se remontan a la
colonia. La tumba francesa del Tivoli estuvo enclavada en la misma
esquina de Princesa y Rabi, donde habia un solar que servia de local
de ensayo. Era una de las expresiones de espiritualidad mas
atractivas. Tambien existian pnicticas de un tipo de teatro callejero
propio de la localidad y que se conocen aqui con el nombre de
relaciones. Villalon nos proporciona detalles interesantes sobre este
asunto:

> *Ahí se ensayaban las relaciones que era una cosa que
> valía la pena verla. Ver personas que no tenían esa gran
> cultura cómo se manifestaban con una pronunciación, en
> castellano con todas las de la ley en la boca de elementos
> del pueblo humilde: barrenderos, estibadores, amas de
> casa. Feliciano Mesa era un hombre muy entusiasta que lo
> estimulaba todo, era el centro de todo. Montaban las
> obras clásicas españolas como Don Juan Tenorio. Eran
> obras de importancia y de envergadura. Las obras
> principales eran serias. Eso desapareció hasta que, en los
> años 70, el Cabildo Teatral las sacó de nuevo a las calles.
> Siempre después que actuaban pasaban el sombrero, el
> cepillo, para estimular a los artistas. Usaban también el
> hombre del caballito que tocaba con la guitarra y se ponía
> a bailar de lo lindo y entonces pasaba y le daban un
> medio o un real, algunas pesetas y pesos según las
> posibilidades del que daba. Los parranderos hacía su
> fiesta a base de nombrar padrinos. El día de Santiago
> salían desde por la mañana, llegaban a casa del padrino y
> cada cual le ponía el dinero que podía. Habían
> parranderos que se ponían un billete de diez pesos en la
> camisa para aparentar que se lo había donado el padrino
> visitado con anterioridad. Pero era puesto por ellos
> mismos. El padrino siguiente se veía comprometido a dar
> esa misma cantidad o un poquito menos. Recogían
> bastante dinero con los padrinos. Eso es verdad.*

Eternas <u>rivalidades</u>

La rivalidad entre las comparsas ha sido una constante en el carnaval santiaguero. La existente entre Los Hoyos y El Tivoli parece haberse inscrito como una de las mas fuertes y memorables. Saida Reyes, nacida en 1930, ha recordado los famosos toldos tivoliseros debajo de las cuales se vendian ricos comestibles: "cuando se anunciaba que por Ia lorna de El intendente venia Ia conga Los Hoyos, todos corrian para recoger sus pertenencias, porque si ellos pasaban y Ia mesita estaba colocada en la calle, arrasaban con ella". El viejo Villalon se ha referido asimismo, a los conflictos entre ambas comparsas, los cuales degeneraban en aetas de violencia fisica.

San Agustin

La comparsa de San Agustin posee rasgos distintivos, entre los que algunos subtayan el colorido de sus presentaciones ante el publico. El modo de entrar --caracoleando-- en los desfiles Ia ha distinguido al punta que otras comparsas imitan actualmente sus evoluciones, pero en la musica ha impreso un sello peculiar. Asi, si Los Hoyos posee su "toque quirina" y El Paso Franco "su toque columbia", San Agustin situa su golpe propio entre ambos. A esta ultima comparsa se le atribuye el haber inventado el uso de las campanas --en Ia decada del 40--, en un periodo en que todas las

agrupaciones percutian los sartenes. Por esa innovacion a los de San Agustin le colgaron el mote de los maniseros. Actualmente todas las comparsas congas de Santiago usan campanas, gracias al aporte de esta comparsa.

El <u>GuaYabito</u>

Uictoriano Palacios, VitUe, saco, antes de 1921, comparsas muy renombradas en El Guayabito, como Los hijos de Nando y El lucero encantado. Despues de la salida de Vitue, esta comparsa se apago. En una epoca en e el gobiemno pres ab rungiln tipo de apoyo a la cultura tradtctOnal, se hacta muy dtficll levantarla. Fue por eso que casi toda la familia de Valentin Rodriguez se inicio en los trajines del camaval en San. Agustin, a pesar de que todos sus integrantes amaban su bao. Pero la seriedad y voluntad de Valentin hicieron que se propustera sacar una comparsa en El Guayabito; esto que trajo como resultado que estuviese al frente de ella hasta 1962, en que murio.

Arquimides Bell desde entonces, basta el presente, ha tornado en sus manos el timon de la conga. Este Iucido comparsero ha aportado un excelente testimonio que se remonta al origen. de El Guayabito, lo recorre en sus momentos mas elevados y se d ttene en sus aspectos mas importantes. La tumba francesa Los P ptantes de El Guayabito se asocia al surgimiento de la conga. Sus mtegrantes enin unos viejos adinerados que ostentaban gruesas cadenas en las que lucian monedas de plata de diferentes valores. Los n gros franceses, provenientes de La Maya, Ti Arriba, Cuatro Cam•.n?s, Justinicu y otros lugares del campo, pagaban una cuota en metaltco para mantener econ6micamente la Sociedad. Cuando iban a reunirse, venian a caballo a Santiago de Cuba. Seglln Arquimides aquellos personajes

La directiva de la Tumba estaba integrada por Antonieta Murillo, Modesta Tiv6 y Pedro Ivonnet, un militar que particip6 en la guerra de independencia de 1895. Se trataba de gente violenta, guapetona, que portaba en la cintura los machetes denominados paraguayos en los que sobresalian las cabezas de lobo. Cualquier problema lo resolvian arrancando cabezas y se decia de ellos que eran gentes que mataban y no pagaban; al menos, esta es la imagen que ha quedado en el recuerdo de los mas viejos.

En 1908, discrepancias intemas hicieron que fuese disuelta la sociedad de El Guayabito. Algunos de sus socios se trasladaron para el Alto Pino, situada en la calle Escario, en el Reparto Santa Barbara. Alto Pino puede considerarse como un desprendimiento de El Guayabito, que dej6 de sacar la tumba hasta 1915. Solo salieron comparsitas de una a otra fecha, mas a esta agrupaci6n estuvieron asociadas, primeramente, Feliciano Mesa y Salas; posteriormente, se incorporaron Vitue, Che Mena y otras.

Feliciano pertenecia El Tivoli, pero participaba en la organizaci6n del montompolo que integraban las agrupaciones de Los Hoyos, El Tivoli y El Guayabito. Las cabezas de estos tres barrios tan distintos se reunian para intercambiar ideas y coordinar acciones que propiciaran la superaci6n de las discrepancias y la realizaci6n de esta actividad tan delicada por los elementos que convergian en ella.

Arquimides Bell reproduce los pormenores hist6ricos de El Guayabito:

que estaba preparado para coger la dirección de la comparsa era yo y cuando él murió asumí la dirección.

El sello d_*Los* HOYOS

Él considera a Ia de Los Hoyos como una conga perfecta, en lo que a Ia tradicionalidad del carnaval se refiere. Cada afio se *le* escoge para realizar el cierre del desfile en reconocimiento publico a su condici6n de la conga mas tradicional de Cuba. Su capacidad de arrastre provoca que una multitud de 15 6 20 cuadras marche detras de ella cuando sale a invadir a los demas barrios. Es tal su aceptacion que cuando sale de su sede temprano en Ia tarde e le ve realizar en Ia madrugada del dia siguiente.

Arquimides Bell resume asf brillantemente Ia opinion mas generalizada sobre Ia comparsa de Los Hoyos

> *La conga de Los Hoyos se tituló en el pais El Cocoye, que es el título que se le ha dado en todos los tiempos. Es una conga tan inconfundible en su toque, que ha tenido una actitud meritoria para ganarse el galardón ese. En el pais yo, que soy director de El Guayabito, digo que es la mejor conga que hay aqui, porque tiene un ritmo inconfundible, tiene un ritmo que no lo tiene ninguna otra conga y es una conga que tú puedes decir que estás bailando con la orquesta Aragón.*

Un hecho Político en el <u>carnaval:</u> el Día de Santa Ana de <u>1953</u>

El Santa Ana (26 de julio) tradicionalmente ha tenido una importancia participativa y popular, al igual que los dias de Santa Cristina y Santiago Apostol. Precisamente los jovenes de Ia generacion del centenario lidereada por Fidel Castro, protagonizaron en Ia madrugada de ese dfa de 1953 el asalto al Cuartel Moncada, que a Ia sazon era Ia segunda fortaleza en importancia del pais. Este acqntecimiento singular, ocurrido en el transcurso de Ia fiesta, dejo su huella en Ia memoria colectiva de los cubanos de entonces y, en particular, cal6 muy hondo en los recuerdos de los hacedores del camaval por el contraste de ese hecho con Ia orgia popular que se protagonizaba en Ia ciudad.

Valentin Serrano recuerda ese episodio hist6rico con un sentido luctuoso y relata Ia impresion que le produjo ser testigo presencia! del cortejo funebre inusual ocurrido en Ia avenida Marti cuando de facto se habia prohibido por decision militar Ia continuacion del carnaval:

> *Era un niño y estaba limpiando zapatos en la esquina de Marti y Calvario. Alli habia un quiosco que si mal no recuerdo era propiedad de un chino. Entonces vi bajar una rastra llena de cajas de muertos de combatientes del 26 de Julio. Aquellas cajas estaban peladas y no se parecian en nada a las de ahora que tienen un aspecto honorable. Ver eso en pleno carnaval me impresionó mucho*

Cuando de madrugada se produce el asalto al Moncada me encontraba durmiendo porque mis padres ponían una hora de entrada a la casa y había un respeto muy grande en aquel tiempo.

Coincidiendo con el, Eutirnides Sando con franqueza relata como supo de la noticia de lo acontecido en la madrugada de Santa Ana.

Cuando se produjo el asalto al Moncada, yo, con toda sinceridad, estaba en la cama dormido y me enteré de lo ocurrido al otro día en la calle, mas exactamente en el paseo Martí. Era de mañana cuando bajaron los camiones con cajas de muertos y vigilados por los guardias de Batista. En ese momento estaba yo parado en Callejuela y Martí

Rescatado Por la conlla

Fidel Estrada se refiere a las tribulaciones por las que atraveso aquel dia de Santiago Apostol. Este tamborero estuvo a punto de perder la vida como consecuencia de la confusion creada horas mas tardes en la madrugada del dia siguiente.

El 25 de julio de 1953 yo era tocador de conga pero cuando ella salió, estaba trabajando y se me hizo tarde y no pude llegar a tiempo para coger la camisa de tumbero en mi casa. Pero como era de confianza, corro y me meto en la tumba a tocar mi quinto, pero sin la ropa adecuada.

Entonces un guardia entiende que no soy tocador de la conga y me cayó a planazos. Los tocadores y mi papá me defendieron y le fueron arriba al guardia, pero me apresó y me llevó para el cuartel Moncada. La conga subió detrás de mí y se plantó en el cuartel hasta que me soltaron. Entonces la conga bajó Martí y como a las dos horas se formó el problema, el asalto al Moncada en la madrugada del 26 de julio de ese año. Si la conga no me rescata, los guardias de Batista me hubieran matado porque la cosa se puso mala.

Cuando se formó el tiroteo estaba durmiendo en la casa de Callejuela. Me levanté y corrí al cuartel para enterarme de lo que estaba pasando y vi que habían matado a Ferao. Regresé entonces a Martí.

Tenten, el pilonero de la conga, en un relato altamente ilustrativo, expone el ambiente antifestivo y de violencia que desencadeno el ejercito de Batista como reaccion ante los sucesos del Moncada. La represalia desencadenada implico desmanes y la anulacion de los derechos ciudadanos y en ese sentido este tumbero nos narra sus recuerdos en el barrio:

Cuando el 25 de julio de 1953 nosotros desfilamos como última comparsa. El jurado ese año estaba en la carretera central frente al antiguo hospital Saturnino Lora. Parte del jurado le daba la espalda al Cuartel Moncada. Las gradas comenzaban donde está la Audiencia y se extendían hasta donde está el Hospital Oncológico. Cuando pasamos nos fuimos para Martí y allí estuve un rato hasta que me metí en mi casa en San Bartolomé actual General Bandera no. 20.

Estaba chamacón cuando eso, tenía más o menos 15 años. Yo estaba durmiendo y los tiros y el murmullo me despertaron y se comentaba que se estaban matando guardias contra guardias. Había una corredera tremenda y los guardias andaban montados en jeeps, otros a pie y otros en camisetas. El tiroteo bravo fue como a las 4 de la mañana y duró más de una hora. Eran las 6 de la mañana y se sentían los tiros ¡pá! ¡pá!. Todavía las vitrolas estaban tocando y entonces los guardias llegaron y mandaron a apagarlas: "Ya esto se acabó". Aquello se acabó como la fiesta del guatao.

Ahí frente a la barbería de Martí había un tocadiscos de un señor que se llamaba Mola y lo tenía tocando bien alto, y los guardias llegaron allí y le desbarataron el tocadiscos y le cayeron a tiros al tocadiscos. Sembraron el terror.

Mi difunto padre siempre estaba de cocinero, buscando la manera de estar haciendo sopitas y "cocinao". De la parte atrás del quiosco de el difunto Mola, ahí él tenía un fogoncito y estaba haciendo una sopa en plena mañana y aquello era como un pasillito. Entonces los guardias llegaron allí y le dijeron ¡Ah! ¿qué tú estás cocinando? ¡Ah! cabrón!" Y le metieron una "patá" a la lata que tenía con la sopa y se la botaron. Y la gente tuvo que echar a correr. Ahí mismo se acabó el carnaval ese año en Santiago.

CAPITULO III

EL CARNAVAL EN LA MEMORIA

Las fuentes

La perspectiva de los miembros de los grupos, sectores y clases sociales privilegia Ia captaci6n de los componentes del basamento social de toda cultura. La posibilidad de aprehensi6n del fen6meno social en su conjunto --por ejemplo, de elementos como Ia socializaci6n de los nifios; las relaciones familiares y Ia interacci6n comunitaria; canicter y contenido de las relaciones de Ia producci6n material, entre otros de interes-- se logra mejor a partir de Ia expresi6n de los sujetos creadores de esa cultura. Dificilmente podian ser comprendidas las reglas, los habitos mentales, los valores y creencias de un puebb sin Ia exposici6n directa y espontlinea de tales actores, cuya palabra tiene su l6gica estructurada como lenguaje y que Pos permite introducimos en el contexto de las relaciones sociales. Estas parecen escurrirse ante Ia distante pupila del investigador que se apoya solo en las fuentes escritas.

Una de las objeciones principales interpuestas al empleo de las fuentes orales consiste en sefialarle una alto riesgo de subjetividad; pero esta tambien es achacable a las fuentes escritas. La objetividad o subjetividad del amilisis hist6rico, etnol6gico o sociol6gico dependen siempre, mas bien, del procedimiento metodol6gico y de la imparcialidad que adopte en cada caso el investigador.

La adecuada combinaci6n del uso de las fuentes escritas y orates permite un nivel mayor de confiabilidad informativa y analitica de innegable valia. Sin que pretendamos absolutizar la importancia de la fuente testimonial, si sefialamos las posibilidades recurrentes y multiexpresivas para el conocirniento de la cultura. El investigador podra regresar una y otra vez al testificante y asi profundizar, verificar y compulsar determinados aspectos esenciales de la realidad socio-cultural en correspondencia con su interes investigativo.

Obviamente, estas afirmaciones tienen pertinencia mayor aim tratandose de un acercamiento a expresiones de la cultura tradicional popular. En la segunda parte del libr.o explicitamos nuestra intenci6n de proporcionar la narraci6n de los hechos relacionados con la comparsa y el carnaval en la voz de sus actores. El sentido del compromiso como investigadores y el af{m de objetividad, nos condujo a exponer en ella nuestros juicios de valor y puntas de vista en torno al tema central que nos ocupa. Hemos proporcionado en esta tercera parte un espacio mayor para que el lector pueda heber directamente en las fuentes primarias de los testimoniantes principales. Queremos que cada cual pueda aplicar sus propios procedimientos de analisis al ponerse en contacto directo con estos hacedores del carnaval.

Al seleccionar los testimonios entre las numerosas entrevistas realizadas tuvimos el cuidado de estructurarlas de modo que constituyesen una muestra representativa de los grupos y clases

sociales que sustancian la tradici6n carnavalesca y comparsera del pueblo de Santiago de Cuba. "Vida de un comparsero" es el testimonio, Ileno de frescor y de poesia, que abre esta secci6n de nuestra obra o b r a. A través de el, Sebastian Herrera Zapata nos hace transitar en el tiempo anecdóticamente, pero ante su elocuencia debemos esforzarnos para no perder la secuenca cronol6gica ni abandonar la objetividad del examen testimonial. Estamos en presencia de un autentico artista de la narraci6n oral, poseedor de una coherencia y claridad que lo han hecho merecedor del calificativo de archivo de la memoria y de historiador, dados por sus compafieros de conga. Sebastian Herrera es un personaje tipico de los sectores marginates de la sociedad capitalista que lo vio nacer y debutar como un comparsero mas de aquellos tiempos, sm conciencia del valor de la carga espiritual que portaba.

"El carnaval desde el poder!'. colocado a continuaci6n del anterior con la intenci6n del contraste, expresa la vision de un sujeto perteneciente a otra clase social. A ratos deja ver el perfil de alguien que financia, contrata e influye en lo concerniente a las premiaciones que se otorgban en estas fiestas tradicionales; en ocasiones trasluce los gustos y preferencias de quien esta situado en la orilla opuesta a la de los sectores populares, sustentadores de la tradici6n carnavalesca. El testimoniante, Alberto Garcia Torres, fallecido, fue el Director del carnaval santiaguero desde la decada del 30 y su cargo le permitia un nivel de relaciones con las altas esferas de la politica y la sociedad local tal que sus puntas de vista se permean con los de los integrahtes de dichas esferas. Faltariamos a la objetividad si no dijeramos que la suya es la perspectiva dominante en la epoca, por. lo que no puede sustraerse a ella. Es por ella que coincide con los intereses del gobierno local en lo que se refiere a la garantia de la recreaci6n de la poblaci6n y a la preservaci6n de aquellas expresiones carnavalescas que se ajustan a su concepto de cultura. Resulta interesante, y muy rico en significacion social, su testimonio, al ofrecemos valoraciones y hechos diferentes a los de los comparseros, actores directos de esos festejos y portadores de intereses microlocalizados en el compromiso con su barrio y en Ia defensa y preservacion de su cultura.

Andres Echavarria Riera nos ofrece en su testimonio "Un comunista en Los Hoyos" un relato bien mesurado de hechos acaecidos en Ia barriada, dados desde Ia perspectiva de Ia epoca en que ellos ocurre. Quien fuera director de Ia comparsa, expresa juicios que se ajustan a Ia vision de entonces y donde se entrecruzan el pasado y el presente.

La nota de aparente imparcialidad en Ia narracion testimonial corre a cargo de Felix Algines Garvajal en Ia entrevista titulada "Un tamborero retirado". Este sexagenario tocador de bocu, boyero y comparsero de toda Ia vida, se situa en su vision en un punto regulador entre los testimonios de Andres Echavarria y el actual director de Ia comparsa de Los Hoyos, y aun entre ambos y el del comparsero discrepante que presenciaremos mas adelante en "Yo soy el uno en Ia conga". Tambien con la emotividad que caracteriza a estos hombres identi.ficados totalmente con Ia tradicion comparsera y con su barrio y situandose mas alia' de sus prejuicios, Algines brinda una rica informacion relativa a Ia historia de esa tradicion.

Magia, frescura y naturalidad enjoyan a "Yo soy el uno en Ia conga" de Ibrahim Echavarria. Implicita en todo el relato, Ia magia se nos revela en expresiones como: "toque y toque bien, porque eso no va en lo que usted sepa tocar ni quiera coger un tambor para tocar, seguro, eso esta en Ia sangre que lleva Ia persona en el cuerpo". La fuerza y Ia naturalidad se transparenta en Ia soltura y finneza presentes a lo largo de toda Ia narracion; en hi critica a Ia ac ual dir ccion de la conga, en Ia cual hay un lenguaje franco y abterto e, mcluso, en Ia manifestacion directa de su ego cuando se autoelogia: "por algo es que dice Ia gente, no lo digo yo, que soy el uno en Ia conga".

Los testimonios que forman parte de "El camaval en la memoria" contienen una copiosa informacion relacionada con personajes folldoricos locales de reconocida reputacion, tradiciones desaparecidas y otras aun vivas, anecdotas pintorescas; ademas, en el discurso narrativo de esos personajes de Ia cultura tradicional se resaltan acontecimientos autobiograficos, pues sus vidas privadas y publicas estan como entrelazadas con los procesos socioculturales y psicologicos acaecidos en los anales del camaval del barrio y de Ia ciudad. "El camaval en Ia memoria" es, a fin de cuentas , Ia historia de ese festejo contado desde una optica muy personal construida a partir de experiencias vitales individuates y tambien colectivas. Historias, leyendas, mitos, recuerdos, fantasias que conviven en Ia memoria de estos narradores orales. A partir de Ia grabacion de estas largas entrevistas los comparseros y expertos del festejo comenzaron a desempefiarse como cronistas orales de su propia historia que es, en ultima instancia, Ia historia de todos los que en algtln momento de nuestra efimera vida nos hemos zambullido en las profundidades del alma festiya de Santiago de Cuba para quedar posesos por el espiritu sup{ mq del camaval, expresion cultural definidora de Ia personalidad de) dudad.

VIDA DE UN COMPARSERO

Nací el 20 de enero a las doce del dia. Ese dia era el cumpleaños de mi abuela y mi abuelo se lo estaba celebrando. Como es natural habia bebida en Ia casa, comida, y al nacer yo en plena fiesta, mi abuelo dijo: "Este va a ser tomador de ron igual que yo!" y nipidamente cogi6, no se si una tasita, una cucharita o algo, y me puso el ron en Ia boca, y dice que yo saboree el ron. Entonces Ia gente se lo quiso comer, que era un crimen darle ron a una criatura acabada de nacer. Lo insultaron, mujeres y hombres, y se acabó la fiesta.

Estuve viviendo en esa casa, que era de mi padre, mejor dicho de mi abuela, Ia mama de mi papa, hasta los cinco afios, que entonces mi abuelo vino del monte, mi abuelo era campesino, y fabric6 Ia casa donde vivimos ahora. El resto de mi vida to he vivido ahi.

La iniciacion

La primera vez que sali en una comparsa fue a la edad de tres afios, pues mi papa era sacador de comparsa y ese afio sac6 una que le puso Los Nifios Divertidos. Ahi me metieron aunque yo no arrollaba, ni cantaba, ni comia fruta. Habia un senor llamado Jose Ramon -que era panadero- que se encarg6 de llevarme montado a "camerito", en los hombros; por cierto, cada vez que me ponia en el suelo yo rompia a llorar. Asi pase mi pri er carnaval, con esa fatiga.

Luego mi papa sacó El Jardin Florido -yo tenia cuatro o cinco afios, ya caminaba, me movia-, y despues dej6 de sacar coniparasas de nifios y se meti6 en Ia cooperativa de los sacadores de comparsas de Los Hoyos, integrada por Jose Castilla, Julian Sufiita -tio de Nene- Angel Echeverria, Encarnita Ariol... Ellos se multaban para sacar una comparsa, porque en aquellos tiempos el Gobiemo daba un premio, pero no daba dinero para que nadie preparara comparsas; el dinero tenian que reunirlo seis o siete hombres que eran los que se tlamaban "los cabezas".

Un senor de edad, sacador de comparsa, llamado Jose Bestard -no me acuerdo en que afio-, sac6 una comparsa a Ia que le puso Los Vencedores del Carnaval. El me tenia carifio y me regal6 el tnije para que yo saliera. Yo tendria como siete u ocho afios cuando eso.

El machadato

De ahi vino Ia decada del machadato, cuando Machado _suprimio los carnavales y todono habia carnaval, no habia conga, m nada. Pero aqui en Los Hoyos Ia gente siempre fue porfiaa: sacaban las congas sin autorizacion. Al poco rato, venia Ia guardta rural y Ia desbarataba. A fajarse, a correr, que se yo! Eso era un desorden; se iban los guardias y Ia gente volvia a sacar Ia cong\ Yian de nuevo los guardias y daban plan de machete y algunos dejaban las tumbas botadas y los guardias las rompian.

El Primer batistato

Vino Batista en el 33 yen el 35 autoriz6los camavales. Fue el primer camaval desde que Machado prohibió las congas. En e5 Chec erecu saco El Regreso de Ia Invasion, con Alcaraz y E mendo Porue. yo tea 15 aiios y mi papa nos compr6 Ia ropa a tnt hermano y a tnt y saltmos en esa comparsa, en Ia invasion.

Al aiios siguiente sacaron Los Ases del Eden, donde volvimos a salir. Yo era muchacho y hacia lo que hacen ahora los muchachos· me ,desesperaba por buscar Ia tumba para los ensayos y no poruamos a tocar el grupo de j6venes antes de que Ilegaran los hombres, y asi fui aprendiendo.

Yo tocaba en el ensayo, pero el dia de Santiago salia disfrazado como un comparsante mas -ahora se dice "los camavales"... antes se decida: "el dia de Santiago", "el dia de Santa Ana", "Santa Cristina", "Santa Anita"... Mamarrachos eran todos los que salian vestidos (disfrazados) de comparsa, pero no se le decia fiesta de mamarrachos, sino fiesta de mascara o "las mascara".

Bailes de disfraz

Habia unos bailes en el mes de febrero que eran como un camaval, pero no salian congas ni paseos, y Ia gente iba de mascara: unos de chinos, otros de arabes y daban los grandes bailes en la cervecera y Ia gente buscaba Ia manera de buscarse un traje; un carro convertible, para bajar Ia capota y exhibir ahi' su traje paseando porIa ciudad, tirando mucha serpentina, confetis, luces de bengala... se revolvia Ia ciudad, pero al final todo el mundo paraba en el baile, en los jardines de Ia cervecera.

Despues de Ia fiesta de las mascaras venian los "bailes de capuchones", en pleno camaval, en los meses de junio y julio; esos dos meses eran de dar bailes, hasta agosto, el camaval.

El tocador de quinto

En el aiios 38 --yo tenia 18 aiios-- una noche de ensayo yo tenia Ia tumba, estaba tocando. Cuando empezaron a llegar hombres, yo solte Ia tumba, y Arquimedes Priol --que era el jefe de la tumba-- me dijo: "No, no, no suelte Ia tumba que usted sabe

tocar. Ya usted va a pasar a ser tocador de aqui'". De esa neche en
adelante, yo tocaba ya con los hombres, segui tocando, tocando,
tocando.

El dia de antiago, que era el dia del desfile, yo tocaba el quinto, y
lo tocaba bten. Pero estaban los quintos de la comparsa, tocadores
buenos, como Santiago Guillet, que le decian Nanao, Alberto
Echeverria (Albertico) y Arquimedes Priol, que eran los quintos de
la comparsa. Me dieron mi ropa de tocador y arrancamos, tocando
lo que se le llamaba un bombo. Estaban los buenos, los conocidos
ya: yo no podia tocar quinto, ellos eran los reconocidos y yo un
muchacho. Albertico llevaba un quinto y Nanao otro y cuando
ibamos bajando la calle Marina, del lado de alia del 'reloj de la
Alameda, el quinto que llevaba Nanao se le rompi6, Albertico fue a
templar el suyo --por aquellos tiempos se templaba con candela--
alii frente a la Polar, y se le quem6, se hizo un chicharr6n.

Ya la comparsa no tiene quinto. Entonces yo pienso que esa era la
opo .unidad para lucinne. El difunto Nicolas Infante, que le decian
Babttlcla, tenia una tumba que le acababan de regalar --todas
aquellas tumbas estaban pintadas, bonitas, lindas que estaban! Pero
la ue el tenia estaba en blanco, que se la regalaron la vispera de la
sahda; por la neche se la habia traido un muchacho de San Pedrito
llamado Pier, que todavia vive, que bacia muy buenas tumbas. Es
de Babiticla no tenia ni lona para uno ponersela en el hombro asi
que el difunto le puso una soguita y a la soguita le env lvi6
pafiuelos, para que la soga no le matara el lome.

La tumba Prodigiosa

Yo vi que la tumba estaba buena y le dije stas pala ras:
"presteme esta tumba para ver si puede se ir para quinto;
dejeme templarla a ver si puede servir", y me la dio. Yo cogi la
tumba y me meti en el callej6n de Barracones donde e aa la
fabrica de chocolate y galleticas; busque unos papeles de penodtco Y
empece a templar mi tumba, y cuando termine, aq e!la t. mbera
una campana jEstaba hachera! jUn timbre! Anahce, d e: Esta
tumba yo no la voy a tocar ahora, por ue si la toco esta ?ente me la
quita". Los quintos barbaros iban aht y la tumba habta quedado
sobrada.

Le puse la soga, me la colgue y fui pas{mdoe la mano g illao,
basta llegar ante el jurado, porque yo queria lu trla! Nada ms que
le pasaba la mane asi y la comparsa avanzaba, dto la vuelta lla Y yo
iba pasando la mano, pasando la mane, perc cuando llegamos frente
aljurado dije: "jAhora es cuando es!" Baje mi tumba del hombre Y
me ja puse en la cintura y jaquello son6!, jSe cay6 la pelo a! Bueno
jno, no, no! Fue una cosa impecable, ahi la gente empezo a d rme
fama. A mi papa le decian Negrito y la gente co enzo el
comentario: "jQue buen quinto toc6 el hi}o de Negnto! Ese
muchacho, jque barbara!" un escandalo en la cmdad.

Aprendizaje

Con respecto a la tumba, tampoco me atrevia a tocarla
delante de los hombres. Yo tocaba alia abajo en Los
Olmos, con los muchachos. Aprendi a tocar oyendo Y mirando el

movimiento de las manos... Eso es lo que tienen que hacer los muchachos en la actualidad. Yo aprendi a tocar de ese mismo Santiago, Nanao, que mencione ahorita. Lo miraba y lo miraba; miraba los movimientos de las manos, lo que hacia con las mufiecas y ponia el oido para grabarme los golpes en el oido y asi aprendi a tocar. Nadie me cogi6 la mano para decirme: dale asi, ni dale asao, que eso es lo que quieren los muchachos de ahora. "No, porque tU no ensefias".t,Quien me ensefi6 ami?

La tradicion familiar

Eso nadie se lo ensea a nadihaque cer, traerlon la sangre como lo tnye yo. Mi papa tambten tocaba qumto, conga, tumba francesa y tocaba santo y... El no fue un cualquiera; fue un negro int ligente: aprendi6 a leer y a escribir correctamr.nte. Porque mi papa se cri6 con los curas, porque el padre de mi padre era hermano de un cura. Entonces el tio se lo cogi6; lo tenia en la iglesia con el y ahi fue donde mi papa aprendi6 a leer y a escribir y a pintar, a dibujar. Despues se dio un gran zapatero. Por aquellos tiempos no comprabamos zapatos, pues nos los hacia nuestro padre.

Era inteligente en todo: como sacador de comparsa, como lector, como escribiente, conocia bastante de leyes. En si, aunque sea feo el decirlo, mi papa fue un genio, inteligente a todo, y toda la fama de que gozo yo en la actualidad como sacador de comparsa y como rumbero, antes de gozarla yo, la goz6 mi papa.

Los hermanos

Pero no solo yo fui seguidor de mi papa, mis otros hermanos tambien. Ustedes no vieron un hermano rnio que vino este afio de La Habana? £,No lo vieron tocando? Preg(Jntenle a los tocadores aqui: "¿Que tal es el hermano de Chan que vino este afio de La Habana?" Estaba de maestro aqui, estaba ensefiando a todos esos muchachos, hacian un coro con el y se ponia en el medio y les decia: "Mira, dale asi, hazlo asi, ese toque que ustedes tienen no conviene, esto es asi y asi".

Y el otro, el mayor, es inteligentisimo, es el mas inteligente de todos nosotros; vive en La Habana tambien, tiene 75 afios, es un genio, como mecanico, innovador, es inventor, de su oficio (la mecanica). Es musico y como tocador de conga hay que respetarlo. Hace unos afios vino y dio una demostraci6n y los muchachos se quedaron asombrados, y es un hombre que tiene 75 afios ya. Ese hombre se pone una tumba a la derecha y cuando se cansa, se la pone a la izquierda y mantiene el mismo ritmo. El mas chiquito de nosotros, Orlando, es el unico que no toea tumba, si es inteligente, le sabe1 numero, le sabe a la tetra, pero de tumba no sabe nada.

1936: los carnavales llemelos

Hay a quien se le pregunta si aqui en alg(Jn afio se celebr6 un camaval detras del otro, dos camavales dentro del mes de julio y agosto, y no saben; te dicen que no, no se acuerdan. Y yo le discuto a cualquiera que aqui bubo un carnaval que se termin6 el dia dos de agosto y el dia cinco o el seis hubo que empezar el carnaval de nuevo. Nose si fue el Gobiemo o quien, pero se dio en el afios 36.

En el afios 36, el carnaval natural de todos los afios se termin6 el dia dos de agosto. Desbarataron los quioscos de Marti, todos desbaratados, ya limpios, como cuando se acaba un carnaval y los barrenderos se ponen a brrer toda Ia basura y a dejar Marti limpio. El dia dos de agosto. Y el dia cinco, ja hacer el carnaval otra vez!" Como es eso?" "El carnaval de nuevo: a montar todos los escenarios todos los quioscos y todas las cosas" " Pero como va a ser eso y 'quien dijo eso?" "¡Eso es mentira, eso es mentira!" El peri6dico esta ahi para que nadie mas diga que es mentira: "Nuevo carnaval de tal dia a tal dia". Quien lo patrocina? Crusellas y compafiia. *Se acabó el mundo y quedó mejor que el camaval del Gobierno!

El interes comercial fue la causa del doble carnaval

U oy a decirles mi idea: eso fue porla competencia que habia entre las distintas fabricas de jabones. La empresa jabonera mas rica que habia en Cuba era Crusellas, y para sobresalir por encima de todas las demas, organize el carnaval y dio premios. Por ejemplo Ia sobrina mia se gan6 el primer premia, en un concurso entre mujeres y nifias que representaban a Panchita Jab6n Candado. yo no se de que manera mi hermana busc6 que le hicieran una tinita, asi chiquita. La sobrina mia estaba chiquita, era una nifiita, Y le hicieron una tinita bien decoradita, que se yo, la vistieron de <u>Panchita</u> Jab6n Candado con una pafioleta aqui, como se la

amarraba Panchita Jab6n Candado, y cuando se sent6 frente al jurado y cogi6 el pedacito de tela que estaba dentro de la tinita, hizo asi, e hizo espuma, y le dieron el primer premia: 300 pesos.

El Paso franco: 193

P aso Franco surge como una comparsa en el 38. Por aquellos tiempos sacaba Ia comparsa en el Tivoli el difunto Feliciano Mesa --famoso sacador de comparsa. AI morir Feliciano, hubo una rebeli6n en el barrio del Tivoli: ya tU sabes, cuando se muere un mandante todo el mundo quiere mandar. Entonces, el difunto Felix Gainza y Nino cogieron Ia comparsa y se la llevaron para alia, para la Trocha y le pusieron El Paso Franco. Esa gente arranc6 con un tremendo entusiasmo, desde el mes de marzo ensayaban todos los domingos detnis de Ia Colonia Espafioia, en un bar que habia ahi, y nosotros los hoyeros ibamos alii a vivir el ensayo de ellos. Desde el mes de marzo, abril, mayo hasta junio que era cuando empezaban los ensayos, y aqui en Los Hoyos nosotros no hacimos nada. Habia un compafiero, Victoriano Hecheverria, que era buen tocador de tumba y se lo llevaron para alia como jefe de la tumba, y Victor se llev6 unos cuantos muchachos de mi tiempo. Cuando lleg6 el mes de junio, ellos bajaron calle 9 o calle 8, donde habta un puente de madera, y pusieron los ensayos ahi. Fue una de las mejores comparsas que se ha sacado alia arriba en el Paso Franco, sin mencionar el Tivoli, porque el Tivoli sac6 muy buenas comparsas. Pero en la Trocha, una de las buenas que sacaron fue El Paso Franco ese, una comparsa bien grande, con bastante lujo. Aqui, el difunto Agustin Vera, conjuntamente con Emilio Covie y nosotros, los muchachos de la juventud, sacamos un Imperio del

Eden que le traqueteo el mango: mucho Iujo, esa comparsa llevaba un espejerio que le ronco el mango. Esto fue en el38 y ganamos.

Con la comparsa

Conga es el conglomerado de bocuses conjuntamente con lo que se le llama pilon, lo que se le llama galleta, o sea, instrumentacio en la redoblante, Ia n de Ia conga completa, tocando calle y JJn pueblo detras. Esa es la conga.

Ahora, la comparsa es cuando llegan los dias de los desfiles que suscitan los distintos disfraces y cada cual se viste de acuerdo con el nombre de su comparsa, lo que se llama mamarrachos; Ia gente se viste de mamarracho: uno se viste de azul y blanco, el otro de rojo y azul, el otro de verde y amarillo y, en conclusion, se hace un conglomerado que es lo que se le llama Ia comparsa, con banderas, pendones, como se usaba tradicionalmente antes, el espejerio, como Uevamos este aiio espejos y esas cosas. Esa es Ia comparsa; ahora, cuando son un contingente arrollando detras de un grupo de bocuses, esa es Ia conga.

Hay quien confunde Ia conga con Ia comparsa. Es el mismo genero, pero son distintos derivados. A Ia conga se le pone una sola bandera delante para que sea Ia guia, para que el que viene tocando atras vea por donde es que tiene que coger. Pero uno va con una camisa ripiil, el otro con un sombrero de yarey, el otro con un paraguas ripiao, el otro con los pies por el suelo, el otro sin camisa, el otro en camiseta y esa es Ia conga. Ahora, cuando llega Ia comparsa no puede ir nadie mal vestido, tiene que ir todo el mundo

de disfraz, y un disfraz que incJusive por aquellos tiempos nos echabamos hasta perfume, se llevaba un atomizador lleno de perfume y el que estaba en Ia acera lo atomizabamos. Asi que pasaba una comparsa por aN y dejaba la cuadra perfumada. La conga no!

Los Hoyos, como todas las demas, tiene tiempo que es una conga, pero llega el momenta clave, que tiene que convertirse en una comparsa, porque va para un jurado a discutir un premio y usted no puede ir a discutir un premio vestido. con una camisa ripia, ni sudao, ni hediondo, tiene que ir bonito, perfumado, mientras mas limpio luzca su traje, mas chance tiene usted para discutir el premio. Esa es la comparsa! La conga no, Ia conga es cualquier cosa. Ahora mismo yo cojo dos o tres tum'bas y empiezo a tocar, se reune un contingente y cada cual viene vestido como le da Ia gana y una bandera delante y palante y vamos muevete por aqui y mientras mas avanzamos, mas gente se va anexando a Ia conga y cuando se viene a ver lleva un rnill6n de gente, pero nadie va vestido bonito, nadie va Iindo. Ahi no hay comparsa, ahi hay conga.

La guerra

En el aiio 40, que ya estaban los sintomas de Ia guetra, no hubo carnaval. Tampoco hubo conga. En el 42 no hubo carnaval ni en el 43, ni en el 44, por razones de la guetTa, que tennin6 en el45. En el45 se reanudaron los carnavales.

El carnaval de la union

En el 40 hubo una coalicion entre el partido democrata, el Liberal y el Comunista, entonces se titulo aquello el carnaval de la Union. El Gobierno dio ropa, pero no de carnaval sino de trabajadores, a todo el mundo: un pantaon azul un par alpargatas, una camisa azul, una corbata negra y un sombrero de yarey En lugar de pendones y banderas se llevaban cartelones politicos, o sea, cuadros de carton que especificabn las emandas de lo que pedia el Partido Comunista, lo que pedta el Ltbe l; el Democrata, conjuntamente, porque era lo mismo, era una coahctOn.

Justo Salas era el alcalde entonces. En Marti y Callejuela estaban arreglando un pedazo de calle que se qued6 sin arreglaen el 34, cuando se arreglo Marti; en ese afio 40 estab n· termm.ando un pedazo de Reloj a San Pedro. Habia una pila de piedras y rra y alcalde Justo Salas se encaram6 en esa lorna, quCOJlO com tribuna, y dio un discurso. Dijo el porque no tbamos a, lo camavales· porque el pais estaba en estado de guerra y que se y que se cu ndo· por lo tanto, el Gobiemo no iba a dar nada para Celebrar el car aval. "No obstante aqui tienen cien pesos para. que compren cueros para las tumbas Y ron para que beban"· Cogtmos los cien pesos Y compramos ron... y a desfilar con los cartebnes esos. Pero no hubo tal carnaval.

1941[1945

Parece que en el 41 Ia cosa se mejoro un poco y celebraron el carnaval pero despues Ia guerra por alla cogió fuerza y anularon el carnaval hasta el 45. Aqui hay mucha gente que tu le preguntas si alguna vez hubo dos o tres afios seguidos sin carnaval y no te saben contestar. Te dicen que no se acuerdan y yo si me acuerdo: "Mira, tal afio no hubo carnaval, tal afio no hubo carnaval y se reanudo en tal afio".

En el 45 fue que se reanudo. El difunto Checherecu sac6 una comparsita aqui de mala muerte que le puso La Coronaci6n de Los Hoyos y no sirvio, se perdi6 con una comparsa que sac6 Paso Franco que le pusieron Los Comaldos de Paso Franco. Viniemn con un barco, ahi a la carretera Central y Trinidad y tiraron con unos canones que se preparaban con cafiambu, tiraron unos cuantos cafionazos, y ganaron Los Comandos y nosotros bajamos para aca. con el rabo metido entre las piernas. Tercer premio para Los Hoyos.

Ases del   ritmo

En el afio 46, le dimas de lado a Checherecu y Ia juventud de Los Hoyos sacamos Los Ases del Ritmo, y ganamos, presentando los grandes ases musicales de Cuba de distintas etapas.

Los hijos del Cocoyé

En el 47 sacamos la comparsa mas famosa que tiene Los Hoyos, a traves de todos los tiempos, nacional e intemacionalmente: Los hijos del Cocoye.

La idea de sacar esa comparsa fue muy facil. El afio anterior sacamos una comparsa y ganamos sin saber que ibamos a ganar, porque eramos novatos. Un domingo por la mafiana, Manolo Trutie y yo estabamos tomandonos un ron en lo que se titulaba La Lecheria, y me dijo Manolo: "Compadre, ganamos este afio pero tenemos que apretar para ver si ganamos el que viene", y yo le conteste con estas palabras: "No, chico, el que viene es mas facil. Ya dimos el primer paso; eramos desconocedores de la materia". Eso fue a raiz de pasar el camaval. Le dije: "Mira, tu tienes trascendencia de Francia, yo tambien, y el otro tambien, porque aqui el que mas y el que menos tiene su tio o su abuelo frances. Vamos a sacar una comparsa francesa, compay. Ahi no esta la sociedad El Cocoye, que toea frances, ahi donde esta el servicentro? Bueno, vamos a sacar Los hijos del Cocoye, y vamos a sacar mujeres. aunque sean j6venes, vestidas de viejas francesas y hombres j6venes vestidos de viejos franceses. Y asi result6: se gan6 con el Cocoye, y hasta el momento es una fama que perdura nacional e interna· cionalmente y perdurara. Y no fue de las mejores comparsas, hemos sacado otras mejores, pero esa fue la mas famosa. Levant6 una gran emoci6n. Tan es asi que todo el que va por ah.i, por cualquier pueblo, con tres tumbitas, dice que es El Cocoye y estan especulando y buscando dinero a base de eso.

El Cocoye fue una sociedad francesa. que hubo ah.i, donde se tocabfrances todos los sabados, desde las nuevesie la noche hasta ls sets de la manana. Esos viejos eran incansables, se comian la mbadora. Mira, eso era un festival: se vendian bufiuelos, bacalao frito, pru, ron, cerveza, se hacia ajftrt:o y todo eso se vendia ah.i y amanecian tocando. Era un pueblo dentro y fuera de la sociedad. Era un caser6n viejdmadera. Yo me iba para mi casa, ya estaba en la ca y no me dejaban dormir: yo sentia el cata, lo sentia: t catacat -taca-ta-tacata-taca-tacata. Ese viejo que le faitaba la p ea, ndelan Mesa, tocaba un cata que no creia en nadie. Un VI J.to chiquitico, que clase de quinto tocaba ese viejo! El difunto Vttle le puso Virola, un viejito que casi no podia ni caminar tenia en la mano una elasticidad terrible; a veces yo me iba a las t es de la manana para la casa y no podia dormir, porque me sentia eso ah.i. Tacatacataca, taca taca-ta tacatacata.

Conciencia de lo frances: Batalla

Desde que yo adquiri entendiemiento, desde mi nifiez, me di ... cuenta de esta vinculacion con lo frances. En mi casa vivi6 Un viejito que se llamó Serapio Veranes Dumois, que era brujo. ese VleJo hacta caminar un caldero, conversandole; el conversaba con el caldero venia hacia el.

Ese viejito estuvo en la Guerra de Independencia, pero no peleand? contra los espafioles ni contra los cubanos, sino asaltando; era ladron, asaltador a base de brujeria.

Ese viejito muri6 lisiado, con un hombro asi encaramado. Seg(m contaba, fue una averia que el hizo y Ia guardia espanola le cay6 atnis, a tiro, y el en su caballo brujeandoen una curva el caballo lo bot6 y cay6 sobre el hombro, y cuando se vio en el suelo, dej6 su cosa y se qued6 ahi, y Ia guardia paso por arriba de el y no lo vi6 siguieron tinindole tiros al caballo. Y else cur6 con hollin de cocina y hojas de yamagua y todas esas pendejadas, pero qued6 lisiado. Era tremendo brujo. Tenia un calderito chiquitico, que seg(Jn el le acompafi6 en toda su faena, donde cocinaba legumbres, hojas de verdolaga, bleo, berenjenas, y todo eso que el cocinaba. A ese calderito elle llamaba **Batalla**.

Una vez esperamos el dia 26. Estaba Ia atmosfera en Ia calle de que habiamos perdido con San Agustin, pero en mi existi6 siempr,e Ia esperanza de que llegara el dia 26 para presentar Ia comparsa y ganar. Lleg6 el dia 26. No nos presentamos el 25 porque salimos muy tarde de aqui y, cuando llegamos, ya no habia jurado. El dia siguiente salimos mas tempranocuando llegamos alli, ya los viejos de Ia Tumba francesa estaban, los montamos en una maquina y un carnian llev6 a Ia tumba francesa. Estabamos apostados en Trinidad y CaiTetara Centralcuando Ia comparsa esta en la Central y Garzon, ya es via libre. Entonces mandamos a los utileros a que rapidamente cargaran Ia Tumba pasa frente al jurado y asi se hizo: Ia cargaron, y Ia pusieron alli y Ia comparsa venia detras, entrando. Cuando llegamos, no estaban el cata ni el otro tambor. Romarico cogi6 una tumba y yo cogi el cata. Entonces arranc6 Ia Tumba Francesa. El difunto Ignacio Oyola y Rufino, que eran los que guiaban eso, sonaron su pitico. Y empez6 Ia tumba francesa y la conga perrnaneci6 parada. Se hizo una evoluci6n de Ia Tumba Francesa: bailaron el baile frente. Despues que hicieron toda esa evoluci6n, se volvi6 a tocar el piticopasaron y arranc6 Ia conga, y

se acabaron los comentarios de que .Cocoye perdia. Ya los comentarios eran de otro tipo, de que El Cocoye gan6 y, tan gan6 que hasta hoy eSta ganando.

Donde quiera que va, El Cocoye gana y es como dijo el compafiero Algines ahorita: si salen tres hombres de El Guayabito con tres tumbas y van para La Habana, Cocoye; si salen 6 de Alto Pino para Matanzas, Cocoye. Bueno, ya por ultimo en Guana acoa hicieron una parrandita para un camaval de La Habana y le pusleron C9coye.

En los primeros afios que Enrique Bonne iba con sus tambores, decian El Cocoye. Por esos tiempos yo estaba viviendo en La Habana y empece a desmentir esto, inclusive tengo el retrato de Ia comparsa El Cocoye y se lo ensene a varios habaneras y santiagueros que convivian alii: "ustedes no saben lo que es El Cocoye. Miren, este es el autentico Cocoye. Esta foto que stede ven aqui (,Se parece en algo al grupo ese que ustedes vteron? Porque esta hablando uno conmigo y me esta discutiendo entonces digo: "oiga, usted esta hablando con el autor dEl Cocoy (,Como usted me va a discutir si esta hablando con el ailtor? Yo el que **hizo** eso". "!Ah! esta bien, esta bien". "Mire, para que usted se convenza" (yo tenia puesto en el porta-camet el retratico de El Cocoye); "mire El Cocoye aqui y esto no es El Cucuye como dicen ustedes, esto se titulo 'Hijos de El Cocoye."

Estuve explicando ahorita emil era el motivo de que se le pusiera asi a la comparsa, porque el que no era hijo, era nieto y el que no sobrino de un viejo frances de esos. Entonces le pusimos "Los hijos de El Cocoye".

Hasta hoy reina Ia fama no nacional, si no mundial de El Cocoye y fue Ia comparsa del nombre mas feo Ia que iba a perder, Ia que las mujeres no querlan, porque lo decian todos los inteligentes de por aqui. Hasta ahl creo que llego la historia de El Cocoye.

La tradicion de Los HoYos

11La tradicion de Los Hoyos" fue a raiz de El Cocoye. El afio siguiente, sacamos esa comparsa y ganamos facil con ella porque siempre al salidor de comparsa le gusta salir en la que gana. Entonces al ganar "El Cocoye", en el afio siguiente, salio en un periodico un anuncio puesto por Pedro, el duefio de una muebleria que habia en Santo Tomas, entre San Geronimo y San Francisco, donde decia que Ia comparsa que ganara ese afio iba a La Habana con todos los gastos pagos y, posiblemente, de ahi darla un salta hasta Brasil. Ya tU sabes como se alboroto el panal: todo Santiago de Cuba quiso salir en "La tradicion de Los Hoyos", porque era la ganadora. Tan fue asi, caballero que, !oigame!, sin alabar, ni exagerar, yo no habia vista en mi vida ni he vista mas en una comparsa salir tantos hombres blancos; oigame, !que manera de haber gente blanca! No se de donde salieron. Yo digo que parece que era el deseo de conocer La Habana, de visitar Brasil. Por fin "La Tradicion de Los Hoyos" gano y no fue ni a Cuabitas, asi que se cayeron todas las aspiraciones.

La tradicion del Carnaval

Ese afio [1949] sacamos :'La tradicion del carnaval". Yo o he vista comparsa mas grande y que ganara mas rotundamente que esa; llevo mil, millares de casas que no llevo "La tradicion de Los Hoyos".

"La tradicion del carnaval" trato de las distintas comparsas que habian salida aqui en los distintos barrios de Santiago de Cuba Por que? Porque el carnaval no es Los Hoyos solo, sino todo Santiago de Cuba. Esta comparsa llevo "Chinos buenos", que salio en El Tivoli; "Soberanos", que salio de San Agustin; diablos, mascarones, muerte, componedores de batea, que salio en El Tivoli, indios, y de todo lo que particip6 en el carnaval. Llevaba tantos grupos distintos y fue tan larga como "La tradicion de Los Hoyos". Hay quien dice que Ia parranda mas grande que se ha vista aqui fue "El recuerdo de las payamas" y yo digo que no: "La-tadicion del carnaval" era tan larga como aquella y despues, si se te caia un peso en el suelo, no lo veias mas porque estaba muy nutrida de los grupos que iban en el centro. Era larguisima. Aparte de eso llev6 un grupo (de ahi sallió Neno, el cometa) denominado "Los chinos buenos" que salieron de aqui en el 16, que armaron Ia palmita aquella. Entonces "La tradici6n del carnaval", con un grupo vestido de modernistas, arm6la palmita !san se acabço! y barrió.

La Palmita

El simbolo de Cuba, como esa que esta aqui en el Foco. Nosotros sacamos otra palmita en el afio 82., en "Los Hoyos simbolizando a Cuba", que Ia habian armado los modernistas en el afio 1916 y Ia armamos en "La tradici6n del Carnaval".

Los oriundos de Cuba

II oriundos de Cuba" tambien fue una parranda grandisima. Esta comparsa fue idea mia propia. Todos los nombres los he puesto yo. Si, porque cualquiera le pone un nombre a una comparsa; tu me das el nombre de una comparsa, pero dime, que tengo que hacer y que tengo que presentar? Cualquiera dice: "Vamos a ponerle a Ia comparsa "Los Hijos de Vila", pero el dia que voy a presentarla ante el jurado me apareszco con "Los Hijos de Millet". Me concrete a mi nombre, con eso ya estoy perdiendo. Y eso pasa en Ia comparsa: hay quien pone un nombre por ponerlo, pero no se concreta a el.

Por eso volviendo hacia atnis, veo que San Pedrito me pone los nombres, no se concreta y gana. El afio antespasado dice "Soy del Caribe", trae chinos y gana. La comparsa puede estar fea, pero si tU te concretas a tu nombre y tu estas organizado, tu estas en Ia pelea. Ahora, una comparsa muy linda, muy grande, desorganizada y no concreta, esta perdiendo.

"Los oriundos de Cuba", iban vestidos de rojo, azul y blanco. Llevaba un contingente de indios para demostrar lo oriundo de Cuba, lo que se usaba en Cuba alia por el tiempo antes del descubrimiento, cuando los que convivian aqui eran los indios. Lo oriundo de Cuba era el pan que se comia por aquellos tiempos, que era el casabe, la yuca. Llevaron un buren para armarlo, simular que se estaba haciendo casabe y repartir casabe. Se presentaron las mujeres indias con sus nifios haciendo Ia leche, como que estaban durmiendo el nino en hamaca, o sea, una mufieca, dos orquetas en una hamaca y los nifiitos acostados, ademas de las casas que usaban los indios llamadas caney.

Los decanos del camaval

En 1951 sacamos una comparsa que se titul6 "Los decanos del camaval". De acuerdo con eso, era una comparsa muy parecida en sus acciones o demostraciones a "La tradici6n del carnaval". Como dije ahorita, esta comparsa no era del barrio de Los Hoyos s6lo, sino de todos los barrios. Entonces "Los decanos del camaval" no eramos nosotros solos como tocadores de tumba y sacadores de comparsa; sino decanos del carnaval eran Feliciano Mesa, sacadaor viejo de Ia comparsa de El Tivoli; "Vitue", sacador viejo del barrio de Mejiquito, como se Ie Uam6 anteriormente, hoy le llaman San Agustin; Casac6, sacador de paseo en El Tivoli; por el banio de Los Hoyos, Jose Bestar, Santos Mustelier, Jose Castillo, Jose Basilio Herrera, mi padre, Encamaci6n Priol, Nicolas Infante. Todos esos eran sacadores viejos de comparsa,   Para amarrar, pusimos como decano del carnaval al propio Garcia Torres quien dirigia el carnaval hacia unos afios y tambien a Juan Vifia, el duefio del deposito de cigarros, que venia patrocinando los carnavales. Cuando presentamos Ia comparsa por Ia que nos dieron el premio, muchos de los comparseros de distintos barrios discutian el triunfo nuestro. Entonces, el propio Garcia Torres le pregunt6 a ellos S Juan Viiia no era un decano del camaval, pues venia patrocimindonQs a todos en los carnavales; que si el no era un decano del camaval y asi sucesivamente. Todo el que cooperaba con los carnavales era un decano del camaval. El que no puede ser uno que empez6 ahora, sino quien, a traves de los tiempos, viene cotizando a los camavales y cooperando, ayudando o dirigiendolos. "Bueno, entonces ?que ustedes quieren? Eso es lo que han presentado ellos y ellos ganaron". De esa manera fue que quedaron conformes, porque estaban dando "berrinche" todos los dirigentes de comparsas, como la misma gente de El Paso Franco, que por aquellos tiempos era Yaqui, Nino (Tatica no existia como dirigente en aquellos'tiempos). Asi fue como esas gentes se convencieron de que era verdad que nosotros habiamos ganado, "Si; la comparsa de ustedes fue mas grande y mas lujosa, pero Ia de Los Hoyos fue mas concretamente a su nombre y organizada". Entonces ganamos por eso.

Una junta directiva

Por. lo menos en la de Los Hoyos, habia una . Eram s Nicolas Infante, uno; Carlos Nanao, dos; Andres Hechavarria, tres y yo, cuatro. Los demas eran tocadores a quienes por aquellos tiempos no se les pagaba por tocar, se sentian CQn tanto derecho como un dirigente y exigian, discutian. Hoy no; hoy el tocador gana $100.00.. Hay tocadores que si le tienen amor a su comparsa y participan pero hay otros que lo mismo le da perder que ganar, porque de todas maneras cogen su dinero. Ahora el tocador

no le tiene ese amor a Ia comparsa porque usted tiene que luchar mucho con Ia gente en Ia calle para que se organice. En aquel tiempo una comparsa Ia podian dirigir dos hombres, porque el mismo comparsante te ayudaba, peleaba con el otro que rompia el cordon para que lo cogiera el otro se apuraba para llevar la farola, queria llevar Ia mas linda y no Ia botaba, sino Ia llevaba y Ia traia. Hoy tu haces 8 6 10 farolas y tienes que luchar para que aunque sea lleven seis; porque si no, te Ia dejan todas ahi dentro; inclusive hay . quien te Ia deja en las esquinas y tu tienes que estar luego recogiendolas. A mi me ha pasado eso como dirigente: me he visto delante del jurado con una farola en cada hombro, porque las han dejado recostadas en una pared y no las puedo dejar botadas, entonces al ver que nadie las coge, he tenido que tirarlas arriba de la carroza para poder estar en funci6n de la direcci6n. En aquellos tiempos no habia necesidad de eso.

El **Tibere**

En el 51 fue por ultima vez que dirigimos la conparsa el coro que empez6 a dirigirla desde el 46. Vamos a saltar el 52. Hubo varios compafieros que dirigian Ia comparsa junto conmigo que dieron pasos atras: se retiraron Juan Manuel Trutie, Andres Hechavarria y Carlos Loynaz. Me quede yo en Ia comparsa junto con Armando Bravo, Juan Onan Hechavarria, aquel conocido por "Pililin", y Nicolas Infante Vitilla. Inscribi una comparsa con el titulo "El Tibere", una comparsa francesa al igual que "El Cocoye", que fue donde por primera vez se teji6 la cinta en Cuba. Hoy la cinta se teje por minutos: en Ia Gran Piedra cuando Ia visita una delegaci6n extranjera, en el Conjunto Folkl6rico yen el Cabildo, en fin todo el

mundo Ia teje, pero P.   p   He 6 or rimera vez Ia tejimos nosotros con. Ia
conga. Por a uellos t_Ie po ia d un dia que siempre ha stdo
festejado: el dta 24 de J mo,   San Juan; sacamos Ia conga ese
dia, todo qued6 muy bten, .todo e mn   I   do tom6, todo el mundo
arroll6, todo e¹ mun o   d gozo Luego vmo   otro dia que tambien ha
sido festejado siempre: el 29 e Jumo, eamos Ia ciudad, porque en
a sacar a conga,   desandamos, pas   dia de San Pedro. y volvtmos
aquellos dfas Ia conga   paseaba a em a   d d La conga de Los ᴴoyos
estaba en La Troc a y ʰ Paso Franco en b   Martj habia momentos en
ue la conga de Los Hoyos esta .a en Mejiquit(hoy San Agustm y
San Agust, en Marti y asi sucestvamente.

Era una cosa alternatíva. cua b y   ndo o estaba en su barrio, ellos
estaban en el mto y cu   ando yo esta a en e   l miq ellos estaban en el
suyo. Ese ᵈta e   d. d San Pedro nosotros su   b tmos y ellos bajaron. Hu o
un momento en que en Ia co?ga, h mbre con un revolver y dos   lie ando por Trocha y Corona, se
form6 un hacatombe: .Y? vunel de aqui para alla y los otros dos
hombres tratando de.qmtarso y .   que usted hace cuando ve el
detras. Yo vi el pehgro y o meJO   ht'ce yo. Sigui6 la conga
peligro, es apartarse   d ᶦl Eso mtsmo   . a a Barracones se clio el mtsmo
bajando La ᵀroc ʰaY, cast esqum d'   "esta desgracta me esa
espectaculo Y en tonces yo me tgo.   te y deie Ia conga detra's; me
persigmen o . n   d ɪ E tonces me ru: alan   b I tienda Hamada El Bazar mg s', a
sente en una acera, donde esta a a   d lleg6 siguio el mtsmo
esperar que llegara la congay, cuan o , , Ia calle de Cristina, llama d a
revolico. Volvi a apartarme, coe estaba oliendo mal, yo vi ese
Lorayne y me fui, porque y.a esca mi Y efectivmente, se form6 un
revolver dos o tres veces fiente ,l .   y me dieron un tiro de
forcejeo con el hom bre del revo ver lfr'd
casualidad y tambien a una muJer y a Wa ı o.

Mi hermano mayor tiene un canicter un poco bruto y tambien
tenia revolver, me vio volcado en Ia cama. Y me dijo: nya yo se
quien te dio el tiro y lo voy a buscar. Donde quiera que yo lo coja,
yo soy el que lo voy a llevar preso y, si no quiere ir conmigo, el tiro
se lo voy a dar yo a el". Yo tenia ese susto, porque no queria que mi
hermano se desgraciara. La noche que yo baje al ensayo, el hombre
se aparecio alii, yo lo vi que se estaba escondiendo de mi y le dije:
"no te escondas de mi; de quien tienes que esconderte es de mi
hermano. Si ustedes se encuentran o tu vas a matarlo o el va a
matarte a ti. Tampoco te dejes ver de mi papa, porque si mi papa te
ve, te va a mandar a coger preso". Fueron tantas las voces que
corrieron que ya se sabia en el barrio de Los Hoyos que era el, que
al final lo cogieron y fue cuando me llevaron a mi para que lo
identificara y lo identifique pero no como el que me habia dado el
tiro, lo identifique como que yo lo conocia bacia tiempo. Llego el
dia del juicio; dije lo mismo y lo defendi y mi papa estaba envuelto
en llama, porque queria que lo condenaran de todas maneras y yo
que no. El juicio fue por Ia manana y a las cuatro de Ia tarde ya el
hombre estaba paseando par Marti.

En el sesenta y pico (63 6 64) yo estaba viviendo en La Habana y
el tambien. Lo vi 2 o 3 veces par la Virgen del Camino vendiendo
tomates y nos saludamos. Pero un dia fui a Ia calle Vigia y Castillo
donde se reunian un gmpo de hombres a beber ron. Al final hicimos
una reunion aJJi de habaneras y santiagueros y yo no se como ni
cuando sali6 a relucir esa conversaci6n, de cuando el me dio el tiro.
Entonces yo le digo a el: "Oye, pero tu me diste un tiro a mi de
cobarde". Se eriz6, porque le dije cobarde y conte las casas como
habian pasado: "Miren, este hombre tuvo un problema con dos
hombres, uno se llamaba fulano y otro sutano; paso esto y esto.
Cuando este hombre via que esos dos estaban a dos metros de el

tratando de qnitarle el revolver, en vez de tirarle a ellos, e tiro a mi directamente, smo que, que me apuntó a mi No qmero eCIr es, ara un costado, entonces me cogiÖ a ru, Por no tirarle a el os, p dgto a una hue tz mujer que no sabia nada e cogio a Wa lfrid o y c a rision porque esa mujer no o eso. El se salyo y no cu pho un p os pero como hombres que conocia, Wa lfrid o y yo st lo conoctam lo acusamos en ningun d mos call s y b somos nos que a a o b lt o no sahste a suelto.ll mome to y salio absuelto. ?Sahste a sue o IISi si sali absuelto".

Despues ya en Santiago, me entere que se habia mue o; ast que no era yo, era e. Por orden de la el que tenia que mon s cuando me toque a mi, me voy naturaleza era amigo rnio, yo le dije a Annandito: "toma, llevate el cheque a Pepe y dile que digo yo que te lo cambie". Y asi, cuando Pepe le cambi6 el cheque y yo estaba en la cama, este sefior, el difundo Pililin, y el difunto Nicolas Vitilla, eran una om arsa con baston. Esa era una Ese afio yo sa '." I e h etapde triunfo, porque t reiteo que comparsa que tema ettq t o cinta que tejeh los un camava se e fue la primera vez que en. do en la direccio n era Arman o franceses en su aJon. t . a Mt se un del tiro pasa a pnmero, pero el Bravo y, por estar yo conveten el 't'to llcogido. Mi difunto smtlo rna se sm hombre se "acoqumo ' se. d' le entregaran el cheque y padre fue alii porque Y? dt orde e q :en la mano, acoquinado. Armandito fue al hospttal coed'. 'Armando, en la guerra de Entonces mi difunto padre e lJO. 1 horcon mayor, cayo pero independencia Antomo c M eq que era e gano', porque habia otros que la guerra no se terrruno, s Igmo y se M Con esto quiero dectre terflan coraje, tanto como Antomo aceo.

que mi hijo esta volcado en una cama y usted es el segundo de mi hijo. Usted tiene que batirse y luchar para sacar Ia comparsa". Elle dijo a mi papa que no sabia que iba a hacer con el cheque, que estaba a nombre rnio, que no sabia como hacer para cambiarlo y yo en Ia cama dije: "dame aca" y firme el cheque.

El difunto Pepe, Jose Zayas, era garrotero, tenia bastante plata y

sola persona. Ya tu sabes cuando el gato no esta en casa como andan los ratones: empezaron a derrochar plata. No obstante, se hizo Ia comparsa pero, cuando llegamos al jurado, venia yo con mi baston, luchaba tratando de dirigir, pero no podia; entonces el, que estaba bien, que no tenia bast6n, no se si se emocion6 o se priv6, pues se qued6 parado mirando c6mo tejian Ia cinta y le permiti6 a todos los comparsantes que se agruparan a ver a Ia gente que estaba bailando mientras tejian Ia cinta. Result6 que el jurado vio Ia cinta que se

venia tejiendo de arriba hacia abajo, pero no vio el baile de los que

tejian la cinta. San Agustin present6 tambiOn una buena parranda y el jurado le dio el primer premio. Ese fue Ia primera vez que San Agustin gan6 y premio especial para Los Hoyos.

"El Tfbere" no gan6 por negligencia de el, porque se priv6; yo estaba con deseos de entrarle a patadas a Ia gente y el se puso como un espectador a mirar tambien. El dirigente es una cosa y el espectador es otra. El dirigente tiene que tratar por todos los medios posibles de que se desaloje para que el pueblo y el jurado vean y entonces, como el jurado no vio, decidi6 eso. Hicieron como

ahora con La Placita y La Texulera, qu   e dieron dos premios. Antes
eso no se veJa.

ritmo tamboi

El ritmo del tambor fue la chompaprsoazoqu Fue en el 53. Un
Bravo cuando llevó a. C año   hizo en la carpintería de
cartelon pintado en una carroct ta" que se einte pesos prestados para
Fabre. Despues tuve. qe bus ar y nara Los Hoyos eso fue un
pintar aquella "carroctta . Practtcam „.o o servia para nada en su
bajon, porque la comp rsa de ese a:ucesivamente por los distint s
presentaci6n, en su vesttme t:rna:aratos de condici6n, como   If
aparatos que llevaba, que n   d   p .ticamente aqui, era un npto.
farola. En conclusi n, habln o efuimos a conciencia de que
Fuimos porque habta que tr, p

ibamos a perder.

MartiMoncada

Ustedes quieren que yo ha ble al?o sobre el asalto al cuartel
5 J , lio aqui en el sindicato
Moncada. El dia antes, el 2 ., eslo que hubo, se que
de los panaderos se £om ent6 una reunton,   dijo que eso no era p ara
fue la guardia rural y clausum la reumon,

Entonces los revoluctonanos   Fidel y su gente tuvieron que salir
Martt y Monca da, al quiosco que tenia
de a\li y se dirigieron aqut a

Pascual-Rompre-Coco, que rompia cocos con Ia cabeza. El tenia un
quiosco alli que se lo patrocinaba Bacardi y vinieron esa gente para
alii.

Por Ia tarde, estando yo banandome en mi casa, una vecina de al
lado me dice: "!Que bueno esta Marti y Moncada! Hay un grupo de
blancos ahi que le estan pagando cerveza a todo el mundo, en el
quiosco de Rompe-coco". Mucha gente a udi6 alli, bebi6,
comparti6, pero ese contingente que estaba alli eran Fidel y su gente
baciendo hora para dirigirse a Ia Granjita Siboney donde tenian el
nido, o sease, el campamento, y de ahi al Moncada. Bueno, lleg6 Ia
bora de Ia madrugada y el carnaval estaba andandonosotros
parrandeabamos, ya las comparsas habian desfilado. Proximo a las
tres de Ia manana, regreso a Ia casa y, cuando estoy acost{mdome,
siento un "balaceo", pero no le di importancia, porque habia un
sistema que de 25 para 26, a las 12 de Ia noche, La Polar bacia un
festejo y empezaban a tirar voladores y fuegos artificiales. Me
acoste y, al poco rato, persistian las explosiones y oi a diferentes
personas que subian comentando que se estaban fajando soldados
con soldados. No le di importancia, pero los disparos siguieron y,
por Ia manana, me levante y estaba el fuego andando. Ya entonces
se sabia que era lo que estaba pasando y los comentarios eran en Ia
calle que habian matado al teniente Ferao y habia varios muertos.
Pero los parranderos no le dirnos importancia a eso. Baje Marti y
empezamos a heber ron y a rumbear y, cuando estaba Ia rumba
sabrosa, lleg6 alii un carro con el teniente Gutierrez, que dijo:
"Ustedes no tienen sentimiento: !como se estim matando cubanos
con cubanos y ustedes rumbeando! !Que se acabe Ia rumba esta!", y
tir6 al aire y se acab6 Ia rumba.

Ya todo el pueblo sabia que estaba pasando, que habia cantidad de muertos en el Moncada, lo mismo rebeldes que soldados. Al otro dia, 27, vino el presidente Batista, subi6 por aqui en un carro convertible para el cuartel y el revolico y los soldados aguantando al pueblo y el dijo: "no, suelten al pueblo que no va a pasar nada"· Y no paso nada, si ya todo habia acabado. Despues las casas siguieron su curso: Fidel fue preso, sali6 y se fue para Mexico; vino en la expedici6n, se fue para la guerra y, at final, triunf6 Fidel.

Usted es investigador de la conga de Los Hoyos y puede contar conmigo siempre, y visitar mi casa cuando quiera. Soy un hombre, un comunista. Soy enemigo de las casas mal hechas. Para lo buena usted puede contar con mi ayuda, con la ayuda de un militante activo del Partido Comunista de Cuba. Y aqui estoy en Avenida de los Pinos #209, entre 9 y 11, del Reparto Los Pinos.

Santiago de Cuba, 18 de junio de 1986.

EL CARNAUAL DESDE *EL* PODER

Alberto Garcia Torres.

Los carnavales antiguos eran una orgia verdaderamente . p pular; todo l pueblo desbordaba las calles del Paseo Marti, El Tl oh, El Guayabl to, (todavia Trocha no era importante) y San Agustm. El pueblo se vestia de mujer y salia a las calles a divertirse habia compasistas con claves, latas y hasta. cucharas, ademas de la congas.

En esa epoca a la. que me refiero no se le llamaban congas, sino co parsas, caractenzadas por su musica de tambores y corneta china. Los paseos se hacian acompaftar de orquesta. Los Hoyos era una com arsa, pero luego se convirti6 en congas. El nombre de conga's vmo de L Habana, junto con la cometa china que, al compas de sus somdos, era como el eco de las canciones. En Los Hoyos entonces habia un moreno, Agustin, y en El Tivoli un sargento, muy,a?terior al ultimo gobierno de Batista, que era de la Banca de Mu la del Ejercito. Hay dos nombres que deben recordarse: Fehc lano Mesa, de El Tivoli, y Juan Gualberto Ortiz

"Checherecu", de Los Hoyos. La competencia entonces estaba centrada en estos dos barrios.

Era cuando se celebraban los carnavales en el parque Cespedes. En el balcon del Ayuntamiento se situaba el jurado, proximo al alcalde. Me refiero a los afios del treinta... 1918 a 1922... en que el premia en metalico al primer Iugar era de $25.00.

Afios despues se produjeron divisiones y se ormaron varias comparsas: la de San Agustin y Ia de El Guayabtto, de Plaza de Marte hacia abajo, en Aguilera y San Miguel. Las tres comparsas tenian corneta china.

Rogelio Zayas Bazan, secretario de Gobernacion, vino esta ciudad en uno de aquellos carnavales. Se sento en el balcon. del Ayuntamiento, allado del alcalde, Desiderio az, cuando vto el desfile de hombres vestidos de mujeres, se dtsgusto enormeme te. El era camagueyano y murio en un duelo con un senador de apelhdo Meridique: dijo que no concebia que en Ifiesta en honor a Santiago Apostol, patrono de Ia villa, se vtera ese espectaculo deplorable y que iba a prohibirlo media ten ecreto, a lo.qe le replico el alcalde que el no se tenia que tnmtSCUlr en las tradJ.ClOfleS de Ia ciudad. Eso lo presencie yo. AI final, no hubo runguna prohibicion y el pueblo siguio divirtiendose.

Tradiciones de antafio

En las calles sabre todo en las de los barrios bajos, como El Tivoli habitoldos o Ionas grandes, amarrados, debajo de las cuales se c locaban las mesitas donde se vendian frutas -piftas, mangos, melones....- y mucho pru, porque entonces Ia cerveza no

era la gran cosa que es hoy. El desbordamiento popular y diversion del santiaguero se producia en estos tres dias: Santa Cristina, Santiago Apostol y Santa Ana.

El MontomPolo

Al dia siguiente venia el Montompolo, que no era camaval; todas las comparsas sin trajes, se reunian en Ia Plaza de Marte y desde alii bajaban, en un torrente, por Aguilera o Enramadas hasta Los Hoyos. En un acto de compenetracion impresionante, Ia muchedumbre formaba un coro que cantaba:

El caiman esta en el paso
y no me deja pasar...(bis)

Ca·mân ...aeee!
donde esta el caiman.

La gigantesca comparsa de cinco o seis cuadras de largo se detenia y, cuando se decfa "Caiman, aee!", continuaba su marcha y se volvia a detener en Ia cuadra siguiente para repetir esta actuacion. Tambien se cantaba:

Que mi mama me mando a buscar,
hhoja del guayabal...

con lo cual se aludia a Ia comparsa de El Guayabito. La tercera canción era el famoso son de Ia "Mateodora".

Donde esta Ia Mateodora?
Rajando Ia lena esta
Donde esta que no Ia veo?
Rajando Ia lena esta...

El recorrido del Montompolo marcaba el cierre de los carnavales.

El "Modernismo": Ia Gran Semana Santiaguera

En Ia decada del treinta irrumpio el modernismo y, con el, se fueron perdiendo las tradiciones, como los hombres vestidos de mujer y las parranditas. A iniciativa mia, Ia compania Bacardi llev6 a Ia practica Ia que se llamo La Gran Semana Santiaguera, en Ia que participaban las clases vivas de Ia ciudad, como los Clubs "Leones" y "Rotario", Ia Camara del Comercio, los Detallistas, etc. A partir de 1948, ellos se integraron en un Cornite encargado de organizar los carnavales mas modernos de Santiago de Cuba.

Prejuicio con la conlla

Yo era mas admirador de El Tivoli que de Los Hoyos. El Tivoli, con Feliciano Mesa, era apacible. Los Hoyos eran unos revoliqueros. Feliciano era un moreno gordo que nunca se vestia de mamarracho y que iba siempre delante del paseo controlando el arden de su gente. En su paseo nunca ocurri6 lo que voy a relatar que paso con Los Hoyos: esta comparsa una vez presento al jurado un mulo que tiraba de un carretel de soga y detras de Ia misma iba la gente de ese barrio halando ese cordel. Lo hacian para divertirse, no habia en ello inmoralidad, pero esa actuacion no agrado a los jueces y la prohibie.·on.

En los antiguos carnavales de Santiago sufrieron contrariedades o problemas colos gobemantes, entre ellos con el Jicenciado Camacho Padro,. alcale de Ia ciudad por el Partido Liberal. El fue uno de I? *ueo* un decreta prohibiendo Ia conga (los paseos no loprohtbJO). Vtviendo en Ia calle Reloj, donde naci, recuerdo que baJaba un hombre, con dos o tres al !ado, con un trombon y cantando esta cancion·

Camacho no quiere conga africana
y yo vengo con mi trombon hasta
que me de Ia gana
Bon, bon, bon!

Elos anos.de su mandata fueron prohibidas las comparsas por constderarlamm?rales y atrasadas. Lo rnismo ocurrio con el alcalde Ramon RUJz Casales, comandante del Ejercito Libertador. El gustaba de pasear en un caballo hennoso, muy brioso, pot los alr:dedores del parque Cespedes que, junto con las calles cohn?an es, cons ituian el centro e las fiestas. Los otros poles eran El Tt oh Y Marti. Un ano de esa prohibicion, creo que en 1920, aproxtmadamente, el se paseaba por el frente del Club San Carlos d nde se ?alanc aban -vestidos todos de blanco- los rniembros de Ia anstocracia sant aguera y fue interpelado por ellos asi:

-Coronel, deje salir a las comparsas. Dejelas salir, hombre!

or conveniencia politica o por presion tan influyente de esa soct dad, el alcalde autorizo la salida ese ano de las congas, que a la medta h ra estaban en las calles por donde, por cierto, muchas veces sahern, tocando cajones en franca rebeldia con los decretos que las prohtbtan.

ComParsas Y Paseos del aver

U afio Los Hoyos sac6 "Los modernistas", una cosa bella,
que gan6 el primer premio. A Feliciano Mesa lo recuerdo
como si lo estuviera viendo ahora frente a mi, porque yo, siendo
joven, iba siempre a ver los ensayos de Ia comparsa El Tivoli; muy
pocas vcces iba a Los Hoyos, ni siendo Director de Festejos, porque
alii habia un ambiente de guaperia, en contraste con El Tivoli, que
era mas sano y alegre. De este barrio se recuerda :Los chinos
buenos", cuyo canto decia:

> A Ia cha ra go
> a Ia cha ra go
> Del Tivolo. Tivolo (bis)
> Yaa, yaa

Tambien El Tivoli sacaba una carroza con trajes muy hellos, y un
personaje llamado Ramoncito "Los Turcos" fue el titulo de otra
comparsa y Feliciano sac6 otra que nombr6 :Los hijos de Amaz",
con el apellido del alcalde, quien estaba haciendo politica. En "Los
componedores de batea" armaban una batea al ritmo de la cometa
china y los tambores, pero, al final, les falt6 una tablita y perdieron
ante "Los modernistas", de Los Hoyos. Esta representaba una
especie de "Ma-Cuba" o simbolo de la naci6n cubana: una mujer,
vestida de blanco, con frigio, at compas de Ia tumba y la corneta.
Las comparsas de este barrio eran muy bonitas, igual que el paseo
que luego se sac6. En el paseo "Ellirio blanco", cantaban:

> Para gozar. Lirio blanco
> para gozar. Lirio blanco...

"El lirio blanco" fue un paseo de lujo en el vestuario y muy
elegante. Los hermanos Juan y Luis Manzano, "Los pichones", los
sustituyeron, pero ellos tiraban mas para Ia Trocha que para El
Tivoli.

La Gran Semana Santialluera

A principios -de Ia epoca de Machado, era Supervisor de
Santiago el senor Arsenio Ortiz. Habia una medio
efervescencia revolucionaria y yo, que tenia pequefias nociones de
reportaje, llegue a la estaci6n de policia en un dia de camaval. El
estaba hablando con el Secretario de Gobernaci6n y le decia:

- Voy a retirar el Ejercito, porque a mi esto me va a crear
muchos problemas, pues total, lque hacen las congas en las
canes vigiladas por el Ejercito? Hablaba del Tercio Tactico; que
era un escuadr6n de soldados a caballo y que daba plan de machete
por donde quiera. Arsenio lo retir6 y dej6 nada mas que custodios
de comparsas: una pareja delante y otra pareja detras; despues puso
una pareja a caballo delante y otra a pie detras, porque se daban
muchas pufialadas y muertos.

Los carnavales que organize el Comite de Ia
Semana Santiaguera no eran tan populares como los del 20. A
aquellos yo les di nombre, pero me retire como organizador y se los
deje a Ia Compafiia Bacardi, con el Chino Miranda y Soulari, que
eran jefes de las estaciones radiates CMKC y VW. Con propaganda
de la cerveza Hatuey y Bacardi se inicia la Gran Semana y una vez
me sorprende la comparsa de San Agustin con un lienzo que decia:
"Garcia Torres: te queremos como director del carnaval". .

Luis Casero era el alcalde y vio mi entusiasmo por aquellas fiestas que toda mi vida me babian interesado. Me envio un recado preguntandome si yo aceptaba ser el director, a lo que respondi afirmativamente, aunque puse Ia condicion de que aceptaba siempre y cuando no fuese por politica (yo era autentico). Casero envio una mocion al Ayuntamiento y fui nombrado Director de Festejos, cargo por el que ganaba $75.00 o $76.00. Me dieron un jeep, un cbofer y un secretario para que, en el mes del camaval, visitara las areas, que era mi labor. Pedro Flores, esposo de Caridad Hierrezuelo, trabajaba en el Ayuntamiento y andaba siempre conmigo, pero lo bacia voluntariamente.

Asi se inicio Ia Semana Santiaguera que era, en realidad, un concurso economico del gobiemo, del municipio, de Ia industria, del comercio y del pueblo. El adomo bizo a las calles lucir bellisimas. Recuerdo a "San Fermin en llamas" con Ia calle engalanada toda de rojo, Ia bandera cubana, exactamente en San Agustin esquina a Bayamo; a Ia calle Santa Rita, entre San Pedro y San Felix...

El Comite despues a las calles les entrego premios en metalico como lo bacia con las comparsas, paseos y mascaras a pic. Yo dirigia todo eso y basta a mis dos hijas les dije: "Entren en el concurso de nifias" y cogian sus 10.00 tambien. El concurso de nifios, de mascaras a pie y de musica, se celebraban en Carretera Central y Garzon; una vez se bizo en Trocha y Carretera del Morro.

Carnaval y economia

La Compafiia de Ron Bacardi, Ia pasta dental Gravi, la Quinaveer, el Agua Mineral San Antonio y otras empresas gastaban miles de pesos en el negocio. Aquello era mas bien un negocio industrial y comercial, porque Ia Reina del Camaval y las damas salian por Ia votacion que mas acumulaban. Los votos del concurso para seleccionarlas se bacia por la cantidad de envases, tapas y etiquetas de cerveza Hatuey, digamos, o tubos de pasta dental Gravi que Ia gente lograba recoger. El jurado estabael local del Club 300, sede del Circulo de periodistas que yo presidia. La oficina del Comite se puso dentro del local y era Ia encargada del canje de las etiquetas y envases por un bono. La que mas votos acumulaba, era Ia Reina.

El Comite compraba Ia carroza con el dinero que le entregaba Ia industria y el comercio. Los premios de las comparsas y paseos se pagaban con el dinero de Ia alcaldia y el gobiemo.

Paseos y comParsas

La Placita fue revoltosa siempre. Su "Fantasia brasilefia" (1953) emociono al pueblo, a Ia tribuna, a las autoridades, todo el mundo se puso de pie... Llevaban una cesta de flores y de frutas en Ia cabeza. Sus integrantes eran politicos y lo reflejaban en ensayos y desfiles, pero ese dia se portaron bien.

Una vez bubo una division en La Quimona, de San German y Calvario:

> Quimonero. quimonero
> quimonero de verdad:
> no queremos ning(Jn premio.
> que se lo den a Sanidad

Yo no presidia el jurado, sino un hermano rnio, Rigoberto Bravo (hijo del licenciado Antonio Bravo Carriozo); yo le dije: "dale el segundo prernio"; no recuerdo a quien le dieron el primero.

En otra ocasion La Placita perdio no se con quien; apagaron las luces y pusieron un cartel que decia: "Garcia Torres, cuiebron Casero, ladron".

Llame a Casero y le dije: "Usted ha visto como se puso La Placita porque perdio?". Salmeron, quien dirigia La Placita entonces, me dijo: "Oye" y me manoteo. "Primer premio". Y yo le dije: "Sf, chicho, esta bien" y le dimos el II como prernio, es decir, no cogi6 nada. El alcalde mand6 a buscar al cuerpo de bomberos y los dispers6 con agua por ofensa con rni y contra el y porque estaban fascinerosos.

Quien le hizo bastante dano a La Quimona, en cuanto al ambiente social, fue La Placita. La Quimona tenia un elemento bueno, lo mejor de Santiago. Tuvo su division intema, pero muchos elementos suyos se fueron para La Placita cuando esta se formo.

De ahi surgieron Ia Reina y las damas, se repartieron los premios a las calles mejor adomadas.

Cabalgatas

Antiguamente el Club Rotario patrocino Ia cabalgata de los Reyes Magos, que iba con un carro de bomberos lleno de juguetes hasta Ia Beneficencia, para repartirselos a los nifios y nifias de alli. Yo fui quien organice Ia cabalgata noctuma. En estas cabalgatas habia musica y participabamos las autoridades y yo tambien. Despues vino Ia cabalgata de los camavales, que saHa del Paseo Marti, subia toda Ia calle Santo Tomas hasta Trocha y alii se disolvia. Una vez subio por el parque Cespedes, le dio Ia vuelta y se disolvio en La Plaza de Marte.

Los premios no se daban a Ia publicidad antes de Ia cabalgata, porque entonces los inconformes no asistian a esta. Se publicaban en el <u>Diario</u> de Cuba el dia siguiente, que era cuando se manifestaban los comentarios sobre Ia decision del Jurado. Los jueces eran personas competentes, como Dulce Maria Serret, Antonio Serret, Enrique Maraii6n, Eligio Bravo Calzado, el Dr. Felipe Salcines y otros cuyos nombres no recuerdo.

Cierta vez escuchamos una marcha runebre muy buena, Ia que tocaba en los entierros de los veteranos de la independencia, Ia banda del Ejercito y Ia Banda Municipal. Dije: "ay, rni madre! que es esto?". Venia el paseo de Sueiio, de los hermanos Morcate, quienes trabajaban en Sanidad, eran concejales del Ayuntamiento. Se detuvieron frente al Jurado, tiraron las banderas en protesta Y continuaron con aqueJla marcha. Todo esto ocurrio en pleno carnaval, al final de los prernios. Fue cuando La Quimona saco aquella cancion que decia que le dieran el premio a Sanidad. El alcalde me Jlamo.

Al poco rato, los quimoneros fueron a buscar el premio, porque si a las 48 horas no lo recogian, el dinero iba para el asilo San Jose. Tambien a las 24 horas los hermanos Morcate lo recogieron. El alcalde llamo a un oficial del Ejercito y dio orden de que pararan Ia marcha runebre y siguieron.

Los camavales antes de Ia Gran Semana eran de todo el pueblo y se daban premios de cinco o diez pesos y de adomaban las calles. Cuando los gobiemos militares, se recogi6 mucho dinero y hubo dos prernios a las comparsas, porque Los Hoyos tambien se dividi6 en dos. Se dieron dos prernios, tambien $700.00 a los paseos. Esos fueron los camavales del coronet Diego Rodriguez que recogi6 el dinero con Fidel Pinoi, tesorero y representante a Ia Camara. Tenia tanta plata que daba premio... Eso lo repiti6 por dos afios.

Mi esposa se despert6 una noche, ya casi amaneciendo, y dijo: "te busca un militar de parte del coronet Velazquez", fui a verlo al hotel Casa Granda. " Que le pasa, coronet?". "Chico, estos camavales estan sangrientos: hubo noche, por Ia madrugada, dos muertos a pufialadas". Le contesto: "tiueno, y a mi que?, ya molesto. "Cuando Ud. celebra su cumpleafios en Ia casa ¿no es una orgia lo que Ud. da a sus familiares y amigos? Los camavales de Brasil tienen cientos de muertos: ¿que importa que Santiago tenga dos muertos, cuando quieren hacer una orgia para celebrar aqui a Santiago Apostol?". Me mir6 asi y me dijo: "Chico no, coronet..." Entonces cambiamos de conversaci6n. Todavia no estaba la Semana Santiaguera cuando esto.

El carnaval en dos epocas

El camaval en Ia primera etapa era masivo; en Ia segunda, mas recogido. Las tradiciones se van perdiendo, como se estan perdiendo ahora.

Por primera vez en esta ciudad desfilaron, delante de Ia tribuna, las tres bandas del Estado Mayor: Ia de Ia Marina, Ia de Ia Policia y Ia del Ejercito, cada una con mas de 80 musicos. Por orden del

alcalde envie a La Habana telegramas y vinieron las tres (otras veces venian dos). Casualmente, cuando el asalto al Cuartel Moncada, habia alli una banca del Ejercito que debia salir para Holguin Y muri6 uno de sus musicos. Fue por eso que no se pudo dar el co!!cierto r.n Holguin.

Un policia estaba en el hospital militar, vestido de civil, se asom6 a una ventana y lo mat6 una bala.

El asalto al Moncada fue el dia de Santa Ana. Enseguida el Ejercito ocup6 Trocha y Marti y comenz6 a desbaratar los quioscos.

Ouracion de los carnavales

Siendo yo director, los camavales se extendian durante un es en las calles Marti, Trocha, San Agustin y Santa U sula. St el mes de agosto coincidia con fin de e semana, entonces se prolongaban. en este ultimo mes habia un dia de camaval: el de San Luis de los y el de San Luis, rey de Francia, pero en realidad eran fiestas muy pobres; se trataba del dia del pueblo de San Luis. Tambien en agosto se realizaba Ia fiesta de San Joaquin (el 17 6 el 18).

Los dias de salida de las congas eran: San Juan junio), San Pedro y, los de competencia, el 25 de julio (Santiago Apostol) y 26 de julio (Santa Ana). el 24 de julio (Santa Cristina) no salian ni ensayaban esta agrupaciones.

Decisiones

Todas las decisiones del camaval las tenia yo en rnis manos y no contaba con nadie para tomarlas. Casi todo esto fue en Ia epoca de Casero. Muy poco se hacia en Santiago en las fiestas de San Luis. Las congas se iban para esos pueblos y se consideraban dias de carnaval porque yo los ponia en el decreta que, se bacia especificando las horas, el modo, etc., y que era firmado por el alcalde.

Los fines de semana todo el murido desbordaba las calles. Los restantes dias de la semana, Ia gente salia menos. La poblaci6n de Santiago, con unos cientos y pico o doscientos mil personas, salia a Ia calle o carnavalear.

Funciones de un Director

Yo inauguraba calles pavimentadas y arregladas: cortaba Ia cinta y me quedaba con Ia tijerita. Tambien yo organizaba Ia Fiesta de Ia Bandera. Recuerdo que, en el gobierno de Machado, Arsenio Ortiz iz6 Ia bandera el 31 de diciembre solo con el Tercio Tactico; no babia un alma en Ia calle.

Los carnavales tuvieron su alta y su baja, en ocasiones por situaciones politicas y otras por enfrentamientos belicos, como el de Ia Segunda Guerra Mundial, en que no se celebraron.

En este tiempo, no recuerdo haber visto en Santiago el 6rgano oriental, que es de Manzanillo.

En "El Cocoye" cantaban:

Sube Ia acera. que mira que te tumbo
que ahi viene El Cocoye anollando
con todo el mundo.

Los Cabildos

Al cabildo yo le daba poco dinero, pues no simpatizaba con el. Habia tres carabali: Ia Olugo, Ia Isuama y otra de El Guayabito. En mi epoca desapareci6 Ia de El Tivoli. A Porfirio Villalon, director de Ia Isuma, el municipio Ie daba $25.00 e igualla casa Bacardi.

Carnaval Y Politica

A Ia conga de Los Hoyos Ie dabamos un gran apoyo econ6mico yo Ie entregaba $100.00 mas de lo estipulado. Les bacia firmar un recibo, pero de $400.00 no pasabamos. Este dinero extra correspondia al interes de los partidos politicos por el electorado del barrio, que mucbos se disputaban.

A todos le interesaban sus votos por eso babia plata...
A Los Hoyos le decian "el piano"; venian con el compas barbaro, esa es Ia verdad. Un pariente de Antonio Maceo tocaba los bocu de Ia conga y parecia una cosa magica. Eran unos artistas con los tambores; llevaban un ritmo que Ud. mismo se meneaba, y las mujeres se metian en ella, Io cual era peligroso.

El Paso Franco sustituye a El Tivoli, es de mi epoca. Ahora veo que San Pedrito cogi6 el primer premia; quede asombrado, eso no sucedi6 nunca en mi tiempo: ganarle a Paso Franco, a San Agustin o a Los Hoyos?

Yo organice un carnaval que salia de Ia Plaza de Marte y llegaba hasta Ia Avenida Michelsen...

El Desfile

El desfile empezaba a las cinco de Ia tarde. Pero habia que ser fuerte con los directores de agrupaciones. Cierta vez habia un tira y jala entre Los Hoyos y La Placita, porque cada cual queria ser el ultimo para llevarse al pueblo detn'ts y lucir mas. El jurado y yo estabamos agotados y oriente a un policia: "digale a la gente que hoy se acaba Ia cabalgata a las 11:00 p.m., y manana empezara a las cinco con el que se quede sin pasar". Se forma una algarabia y un concejal de apellido Infante me tiro una silla de tijera. Me quede horrorizado, pero Angelita de Ia Tejera lo cogi6 y le dijo: "hijodeputa!" y lo hizo un guinapo. " Como le vas hacer eso a un hombre agotado?" Lo aboyo todo y el concejal cogio miedo.

A mi lado tenia un sargento y un policia para el arden publico. Ponia una campana del cuerpo de bomberos con Ia que tocaba tres veces para indicar que debian seguir avanzando en el desfile. Venian Esparraguera, Los Pichones y Los Morcate. u cada quien; queria hacer las mismas cosas alrededor del palco. "Esta buena ya. Tu tienes como 5 o 6 numeros". Yo no permitia eso de desfiles a las dos, las tres o las cuatro de Ia manana, como lo permiten ahara. El pueblo se cansa y no ve Ia cabalgata tan tarde. Yo les tocaba Ia campana, mandaba al sargento y enseguida salian n'tpido: "pin, pin, pin".

La imagen de Santiago Apostol estaba en el Museo Emilio Bacardi. Fui a ver al pintor Boffil, que era su director, y le dije: "Quiero sacar el Santiago Apostol en el desfile". El me contest6: "Ay, Garcia Torres, me lo desbaratan". Mi idea se me va air. "Por favor, no me haga eso!"; le dije: "Ud. me saca el caballito y me lo pone frente al gobierno provincial, donde esta Ia farola, donde hay dos metros de separacion. Me Ia pone ahi con cuidado, para que no sufra Santiago".

Cite a los directores de comparsas para el circulo de periodistas y les dije: "el desfile bajara Aguilera y, cuando ustedes lleguen a Santiago Apostol, cambien Ia cancion digan: "Santiago Apostol, Santiago Apostol, Santiaguito, Santiaguito, Santiago Apostol".

Asi lo hicieron. Bueno, me dijeron que lo hicieron, porque yo estaba en Ia Alameda.

Yo dirigia el camaval desde el 4 de septiembre de 1933, sin ser director de festejos.

tUN TAMBORERO JUBILAO?

M e llamo Felix Algines Carvajal Reyes. Naci en esta misma casa hace cerca de sesenta afios. El nombre tradicional de efa calle es Callejuela.

Tuve varios empleos, pero un solo oficio que es el de electricista. Trabajo actualmente en el Hospital de Maternidad.

Iniciacion

M i famila no tenia vinculos estables con Ia conga, pero dio Ia casuahdad que naci en este barrio y fui arrollador desde mi infancia. En 1949 me vinculo a Ia conga como salidor en Ia comparsa "La t adicion del carnaval". Sali de diablo en ese afio. En el carnaval proximo podia entrar como tocador, entonces me fui de jefe de tumba para Ia comparsa de Los Cangrejitos, en Trocha y Ia bahia, alia por Punta Blanca. Pasado ese afio entre como tocador en Ia conga de Los Hoyos. Eso fue en el afio 1950 o 1951 y estuve en ella basta los primeros afios de Ia Revolucion.

Gallo TaPao

L as comparsas siempre han tenido "gallo tapao" y esa tradici6n esta muy relacionada con el titulo que lleva cada afio Ia comparsa. En eso Sebastian Herrera tiene el uno, parece que por herencia de su padre. Aqui todas las parrandas, aun perdiendo, han hecho buenas presentaciones porque siempre se han ajustado a su nombre. Toda una vida ha sido asi. Ninguna parranda declara lo que tiene como secreto. Es una sorpresa para el pueblo y para el jurado del carnaval.

Antes de 1959 eran las casas comerciales las que patrocinaban el carnaval. La fabrica El Eden era muy activa. Cualquier cosa tenia un nombre, pero del Eden; asi se sacaron "Los Ases del Eden". Una de las comparsas mas tradicionales que se saco aqui fue "Los hijos de El Cocoye". Con ese nombre nos conocen en La Habana. De Santiago de Cuba han salido falsos tumberos organizadores de congas en La Habana y se han presentado como si fueran de Los Hoyos, que es el barrio de las congas.

Cantos

H ubo cantos tradicionales en esta comparsa. Cada duefio de comparsa inventaba sus cantos como Chencherecu, Bestard, Alcarraz Joseito "Quemao". Casi tod a esa gente aportaban sus cantos a Ia parranda.

Sabiduria de los instrumentos

Toda la vida yo toque fondo o bocu. Sin fondo no hay comparsa. Las tamboras Hamada congas tocan por el ritmo de los fondos. El alma de Ia conga es en si Ia campana, porque cuando para Ia campana, inmediatamente para Ia conga. Sobre todo si los o adores de fondo no son buenos y es Io que esta pasando ultunamente en Ia parranda. El problema es que cada cual toea lo que le da Ia gana y no puede ser. Eso tiene sus reglas

Cuando dicen a tocar pil6n, a tocar pil6n, o mason, o columbia. No se puede tocar lo que a uno le de Ia gana. Eso es Io que esta pas do ahora, que tU ves que Ia conga, sale y cada dos o tres esqumas para. En mi tiempo se tocaba en firme y actualmente ya qu an muy pocos de los viejos congueros. A veces yo quisiera ens nar a los muchachos a tocar, porque por algo las notas mustcales son siete.

Tradición aprendizaje

En este barrio por tradici6n los muchachos saben tocar

conga desde que nacen, lo que hay es que perfeccionarlos, porque ellos saben tocar. Eso es tradicional en el barrio. San Pedrito antes tenia potreros y cualquier nino sabia enlazar un buey. En el reparto Sueno los ninos sabian jugar a la pelota. En Los Olmos tambien a la pelota y en Los Hoyos la conga. Alia por Punta Blanc cualquier nifio chiquito sabia nadar y pescar. El nino se habitua a Ia tradición y a las cosas del barrio.

Construccion de <u>instrumentos</u>

El bocu se forra con el cuero humedo y se aprieta lo mas que se pueda. Luego se afeita bien el pelo y se pone a secar. Despues que estaba montado en el tambor para templarse, le daban candela y el cuero se atesaba.

Modernizacion

El bocu de Have me parece que surge, aparte de las tumbadoras que eran tradicionales en las orquestas, en un viaje a La Habana que nosotros hicimos con los "Tambores de Oriente", de Enrique Bonne. Buscabamos papeles para darle candela, pero alii no es igual que en Santiago y no se encuentra un papel tan facil. Entonces Lazaro Pena, Secretario de Ia CTC Nacional en Ia epoca, nos dio mil pesos para un juego de tumbas con llaves y se hizo el juego. A partir de ese momento todas las comparsas de Santiago hicieron sus tumbas con llaves.

Cuando se usaba Ia candela muchos tamboreros que no sabian templar el cuero lo quemaban con tanto fuego. Tampoco se puede templar mucho el bocu. El que mas se tiempla es el quinto, el cual tiene que sobresalir entre los fondos.

El Conjunto de Enrique Bonne en sus inicios estaba integrado en su mayoria por tocadores de Ia conga de Los Hoyos. Eramos cincuenta hombres. Ensayabamos en San Ricardo en ese tiempo.

Nosotros fuimos con los Tambores de Oriente a La Habana en 1962 y para esa epoca Pello El Afrocan no tenia su grupo, ni existia el de Tata Giiines. Ellos surgieron a raiz de Ia experiencia nuestra.

N sotros tuvimos una actuacion en Ia pelota y, como habia tantos onentales en La Habana, nos sacaron de ahi y fuimos tocando hasta Prado y Animas, desde El Cerro. Habia una distancia enonne y, a las dos de Ia manana, nos paro Ia policia: "!Basta, basta ya, ya!". A esa hora yo quisiera que tu vieras como estaban los choferes pistoleando para llevar a Ia gente para su casa. AI otro dia en La Habana eso fue un escimdalo. Todo el que nos veia nos decia: "Es verdad que ustedes son terribles, !que resistencia.tienen!y yo les decia: "Ustedes tambien, porque nos acompaiiaron". Nosotros tocabamos, pero ellos arrollaban.

a muerte de Benny More nos cogio a nosotros ensayando en el Stadmm Maceo. Esa noche nos dijo Enrique Bonne: "Me recogen las tumbas, acaba de morir Benny More". Que mal le cayo eso a todo el mundo.

El Piano

A a conga de Los Hoyos le .dicen el piano y debe ser por su .ntmo. La gente dice: "?Cuando va a salir el piano?" Asi le han dtcho a traves de los años. Es Ia parranda que mas personal arrastra.

La invasion

La invasion siempre existio. Toda una vida existio. Asi le dicen .ahora por Ia multitud de cristianos que lleva, pero era tradtcional que las parrandas se visitaran unas a otras.

Siempre en las invasioes Ia ultima en hacer su visita ha sido la conga de Los Hoyos por su magnitud. Tambien, por tradicion, es la ultima en pasar por el jurado. Ya cuando pasa, se acabo el destile. Pero ultimamente eso esta desluciendo a Ia comparsa porque, cuando pasa de madrugada, ni hay jurado, ni hay publico y los muchachos y parranderos estan cansados y sudados. Incluso, antiguamente, cuando el jurado estaba en Ia Alameda, Ia parranda a las dos de Ia tarde salia de aqui. Por tradicion ella se organiza y fonna aqui en Callejuela y de esta calle ha salido siempre. Los viejos del barrio de verla salir nada mas, ya sabian si ganaba o no ganaba. El visto bueno se daba al salir de aqui. Cuando decian: "Se acabo el mundo!: no hay para nadie", ganaba Los Hoyos.

En Ia invasion sale Ia conga de Callejuela a las ocho de Ia noche y sube Marti hasta Madre Vieja, donde esta El Alto Pino. De ahi a El Guayabito, pasa por San Agustin, sin entrar, y llega a Paso Franco en Ia Trocha. Regresamos al barrio nuestro por Ia madrugada.

Uiolencia:choque de comParsas

A ntes Ia parranda tambien tenia su tirantez peligrosa. Los Hoyos nunca ligaron con San Agustin. Cuando dos parrandas chocaban en la calle, er3; peligroso: venia el cuchillo, la pufialada y la cosa. Eso trajo como consecuencia que, en las visitas, se pase de largo para evitar los choques.

Actualmente el unico dia que yo arrollo es el dia de Ia invasion y llevo mi senora, con mis hijos y nietos, Toda Ia familia se va con Ia conga y cerramos Ia casa.Despues no arrollo mas hasta el proximo afio.

Pre.iuicios

Empece, a trabajar en Salud Publica y tuve ciertas respon-sabilidades sociales como dirigente sindical en mi centro de trabajo. Ingrese tambien en mi consejo de trabajo. Algunos muchachos nuevos ven Ia conga como guaperia. Estim equivocados. A veces me dicen: "Tu le has cogido miedo a Ia conga... Y Ies digo: NO, yo me he cogido miedo ami mismo". Porque yo conozco mi canicter. Se podia dar el conato de un tropez6n con alguien y venne metido en un pleito. Entonces iba a llegar Ia noticia a mi centro de trabajo de que yo estaba detenido ?Y, que fue?" "No, que anoche estaba arrollando en Ia conga y tuve un pleito". "!Ah!, pero fulano arrolla... Porque hay quien tiene Ia conga como algo denigrante. Todavia hay prejuicios en Cuba, aunque tU nolo creas.

Comunidad/Participación

Antiguamente t,oda Ia sociedad se metia en Ia conga, pero como no habta Ia maldad que hay hoy, ?que hacian? Se compraban una mascarita y se metian en Ia conga y no pasaba nada. Se vestian de mujeres, de mamarrachos y disfiutaban de verdad. La mayoria de los blancos de las sociedades se metian en Ia conga. Mucha gente tU Ia veias en los balcones moviendo Ia cabeza o los pies cuando pasaba Ia conga.

Quioscos

Aque los carnavals eran unos camavales sanos. Aqui no poman tantos qmoscos de cerveza. Los quioscos eran de particulares y el Ayuntamiento les alquilaba a tres pesos el metro de terreno y el particular, con su propio esfuerzo, construia un quiosquito de tres por seis. Entonces te vendian pru, tajadas de melon, piiia, comestibles criollos. No habia esa mataz6n por la cerveza como ocurre ahora.

Comparsa/estructura

La comparsa estii integrada por los diversos cuadros de bailes y los estandartes que le dan lucidez a Ia parranda. Los estandartes se componen de pendones, farolas y alegorias. En si lo que determina es el gallo tapao que se presenta en el jurado. El rol que se desempeiia en el jurado es determinante. Siempre hay un secreta que se presenta alii.

Liderazgo

En Los Hoyos nos dividimos en una oportunidad. Armandito Bravo y Pilili dirigian lo que era lo conga de Los Hoyos y ensayaban en Santo Tomas y Marti. Nosotros nos trazamos Ia tarea de dividirnos en dos congas, pero eramos los tocadores de aquella misma comparsa y teniamos reconocimiento oficial en el Ayuntamiento. En aquella parranda vi lo qu en realidad era el trabajo voluntario. Nosotros ensayitbamos donde esta Ia estaci6n de policia, en Callejuela y Julian del Casals. Si habia que abrir un hoyo o poner un palo, se sobraban las manos. Eramos pobres y cada vez que pasitbamos por un Iugar a buscar el "padrinaje" para Ia plata, decian: "No, si ya pasaron los de Los Hoyos". Y le deciamos: "Nosotros somos una gente nueva de Los Hoyos". Si a Ia otra gente le dieron cien pesos, a nosotros nos dieron veintidnco pesos. Medina, el antiguo dueiio del teatro America, nos presto el teatro y

dimos una fiesta en el, a beneficia de Ia parranda. Hicimos **bonos**
que decian: ''Parranda La Descubierta'' y Ia gente que **nos**
apadrinaba cooperaba con lo que podia: con cinco o diez pesos. Los
vecinos sacaron bombillos **bacia las calles**. Hubo un momento en
que yo dije: ''Bueno, nosotros hicimos esto con el compromise de
ganar y me parece que estamos listos para ganarle a cualquiera'' y
asi fue.

ComParsamtulos

Sacamos ''La Descubierta'' con un barco, que vi el dia que Ia
parranda sali6. Todo estaba en secreta. Una carroza hecha un
barco con los descubridores espafioles. lba Bartolome de Las Casas
y habia indios. Los curas de Ia Iglesia salieron a ver si era un cura
de verdad, porque tenia hecha hasta Ia calvita. Tambien iba Heman
Cortes y al indio Hatuey lo quemaron. Todo eso fue representado
en el jurado. Eso fue terrible. Entonces simbolicamente llevamos los
otros barcos: La Nina y Ia Santa Maria en farolas. Aquello fue un
exito terible.

Carnaval Y Politica

El jurado estaba en Carretera del Morro. Tradicionalmente era
en la Alameda Michaelsen. Luego lo pusieron en Carretera
del Morro, despues estuvo en Garzon y en el afio 1953 lo pusieron

colaron en el Cuartel fue el Dia de Santa Ana porque, si es el Dia de
frente al Cuartel Moncada y valga que cuando los muchachos se

Santiago, mi negro, hubiera sido una carniceria mayor. Yo en ese
tiempo era tocador oficial.

Cuando se produjo el asalto al Moncada yo estaba en mi casa.
Estaba durrniendo. La mama de Chan estaba viva en ese tiempo y
dijo: "Catalina, no dejes salir a ninguno de los muchachos que hay
un revolico en el Cuartel, se estan matando guardia con guardia''.
Cuando oi eso, enseguida me puse Ia ropa, como si yo fuera
guardia, y sali. Cuando llegue a Marti al primero que vi fue a
Fernando y le dije: "Fernando, hay revolico en el Cuartel '' y me dijo:
''NO, chico, esos son cohetes voladores''. Pero ya en Ia lorna de
Marti se veian los soldados corriendo en camiseta y con rifles. Yo
entonces cogi Reloj y me encontre al cabo Ferao que lo habian
herido en un brazo y por boca de el me entere que al hermano lo
habian matado, que se llamaba Aramis Ferao. Asi fue como me
entere. Pero Ia gente pensaba seguir el carnaval, !que va!, Ia cosa se
puso mala. Por aqui, por Marti, bajaron una rastra con 82 muertos,
82 ataudes y alia en el cementerio a todo el que fue a curiosear lo
pusieron a cargar los muertos. Ahi mismo empezaron a desbaratar
los quioscos. Quien se embromo fue Bacardi, muchisima gente le
cogi6la cerveza fiada y con Ia recaudacion le pensaban pagar.

En los quioscos se vendia Hatuey, Crista) y Polar y eso era aparte
de las mesitas que hacian los mas pobres. Bueno, Bacardi no perdio
nada en comparacion con lo que perdio en 1959.

Rompe-coco Y la cerveza HatueY

P
, era propagandista de Ia cerveza Hatuey. Al lado

Pascual Rompe-Coco, ya no me acuerdo de su apellido
verdadero
del foco cultural, ahi en Marti y Moncada, Pascual tenia un almacen,
pero no para vender cerveza al menudeo, sino para venderle a los
quioscos cuando se les terminaba. Era como un deposito. Pascual en

un afio de carnaval se descarto porque empezo a detallar Ia
cerveza.

Se enteraron en Ia fabrica y lo tumbaron. El tenia que vender barriles de cerveza. Las cervezas las metian en unos huacales de 120 ceryezas. Eran unas cajas cuadradas con agarraderas por las dos cabezas. Yo trabaje un tiempo en el mercado y, cuando cruzaron el mercado de aqui para Ia Alameda, yo cogia esas cajas para colocar names.

Tiempo del<u>carnaval</u>

L os ensayos de Ia parranda empezaban el primero de junio y, durante dos meses, estabamos tocando el tambor. Venia a tenninar el camaval en agosto. A los gobiernos de tumo les convenia eso porque el pueblo estaba entretenido en su comparsa y ellos acabando. Cuando Ia gente tiene diversion y cuando hay trabajo, nadie se ocupa de Ia politica. A Ia gente no le importa si tu eres liberal, conservador o comunista, porque todo el mundo esta en lo suyo. Por eso Ia gente del gobiemo daban unos carnavales largos para poder hacer sus travesuras y acabar.

Sartenes

H ubo una epoca que se tocaba con sartenes. De ahi salimos muy buenos sarteneros. Eran dos sartenes en un cajoncito de madera y en elias se amarraban por el cabo los sartenes y entonces, con dos clavos largos de seis pulgadas se tocaban. A Ia cajita se le ponia una tirade soga o cuero que se colgaba en el cuello. Yo nose si por Ia escasez de sartenes se dejaton de usar. El sarten hay que comprarlo, pero una tambora de freno cualquier taller te Ia regala, porque eso se bota. Hay tamboras del sistema de frenos que tienen buenos sonidos.

Toque de la camPana

E l toque de campana de Los Hoyos lo invent6 Cuquito, un muchacho de aqui del Campito. Else llama Hugo Napoles. Aqui habian tres campaneros oficiales: Hugo Napoles, Quimito y Negritin que esta en La Habana, Quimito reparte los peri6dicos. Eran unos barbaros tocando Ia campana.

Artistas tradicionales

A ntes de yo tocar en Ia conga, hubo un moreno alto llamado Alfons6n que nadie lo ha igualado tocando Ia campana. Se pqnia Ia campana en la cabeza y le iba dando asi !Oiga, eso .es terrible! Yo he tocado Ia campana en Ia mano nonnalmente y, cuando me he dormido, he sentido ese sonido dentro de Ini cabeza. !Dime, tU, puesta en Ia cabeza!

De los tocadores viejos recuerdo a Chino Negro, un hombre que cogia Ia tambora grande que ahora toea Luisito y Ia poriia a gozar. La cogia a las dos de Ia tarde y, a las ocho de Ia noche, tU le pedias que te dejara tocar y te decia: "!que va, si Ia cogi ahora mismo!" Aquel hombre era irresistible. !Ahora no hay tumbero, compay!

Aprendlzaje

L os dos primeros muchachos que entraron en Ia conga de Los Hoyos, como j6venes, fueron Fidel Estrada, que .tocaba conga , y Esmerido Herrera, hermano menor de Genaro, que tocaba fondo. Esmerido me ensefi6 a tocar ese instrumento. Hace tres afios Esmerido vino de La Habana a un carnaval santiaguero e iba tocando y cuando yo lo vi me dije: "Este va mortificaon y le dije a mi sefiora: "Voy a tocar" y cogi mi fondo y me puse al lado de el y cuando el hizo asi y mir6 se puso muy contento. Cogimos aqui en Marti y Callejuela y soltamos en el Reloj de Ia Alameda. Subimos Marti, cogimos calle Nueva, Aguilera, Plaza de Marte, donde hicimos una pausa, bajamos Aguilera y soltamos en el Reloj de la Alameda. Tocar fondo tiene su cosa.

Pericia en la ejecucion

Cuando tu quieras probar a un tocador de fondo y te diga que el sabe tocar, tu le dices: "coge el fondo y sal". Ahi es donde tiene que demostrar su sabiduria. En ese momento no tiene el respaldo de Ia conga que le llena el vacio. El que no sabe, no puede salir solo. Hay tocadores que no arrancan hasta que no empieza todo el mundo, porque no saben. Tu ves en los ensayos que hay que sefialar al que va a salir de puntero. !No saben salir! A veces se privan y no saben que van a hacer.

Uiejos tocadores

Cuando todavia yo no tocaba aqui, toc6 al difunto Castillo, Cacorvo el chofer de Simon Dimas, Chino Negro, MatancitaManano, que esta vivo en el asito y esta medio loco.

En ese tiempo yo era fanatico y arrollador de Ia conga. Se ensayaba en prolongaci6n de Moncada y no tenia tantas condiciones como ahora. Todas las comparsas que venian a visitarnos y entraban en el callej6n ese, cogian cuero. No habia tiempo para nadie.

Matancita se encaramaba en un barril y hacia sonar Ia conga. Cuando eso Chan era tocador de quinto. Fidel Estrada tambien. Eutimides Sando toc6 quinto. Aqui se puede hacer una conga con los veteranos, porque hay unos cuantos y los muchachos cogen cuero, !que si cogen cuero! Yo me acuerdo cuando Pilili daba su golpe en el pilon. Todo el mundo tocaba lo mismo.

Toques

Cuando los muchachos de ahora tocan columbia tocan menos de diez minl.!tos. El pilcn se toea con dos 'golpes: izquierdo y uno derecho. El golpe cae siempre como si fuera un martinete, es marcado.

La columbia se toea con las dos manos, pero casi sin tocar el bocu. El mason es con una sola mano. Ellos no saben y d spues se cansan muy nipido. Hay problemas con los muchachos de ahora.

El golpe que alborota a Ia gente es el mason y es originario de Ia tumba francesa.

El pil6n es el toque que se utitiza para las caminatas largas, porque es un toque descansado. Tu tocas y descansas. El *que* sabe lo puede variar. Mira, el difunto Giiigui tenia un toque para cuando se cansaba y con Ia mano derecha daba el seco y el "floreao". Agarra el bocu y sobresale. Es un toque a destiempo que encaja bien en el ritmo que se lleva. Miguelito sabe hacerlohay algunos que quieren hacerlo tambien. Lo mismo ocurre con la conga. Hay una conga que "pilonea" y Ia otra tiene oportunidad para repiquetear y, cuando ese para de repiquetear, sigue piloneando con el primero para que el tercero "repique". Los dos repicando ?a d6nde vamos a ir, los dos repicando? Es una locura entonces y se cansan.

Ese es el problema de la conga. La conga tieneu mecanismo interno como lo tienen todas las cosas. Yo te dtgo las cosas franc ente y soy del barrio y cuando la gene dice: "la conga esta mala", hay que decir que es verdad. Han perdtdo cahdad respecto al toque. No podemos estar viviendo siempre de la fama.

Organización competencia

Cuando decian antiguamente: "la conga de Los Hoyos" Y ponian a un anunciador: y "ahi viene la conga de ,Los Hoyos, que se yo, que se cuando", eso era temble.Ahora esta de moda San Pedrito y realmente no estan presentando nada del o ro mundo, pero si estan organizados. Se esta mirandque ualqmer conga estil mas organizada que Los Hoyos. Eso esta ocumendo de un tiempo a esta parte. Hay problemas en la direcci6n de la comparsa. Por un lado, Bandera yotro y, por otro, Chan:no se ponen de acuerdo. Siempre tienen un tira y jala. Antes, los Vtejos de la conga se reunian en una casa y se ponide acuerdo y lo que salia era un fen6meno, y no habia ayuda ofictal del gobterno, como ahora. En aquel tiempo la conga era grande, pero til temas q e comprarte tu tela y pagar la costurera con tus propios pesos. adte daba nada "regalao", !nadie! Ahora te dan la tela, te dan el hilo y, sin embargo, hay algo que no funciona bien.

El cometa china

Esta comparsa habia que respetarla cuando no enia ningiln apoyo importante. El mismo Neno era carpmtero de la

conga. El bacia muchos objetos de la conga. Ese fue el primer vinculo de Neno con la comparsa. Esta gente le propusieron tocar corneta y se dio muy bueno.

El corneta es realzado, pero no porque hace falta, lo que pasa es que el chillar de la coarneta es tan alegre que ella sola mueve. Neno mete un pitazo aqui y todo el mundo abre su puerta. Porque es verdad que es un chillar que vuelve toea a la gente.

Los cometas tradicionales, de Los Hoyos, fueron el difunto Agustin Vera, Apolonio Puente y Miguel Angel. Aqui toca un senor que esta ahora en San Agustin. En una oportunidad toc6 un hermano de Luis Carbonell que no me acuerdo como se llama, aunque nunca lleg6 a aprender bien. Lo de el era "Maria". Aqui vino a tocar un profesor de musica; casualmente, cuando "La Descubierta". y se llamaba Apolonio Puentes y nosotros qu riamos que el sacara tonadas y cosas nuevas. El decia: " Ustedes estan equivocados, con este instrumento no se puede sacar nada de lo que ustedes piden". Y yo le dije: "Mire, yo a usted lo respeto, pero Neno, que es carpintero, le toea a usted en la cometa china lo que usted le diga. Yo no se como toea, pero lo hace". Neno ha sido la mejor cometa de esta ciudad.

Costumbre funeraria

Ahora fue que surgi6 eso de estarle tocando a la gente que se muere. !Oigal Neno le toc6 una cometa a Gladys "Mafifa" Linares que fue un fen6meno y tocaron una conga que los mucha-chos del barrio corrieron: "!la conga!, !la conga!" y salian desprendidos. Pero cuando vieron conga sin nadie arrollando, se impresionaron. Una conga bien tocada, pero sin nadie arrollando: !eso sorprendio a Ia gente!

Yo no se de quien fue esa idea, pero se empezo con Gladys Linares. Le tocaron w Ia puerta de su casa, en Calle Nueva entre 8 y 10, y Ia compañaron hasta el cementerio. Ademas le han tocado Ia conga a Maquindo, a Lencho y a otros. Cuando Pilili murio, no se acostumbraba eso todavia.

Han muerto muchos veteranos. Vitilla, Pilili, Eugenio Castillo, Giiigui. Del otro lado hay una conga completa, pero de calidad. Del otro lado? !De calidad! En el cementerio, !chico!

Pilili era un fenomeno. El nacio para musico. Tenia un oido increible. Tocaba guitarrá y tocaba conga. En Ia conga, cualquiera que diera un golpe equivocado, el lo descubria. Fijate que, en el Conjunto de Enrique Bonne, Bonne lo puso de responsable.

En una oportunidad fui a un "Guzman" cuando le hicieron el . homenaje a Chepin. Rodulfo Vaillant fonno un piquete y me llev6. Yo aproveche que estaba de vacaciones y me fui en ese piquete. Miguelito, mi sobrino, tambien fue y eso fue en 1981 o 1982. Eso fue cuando le hicieron Ia entrevista a Romarico y dijo una pila de disparates. Le preguntaron a que paises habia viajado y entonces decia: "Yo he estado aqui, yo he estado alia, yo he estado a cuya". La gente me dice: "?Como tu, estando alii, dejaste que omarico hablara?" A mi se me hablo por Ia manana para la entrevista, pero ese dia era mi santo, un 22 de octubre, y entonces Vaillant me dijo

que era a su tio Romarico al que iban a entrevistar: "No, mi tio es el de la entrevista". Yo me fui por ahi a festejar mi santo y despues oi lo de Ia entrevista que fue un desastre. No todo el mundo tiene facilidad de palabras para una entrevista publica.

Cuando yo tocaba en Ia conga el dia de Santa Cristina (24 de julio) no salia Ia conga. El 25 era obligatoria Ia salida y el 26 tambien se salia. Venia una pausa y, a mediados de semana, se hacia la caravana. El ultimo dia, domingo, habia que ir a buscar los premios en el jurado, es decir, el efectivo en metalico, mejor dicho, el cheque.

En aquella epoca le daban premios a los mamarrachos, a las mascaras a pie y habia que ver las curiosidades que se presentaban. Habia una senora en el barrio que se propuso hacenne un traje con una ropita vieja y forrarme, desde los pies hasta Ia cabeza, de cajetillas de cigarros Eden que ella se habia fumado, pero yo era muy penoso. Ella tenia un cajon grande lleno de cajetillas de cigarros Eden. Me queria poner "El caballero del Eden" y seguro que, con eso, cogia premia. Pero, para ser un mamarracho a pie, hay que estar dispuesto y no tener pena.

En el mes de junio hay dos dias fundamentales para Ia salida de la conga: el 24 y el 29 de junio, San Juan y San Pedro. Ahara salen esos dias, pero con su sal y su pimienta, porque ahara programan que salga aunque sea un rato para recoger un poco de revoltosos. Pero antes era tradicion igual que Ia del carnaval. Desde ahara hasta que se canse Ia gente.

Un susto **tremendo**

En el afio 1958, el dia de Santa Cristina, nosotros no nos pusimos la ropa de Ia conga, pero nos pusimos la gorra. Angel Casamayor, Sergio, que es carrero de refresco, y yo nos pusimos a pasear en una maquina y nos cogio Salas Cafiizares por Santa Rosa y Ia entrada de Cuabitas. Esa calle estaba oscura y, de momento, se encendieron unos faroles asi y nos cogio. Pararon Ia maquina: "!Pie a tierra! ¿De donde son y a que hora vinieron?" "No, nosotros somos de aqui mismo, Comandante, somos tocadores de la conga de Los Hoyos". "!Ah, esta bien, no hay problemas, sigan". Y nos dejaron seguir. La maquina era de Angel Luis Hechavarria que es difunto. Pasamos un susto tremendo. Seguimos por Cuabitas, doblamos Yaray6 y la Risuefia y tambien nos volvieron a parar, pero no era Salas sino uno que era soldado que nos conocia: "!Ah, Ia gentel, no hay problemas, sigan". Llegamos a Marti y no volvimos a salir en el carro.

Carabali/Tumba Francesa

Yo no tuve vinculos con Ia carabali y Ia tumba francesa, pero yo iba alii a ver. Nunca toque, ni le puse Ia mano a ninguna tumba de esas. Yo iba a ver y a oir a los viejos cantar satiras en Ia tumba francesa. Se reunian un monton de viejos y de viejas y yo pasaba mi buen rato. Vendian bacalao frito. ¿Tu sabes donde estaba Ia tumba francesa? Donde esta el servicentro de Marti. Ese era el Cocoye. Eso era barbara. Como esos viejos se tiraban satiras y no se cansaban y se reian, gozaban. Cantaban en su lengua y en espaftol. Yo me acuerdo de un cantico que un viejo le canto a otro que decia:

Oye, Miguel,/yo estaba en tu casa y estaba bien

Ahora estoy en casa de Pedro

Y no me da por la muela eh eh

Hay otro que dice:

Negro va alante

Blanco va bien

¿nimces democracia?

Yo me metia en Ia Casa de Ia Tumba Francesa y salia a las dos y a las tres de Ia manana. Un canto decia":

Cuidado con Ia ola marina

tiene un motor que echa pa trá

cuidao que son peligroso

Esos franceses eran muy elegantes. Muchos pafiuelos y muchas cintas y vestidos largos. !Como tocaban el cata y los tambores. Yo vi una solvez bailar palo encintado a golpe de mas6n. Bailar la cinta es una tradicion de Ia tumba francesa. Ellos aman a Ia Virgen de Ia Caridad del Cobre y tenian un emblema, una figura de Ia Virgen en su casa. Yo no se si hay tumba francesa ahora; no se si tocan o tienen actividad como antes.

Los viejos y las viejas de Ia tumba francesa se movian bien y tenian mas anos que el "cara". Toda esa gente se ha muerto. Eso es igual que encontrar un veterano de Ia Guerra de Independencia ahora.

Yo no toco de manera oficial en Ia conga desde hace anos, aunque a veces toco sin compromiso, sin obligacion. Voy y sudo un poco.

Gratificacion monetaria

En 1959 riunfo Ia Revolucioy hubo una reu o.n en el Ayuntarruento a Ia cual yo fi.n. Buscaron dos mustcos del sindicato para que dijeran cminto era lo que se podia pagar a la gente de la conga por tocar en el camaval. El primer afio de la tocadera de conga de la Revolucion se pagaron $30.00 en el mes. Cuando pidieron que levantaran Ia mano si estabamos de acuerdo, hubo tumberos que levantaron las dos manos. AI ano siguiente los que tocaban conga empezaron a entrar en contradiccion con los que tocaban bocu y campana. AI que menos le pagaban era al campanero que siempre fue un individuo subestimado, y yo te digo que a cualquiera le piden un "sarao" tocando bocu, pero nadie le pide nada al campanero, !nadie!. Siempre ha sido subestimado ese instrumento, sin embargo, yo te digo que es el alma de Ia comparsa: si se equivoca, equivoca a los tambores y para Ia conga. Para seguir tocando sin Campana hay que saber tocar. Querian mas plata. Empezaron a pagar eontonces $45.00. AI otro afio todo el mundo se paro en $100.00 y la reunion duro hasta las 12 y pico de la noche. La discusion fue con Ia Comision del Camaval. Dijeron: "bueno, senores, si no se da plata entonces no hay camaval en Santiago de Cuba". Hubo una cantidad de proposiciones. Un jefe de comparsa propuso que si daban menos de cien pesos, debian coger un quiosco con cerveza y Ia ganancia repartirla entre los tumberos. Entonces dijeron: "?Y quien atiende Ia cantina?" El presidente del Comite (CDR) y el dueno de la conga de San Agustin, que era presidente de un Comite, dijo: "aguanta que yo tengo muchas tareas". El acuerdo fue el siguiente: "Ni para ustedes ni para nosotros: $90.00". Ese afio dieron $45.00 al empezar el camaval y $45.00 al terminar. Ahora dan $100.00, cincuenta y cincuenta. Los decanos de Ia conga son los que deberian tocarla ahora para que pudieran cobrar eso, que es el fruto de su sudor. Ahora el ensayo es un dia si y uno no. El 19 de junio todavia no se esta ensayando. El ensayo empieza el dia de San Juan y el anticipo lo dan el 19 o el 20 de junio.

Ahora tienen un sueldo y muchos dias no ensayan porque llueve. Antes, desde el primero de junio hasta que se terminaba el camaval, era tocando conga.

Los veteranos

En aquel tiempo en compama de Chan haciamos una buena sopa, cuando terminabamos de tocar, nos tomabamos la sopona aqueUa para recuperar energi.

UN COMUNISTA EN LOS HOYOS

Andres Hecheverria es mi nombre. Naci el4 de febrero de 1913.

Ha venido mucha gente a mi casa buscando explicaci6n sobre el folklore de Santiago de Cuba, pero nunca se publica nada. la comparsa mas reconocida que ha tenido Santiago, en todos los tiempos, es la conga de Los Hoyos. Yo vivi en el coraz6n de Los Hoyos, en Callejuela, entre San Antoni y San Mateo. Despues me mude para Moncada y Maceo. Conoce desde nifio las tradiciones de mi barrio. El carnaval siempre fue lo principal y me gusto desde pequeno. La conga no se puede separar del carnaval de Santiago de Cuba.

Cuando me mude para Ia casa de Moncada y Maceo, alii mismo estaba Ia oficina del Partido Socialista Popular. Yo era presidente del P.S.P. en el barrio de Los Hoyos. Soy un viejo comunista. En aquel tiempo ser comunista no era una cosa facil. En el Paseo Marti y Moncada instalamos el Banco de Moscu. Alii ubicabamos un compai\ero del P.S.P. para que leyera, a los trabajadores y a los vecinos, la literatura y los documentos del Partido. Aunque era un comunista activo, nunca le di la espalda a los problemas del barrio, ni a la conga de Los Hoyos.

Quitarle la hgemonía a Chencherecu

En el 1946, aproximadamente, habia un dueno de comparsa, porque en ese tiempo eran duenos y no directores como ahara, que se llamaba Chencherecu. Era amo y senor de todo y abusaba de Ia gente. Los tocadores de Los Hoyos no estaban conforme con el, estaban disgustados con ese senor. Yo estaba al tanto de todo y me tenian gran confianza. Entonces me dijeron: "Queremos sacar una comparsa para quitarle Ia hegemonia a Chencherecu". ?Como podiamos quitarle Ia jerarquia? No habia dinero para comprar los instrumentos, pero yo era amigo personal del alcalde de Santiago de Cuba, que era Luis Casero Guillen. Los compafieros Carlos Loynaz Hechavarria y Manolo Trutie estaban consigo y me preguntaron que hacer. Les dije: "vamos a conversar con Luis Casero". Llegue como a las ocho de Ia manana a su casa y me recibi6 Ia senora Carmen, su esposa, y le digo: "quiero ver a Luis". Ella me mand6 a sentar. El alcalde le abria la puerta de su casa a todo el mundo. Bueno, el asunto es que converso con el: "Mir, Luis, quiero sacar una comparsa en Los Hoyos, pero no tengo los medios para hacer los instrumentos". Entonces me pregunt6: "?Cuanto tu necesitas, en dinero, para eso?" Le respondi: "con cien pesos yo t ngo". Entonces me entreg6 un papel firmado para que viera a un fulano en 1a Alcaldia. En efecto, me entregaron los cien pesos.

Un carpintero, nombrado Piro, y vivo todavia, que en ese tiempo vivia en el barrio de San Pedrito, se comprometi6 a construir el juego de tumbas por cien pesos. Cien pesos en ese tiempo era una fortuna.

El juego de tambor llevaba doce bocues, tres congas y tres campanas, aunque estas ultimas no costaban nada, eran tamoras de autos.

Tumberos famosos

Los mejores tambores que nos hizo eran las congas. Son tres tipos de congas o tamboras. Habia una estrecha, Hamada galleta, que era tocada por el difunto Pilili y las otras eran tocadas por Pablito "Revolico" y Evelio. Ellos cogian esas tres tamboras, dos redoblantes y un pilon, y les sacaban un sonido especial. con ese juego de tumbas salimos y sacamos "Los Ases del Ritmo". Desde que salimos ya llevabamos asegurados el primer premio. En esos afios llevamos en la conga basta platillos. Tu nunca viste ese instrumento en la conga. Eso se saco bajo mi direccion.

El mas grande que bubo en Los Hoyos se llamo Pilili. Hay quien quiere poner a otro, pero el era el mejor !lo digo yo !Cuando Pilili tocaba la conga, era mucho lo que secaba. Era una estrella con la tambora aquella.

Carnaval y Poder Politico

Alberto Garcia Torres era el director general de los festejos en Santiago de Cuba. Yo quisiera verlo para conversar contigo delante de el. Cuando el veia la conga de Los Hoyos, decia que yo estaba apretando mucho. El problema era que muchos jefes de comparsas, cogian el dinero asignado por el gobiemo local para la preparaci6n de los grupos y se lo robaban y no sacaban comparsas buenas. Yo era un director, modestia y aparte, que nunca meti la mano, no necesitaba nada de eso. Lo que me asignaban, lo invertia en la comparsa.

Cuando Garcia Torres y Casero Guillen veian a Los Hoyos expresaban: "ahi viene la plata". Realmente eramos los mejores. Ahora es distinto, porque algunos directores solo se preocupan por sus intereses person.ales El honor mas grande para mi era ganar el primer premio.

Luis Casero Guillen siempre conversaba y jaraneaba conmigo y me decia: "!Oye, afloja! estas apretando mucho con tu comparsa" y le contestaba: "!No, ahora voy a apretar mas, no pierdo, no puedo perder".

Saque esta comparsa de Los Hoyos y todas ganaron el primer premio. Una se llam6 "Oriunda de Cuba". Yo nunca perdi. Saque" comparsas entre 1947 y 1952 o 1953.

Yo tenia moral como director. Fui director conjuntamente con los compafieros Carlos Loynaz y Manolo Trutie. Colaboradores de la direccion eran Eutimides Sando , Sebastian Herrera "Chan" y Armando Bravo. Ellos eran colaboradores, no eran directores en ese tiempo. Ahora todo el mundo se autonombra director historico de la conga de Los Hoyos.

La comla y el comercio

Uifia era el gerente de los cigarros Eden. El patrocinaba todos los carnavales. Todas las comparsas le hacian propaganda a los cigarros Eden. Vinas lo financiaba todo. Sin el no habia camaval en Santiago de Cuba en la epoca del capitalismo.

En 1947 hice una propaganda economica en favor del "Ron Palau". En ese tiempo Bacardi recibia muchos beneficios del camaval. Realmente el no cooperaba lo suficiente, sin embargo ganaba mucho dinero. Con el Ron Palau le hice un boicot al Ron Palmita.

Entonces Bacardi se metio de lleno en el camaval. Esto lo podemos verificar con el Senor Alberto Garcia Torres. Vamos a conversar con el. Hasta esa fecha Bacardi daba muy poco di ero para financiar el camaval en comparacion con Vifia. a gente hebe mas y fuma menos en el camaval. Bacardi comprendto esa reahdad.

Una compafiia capitalista nos llevo al camaval de Guantanamo. Era la agencia de automoviles Ford que vendia tambien Lincoln y Mercury. Todos eran de la misma empresa norteamericana.   El gerente se intereso en llevamos a Guant{mamo parhacer un po o de propaganda en esa ciudad. No fuimos a compet1r por el prem10, sino a representar a Santiago de Cuba. Todos nuestros gastos lo asumio la Ford. Eso ocurrio en 1948. La actuacion de Ia conga fue muy grande, se acabo el mundo con aquello. El pueblo decia: "Liegaron Los Hoyos", porque asi no dicen en esa ciudad oriental. En La Habana es donde nos conocen como "El Cocoye".

Corneta Y sartenes

Nel Carbonell toco dos afios en Los Hoyos la cometa china. El no era "desarrollado" con el instrumento. Fuimos a Guantanamo con el. E n mi tiempo el cometa se montaba en un caballo blanco y grande. Ese caballo iba vestido, lo engalanabamos con telas bonitas. Con Carbonell ganamos el primer premio, sin embargo el no era un gran cometa.

Antes de conocerse las campanas en Los Hoyos, se usaban los sartenes. El difunto Juan Gualoerto Alas era el mejor tocador de sartenes. El instrumento consistia en un cajon chiquito al que se insertaban dos sartenes, uno en cada lado. Un sarten era mas grande y gordo que el otro. Cada sarten producia un tipo de sonido deterrrdnath .   Con do!: claves o tornillos se golpeaban. Los tocadores se "enganchaban" el cajon en el cuello con una soga o cuero. Eso se usaba en aquel tiempo. Ahora es la campana redonda.

ElCocoYe

Una comparsa salida de Los Hoyos, que alcanzo fama y renombre, fue "El Cocoye" en la decada de 1950. Como se origino Ia idea de sacar esa comparsa?

Vamos por paso. Cerca de Marti y Moncada, donde esHt ahora ubicada un servicentro de autos, habia una sociedad de tumba francesa. En ella los viejos "franceses" bailaban sus danzas tradicionales. La sociedad se llamaba "El Cocoye" y a ella ibamos los comparseros del barrio a heber ron y a ver los bailes franceses. Alii tocaban el yuba y el mason. En Santiago recuerdo Ia existencia de varias tumbas francesas de renombre. Me parece que en El Guayabito estaba Ia sociedad El Tibere.

En Los Hoyos habian dos tubas francesas; una era "El Cocoye" y la otra "La Caridad de Oriente", que esta viva todavia. En El Tivoli habia tambien una sociedad francesa, pero no me acuerdo de su nombre. La conga es una cosa muy distinta de Ia tumba francesa,

pero el golpe mason de Ia conga se origina en Ia tumba francesa. El
Cocoye es el nombre de la representaci6n de aquel afio.

Las ideas nacen del alma. Observando a los viejitos en sus bailes,
se me ocurri6 sacar como sorpresa, una representa i6n de Ia umba
francesa "El Cocoye". Nos conseguimos ocho pareJas que batlaban
aquellas danzas. Conseguimos prestados dos tambores grandes de a
Sociedad aquella y el cata lo construimocon un tronco d bambu,
que suena igual al tronco ahuecado que .tlenen ellos. El c ta se toea
con dos palos Y de el se encarg6 Negnto Herrera, papa de Chan.
Todo qued6 bien ensayado y prepanido. Cuando os presenta os
en el jurado estaban los periodistas de las revtstas Bohemta y
Carteles de La Habana. !Aquello fue un fen6meno! Esa compara la
organiz6 y la sac6 Andres Hechevar a. Nosotros rendtmos
homenaje a los viejos, porque somos sus hijos.

En ese tiempo la tumba francesa solamente .se conocia en Ia
antigua provincia de Oriente. Pienso que a parttr del m ento en
que sacamos "El Cocoye", ese tipo de sociedad se conocto en todo
el pais y, en la capital, a traves de la prensa. Desde que entrams ,al
area del Jurado, llevamos el triunfo. E! alcalde C sero Gutll n
estaba pendiente de todo, alii en a grada, me hizo una sena
anunciandome el uno, es decir, el pnmer premto .Era una .comparsa
inmensa. Esa comparsa esta inscrita por mien el Ayuntamiento.

Despues hicieron un disco o una grabaci6n donde se canta esta
letra con ritmo de conga:

> Ahora que estamos en Cuba libre
> celebrando este carnaval.
> que bueno, que bueno, que bueno

---

y ahora somos Cocoye

Cualquier conga que sale de Oriente y toque el ritmo santiaguero
en La Habana, ensequida le dicen Cocoye. No solamente eso, en La
Habana y Matanzas hacen una conga a su manera, pero con los
ritmos nuestros y la llaman Cocoye. Ellos dicen: "vamos a hacer un
Cucuye". Tratan de copiar los *ritmos* orientales de nuestras congas.
Esto es un toque tan contagioso, que yo no se lo que tiene. Todos
los grupos de percusi6n de Occidente estan trat mdo de tener su
"Cucuye", como dicen ellos. Este ritmo ya esta en toda Cuba.

Los HoYos en *I.a* Habana

Hubo en Santiago un organizador de comparsa conocido por
"Cuerito" Cause. El hizo un contrat0 Gon Pepin .Boch para
llevar Ia conga de Los Hoyos a La Habana. Ese trato *lo* hizo a
espalda mia. Yo me entere a ultima hora. No sabia que iba a
presentar en La Habana "EI Cocoye". Cuerito Ia present6 como
cosa de el. Pense acusarlo por esa usurpaci6n y por falso
testimonio. De eso esta de testigo el viejo Chan. Cuerito no podia
usar Ia comparsa y ese nombre *sin* contar conmigo. AI final fuimos a
LaHabana.

El senor Pepin Boch, ministro de Hacienda de ese tiempo, nos
llev6 a La Habana en 1950. En la capital ensayabames la comparsa
en Dragones y Amistad, donde esta la Compafiia de Telefonos. Alii
habia un solar yermo. Cuando sonaban los tambores de la conga,
todos los vecinos asistian a contemplar los ensayos de "El Cocoye",
nombre con el que nos bautizaron en Ia ciudad de La Habana.

En ese tiempo las comparsas habaneras cobraban a Ia gente diez centavos por entrar al local de los ensayos y nosotros no cobrabamos ni un centavo.

Todos los dias de ensayo, Pepin Boch no obsequiaba un huacal que era un cajon grande y contenia cinco cajas de cerveza. Tambien nos entregaba una caja de ron extraseco Bacardi. Todo eso era para el aseguramiento de los ensayos de Ia comparsa. Practicamente cada ensayo era una fiesta de carnaval. Fijate que le brindabamos bebida a todo el mundo alii. !Bueno! eso lo hacia Pepin Boch porque tenia mucha plata y eramos sus ahijados.

En La Habana haciamos lo que nos daba Ia gana. Tocabamos por las calles habaneras y Ia gente arrollaba con nosotros hasta El Cerro. En ese tiempo ninguna comparsa estaba autorizada para arrollar en Ia calle. Visitabamos Ia comparsa "Los Alacranes" en El Cerro, que era Ia mas famosa de Ia capital en ese entonces.

Cuando tocabamos en las calles, Ia gente quedaba sorprendida con nuestro estilo y toques tan especiales y decian: "Ahi viene El Cocoye". Bueno, los habaneros decian "El Cucuye", porque esos habaneros...usted me perdona... ?Usted ha visitado La Habana? Esa gente son bruta con "cojone". Era "El Cocoye" y decian "El Cucuye".

CaPuchones en los jardines

Las fiestas de los capuchones fue lo mas g andebonito q e se hizo en Santiago de Cuba, pero al trusmo ttempo podta ser lo mas asqueroso. En los hermosos jardines de Ia fabrica Bacardi, se organizaban continuamente bailes de mascaras, de

carnaval. Ese Iugar era lo mas Iindo que habia en toda Ia antigua provincia de Oriente. Los bailes se realizaban los fines de semana. Todo el que tenia dinero y alquilaba ellocal, podia participar. Lo de Bacardi era vender cerveza Hatuey y Ron Bacardi. Esos bailes se mantenian todo el afio. La cerveza se vendia lo mismo en botellas que a! por mayor, en cufietes ?tu sabes que eran los cunetes? Eran unos barrilitos plasticos que tenian una capacidad de 24 botellas. Cada cufiete costaba $1.50. La cerveza estaba bien fria. Esos eran los cunetes. Tambien se vendia ron en copitas. Todo tenia Ia marca de Bacardi.

Todo el mundo iba a esos bailes con mascaras y capuchones, desde Ia cabeza hasta los pies. Nadie sabia quien era quien. Los capuchones usaban colores vivos, eran floripones y de colores escandalosos, al estilo de camaval. Como todas las personas estaban disfrazadas, habia mujeres que bailaban con una mujer y. no lo sabian. A los hombres tambien les podia pasar igual. Aquello era peligroso en ese sentido.

Cuando terminaba el camaval, Ia fabrica BacanJi ofrecia una gran fiesta a todos los empleados y trabajadores de Ia indust ia. Era como un premio por el esfuerzo hecho para mantener el abastecimiento de cerveza y ron en el camaval. En esa fiesta, que se hacia en el jardin, habia de todo tipo de comidas: macho (cerdo), ayaca (tarnal en hojas), ron y cerveza. Los familiares de los obreros tambien participaban en Ia fiesta. Casualmente, manana temprano tengo trabajo Productivo en Ia cerveceria.

Comparsas de antano

Migue Matamoros dijo en unos de sus cantos que en Santiago de Cuba bubo tres comparsas tradicionales: El Guayabtto, Los Hoyos y El Tivoli. En El Guayabito estaba Nando Cruz. En Los Hoyos estaba Alcarraz y Feliciano Mesa estaba en El Tivoli.

La conga de El Guayabito ensayaba, bace mucbos afios, en Ia calle Ge?eral Escario y San Miguel. Esa comparsa entra en decadencta porque sale de su barrio con Victoriano Palacios mas conocido como Vitue. Despues esa misma conga fue trasl dada nuev me?te para Ia caiJe de San Agustin, cerca de La Trocba, y se q edo alh con el no bre de comparsa de San Agustin. Hace algunas ?ecadas en el barno de EI Guayabito resurgi6 una nueva conga mtegrad or Ia nueva generaci6n de comparseros, pero esa no es Ia conga ongmal, aunque tiene el ap<;>yo de su barrio. El Paso Franco es el antiguo Tivoli que fue trasladado por Tofi.ono para La Trocba.

. as comp rsas de Alto Pino y San Pedrito son congas menos tradtctonales. Ttenen menos antiguedad en Santiago de Cuba. En los Cangrejitos de La Trocba, pegado a Ia bahia de Ia ciudad bubo tambien una conga, pero desapareci6 bace mucbos afios. '

Carnaval:caja de resonancia de Ia Politica

En el afio 1953 bubo gente que quer a qunosotros entrara- mos en el cbancbullo, en Ia pohttquena y me disgust6. Hable con Loynaz y le dije: "vamos a retiramos de esto". Ya Batista babia dado el madrug6n en 1952 y, por todo eso, decidi retirarme de Ia comparsa. Cuando yo me retire, Sebastian Herrera, Eutimides Sando y Manolo Trutie sacaron "La descubierta".

En 1953 sucedieron un conjunto de cosas. Yo era el presidente del P.S.P. en el barrio de Moncada. Nosotros queriamos celebrar el 24 de julio que era el cumpleai'ios del compai'iero Bias Roca. Todo estaba preparado para Ia fiesta, era una fiesta politica. Ademas de militar en P.S.P., tambien era el secretario organizador del sindicato de panaderos. El acto por el cumpleai'ios de Bias Roca fue suspendido por el gobierno de Batista. Entonces Bias Roca, Juan Marinello y otros comunistas de La Habana, decidieron irse para Ia capital.

El 25 de julio yo estaba disfrutando del carnaval en Marti y Moncada. Exactamente estaba tomando cerveza en el quiosco de "Rompe-coco". AI amanecer del26 de julio se form6 todo.

Los revolucionarios estaban hospedados en el Hotel Rex, cerca de Ia Plaza de Marte. Eso no lo conocia nadie, todo era secreto. El asalto al Moncada sorprendi6 a todo el mundo. El que diga otra cosa te esta engaiiando. Todo era secreto.

De nuevo en la cosa

Uolvi a Ia direcci6n de Ia comparsa en el ai'io 1973. ?C6mo vuelvo como director a la comparsa y presidente del Consejo de Direcci6n de Los Hoyos? En 1972 estaba haciendo un trabajo en Manzanillo y me encuentro con el compafiero Rodulfo Vaillant, el compositor musical, y me dice: "!Coi'io, Andres! Los Hoyos hace afios que no gana. Hace falta que til cojas Ia direcci6n de la comparsa".

La conga Ia tenia Pablito Mojena, mas conocido por Pablito Revolico..En esos afios estaba en decadencia Ia comparsa. No ganaba un premia. Vaillant me convencio y agarre esa !esponsabilidad. Nos reunimos un 20 de mayo de 1973. antes de Ia reunion habiamos recogido las firmas de aprobacion de los vecinos del barrio. Enrique Bonne y Williams Fuentes me citaron al Pod r Popular para confirmarme como maximo responsable de Ia comparsa. Ellos son los padrinos del camaval.

El consejo estaba compuesto por siete compafieros en ese momenta: por Carlos Loynaz, Manalo Trutie, Sebastian Herrera, Armando Bravo y otros comparseros cuyos nombres no recuerdo.

Entre 1975 y 1976 me mantuve al frente de Ia conga y en esos afios siempre obtuve el primer premia en las cotnpetencias carnavalescas. Esa fue mi segunda etapa como responsable maximo de Ia comparsa de Los Hoyos. Toda mi familia colabor6 con Ia conga. Mis hijos salieron en los cuadros. Aquello era un fenomeno.

Imallinacionfantasia de un director

Organizamos cuatro cuadros de baile que formaban una especie de cufia. Hicimos una cosa distintiva a lo que se estaba haciendo en cuanto a coreografia. Cada grupo tenia su vestuario con colores distintivos. En ese momenta es cuando entra Bandera de responsable de un cuadro de baile en 1973. Eran cuatro bloques: uno amarillo, uno az6l, uno verde y otro rojo.

Estaban Felix Bandera, Ibrahin Hechavania, Buen Chiquita y otro. Sacamos una belleza. Desde que salio Ia comparsa del barrio

todo el mundo afirm6 que teniamos asegurado el primer premia. Esa comparsa Ia titulamos "Fantasia cubana" para no comprometernos en presentar lo real. Todo era fantasia. En esto hay que tener fantasia. La fantasia es una cosa que se asemeja a otra cosa, no es lo real. Es alga donde hay mucha imaginacion.

Mira, compafiero, en este negocio dl\ las comparsas hay que tener imaginaci6n. Chan ahara saco una comparsa que titulo "Africa en Los Hoyos", pero Africa es un continente y tu no puedes representar a todo el continente. Tu tienes que hacer una seleccion, una fantasia de lo que es Africa. Ese nombre para mi no vale. No se ajusta a lo que se puede hacer.

Relevancia de la musica

Antiguamcnte los cantos siempre venian de acuerdo con el titulo de Ia comparsa, pero el canto no ha sido munca una cosa primordial. Lo mas importante dentro de Ia conga es el toque, la percusion y Ia coordinacion con Ia corneta china.

El ritmo es lo que alborota a Ia gente. Hubo en Los Hoyos un canto que no dice practicamente nada y Ia gente lo coreaba:

aguacero, <u>componte</u>

aguacero, componte

Ese estribillo lo repetian basta el cansancio en coordinaci6n con el ritmo. El estribillo no era lo fundamental, pero el toque si. Tres o cuatro estrofas o palabras decian mucho, porque pegaba con to que estaba en el ambiente.

Cuando Noel Carbonell, hermano de Luis, hubo una letra de un cantico que decia:

Anaana Maria, Maria

Anaana Maria, Maria

La comparsa gan6 dos afios seguidos cantando "Ana Maria" que no significa nada especial.

Usted es investigador de Ia conga de Los Hoyos y puede contar conmigo siempre, y visitar mi casa cuando quiera. Soy un hombre, usted puede contar con mi ayuda, con Ia ayuda de un militante comunista. Soy enemigo de las casas mal hechas. Para lo buena activo del Partido Comunista de Cuba. Y aqui estoy en Avenida de los Pinos #209, entre 9 y 11, del Reparto Los Pinos.

Santiago de Cuba, 18 de junio de 1986.

Yo soy el uno en la conga

Me llamo Ibrahin Hechevarría. Nací el 27 de abril
del 1931 y tengo 55 afios. Mi profesión es la de herrero
mecanico. Algunos familiares, un poco alejados, tenian
vinculos con la conga. Cuando niiio salia en la parranda,
pero nunca me dedique a ir a los ensayos, como iban
otros muchachos, a coger un bocu para tocar. Era
salidor. Algunas veces salia con capa y otras sin capa. Era
muchacho en ese tiempo, y mi mama me sacaba. Despues,
cuando fui grande, ya no sali y me aparte de la comparsa. .

Un dia fui a Los Hoyos y conoci a Eutimides
Sando, que practicamente es primo mio, y al viejo Chan.
Hubo en aquel tiempo · una division, en la cual Celso
Hernandez, y Armandito Bravo
estaban del lado de Chencherecu. Andres Hechavarria me dijo:

"vamos a sacar 'La Descubierta y hacen falta
tocadores". Dije: "nunca he cogido un tambor, pero lo
voy a coger". Toque y toque bien, porque eso no va en
que usted sepa tocar, ni quiera coger un tambor para
tocar. Eso esta en la sangre que lleva la persona en el
cuerpo. Ya me entiende? Mi inclinación era esa porque
desde el

primer momento cogi el bocu y al otro afio volvi a coger el bocu, pero al afio siguiente cogi Ia conga que era bacia Ia que me inclinaba de verdad y desde entonces no Ia solte *mas.* La conga es el tambor grande y redondo. Siempre se ha llamado asi y en los paseos se llama el drum y se toea con bolillo. El pil6n es lo mismo que Ia conga. Son tres "aparatos"iguales, pero hay uno que es mas estrecho y se llama galleta, y es el redoblante en Ia comparsa. Hay otro instrumento mas chiquito que se llama requinto, va alante y da el sabor. El requinto se parece a los instrumentos de las bandas ritmicas de las escuelas. Cuando salen tocando los bocues y arranca el requinto, tiene que precisar, porque te lleva a mil. El requinto da animo a Ia conga con el repique.

Eso que te cuento fue a finales de Ia decada de 1940, o quizas en el afio 1945. Yo vivia en ese tiempo en San Bartolome y Marti. Despues en esa direcci6n hicieron el Garaje Modemo, cerca de donde esta Ia estatua de Quintin Bandera.

Toque tambien campana, bocu y quinto, aunque con este ultimo no soy muy bueno. Sin jactancia, conozco todos los instrumentos de percusi6n de Ia conga. Lo unico que me falta por aprender es la corneta china. Yo me defiendo con todos, aunque no IQs domino excelentemente.

Sabiduria de la ejecucion ambulatoria

Nada mas que me dedico a tocar. Ahora mismo no quiero ni tocar en Ia conga. Ahora toco nada mas que en el Conjunto de Enrique Bonne, aunque tengo que ir a la conga, porque es una tradici6n. Asi este enfermo el dia 25 de julio, voy, cojo Ia conga y

toco. Como Ia cogi ahora. Dijeron: "no, el no toea". La mujer mia se "berri6" conmigo y ;ne habl6; "Ibrahin, tu no puedes tocar". Cogi Ia conga y les demostre a los muchachos que eso no es como ellos dicen. La cogi en Callejuela y Ia solte en al jurado, sin matarme y dicen que Ia conga iba buena. De ahi vine para aca, para Ia casa.

Los muchachos y Ia gente vieja se agotan. Pero esto es de mafia. Si Ia gente no tiene mafia con ese instrumento, esHm fracasados. Si estas cansado, tienes que buscar descansar con el instrumento arriba. La lorna de Marti no se sube facil; hay que saberla subir. Si te pones a repicar como un loco, cuando llegas a Ia mitad de Ia lorna, estas muerto. Eso tiene su paso. Eso lo dice Ia misma conga.

<u>Aee, un solo golpe "na maa"</u>

<u>Aee un solo golpe "na maa"</u>

Si te pones a repiquetear, te matas, te revientas.

Instrumentos

Ua una sola conga tocando pil6n y van dos congas redoblantes. Tienen que ponerse de acuerdo las dos: uno mira al otro para que, cuando uno repique, el otro no haga igual. Cuando son dos personas que saben tocar, no tienen que mirarse, el oido le dice cuando tiene que dar el golpe.

La conga va dando un solo golpe y el repique es el que marca. Ahara, el que repica con el bolillo tiene que estar consciente de lo que va hacer. Con el bolillo se hacen maravillas, pero hy que saber manipularlo. No se puede coger un bolillo pesado para eso. Tiene que ser un bolillo liviano. Hay quien se cree, que con una maceta de gran tamafio s es mejor tocador. Mi bolillo es liviano y no pesa ni tres onzas. Es de una madera recia. Toco con Ia punta de los dedos. La gente aprieta el bolillo. Yo no.

Para tocar y marcar puedo dar un golpe y at mismo tiempo doy 3, 4, 5 y 6 golpes para repiquetear. Hasta 10 golpes en et repiqueteo. La mente va trabaJando. Eso es una msptracton. Funciona Ia sangre y el corazon. Pero, fijate, eso no va en Ia sangre del negro. Todo el mundo puede tocar bien, pero hay que ser percusionista y tener buen oido. Con Enrique Bonne tenemos un percusionista blanco. El no dice que sabe, pero el esta consciente de que sabe. Ese muchacho es un gran tamborero y no es fanfarron.

Ese muchacho toea de todo. Toea mejor que yo el quinto. Yo lo "machuco". En la conga ellio esta aqui en Ia mufieca, en Ia manilla. Algunas veces estamos dando un golpe. Doy con ambas manos y, cuando lo miro, el da un golpe y hace etlleno. Ya no tengo que mirarlo.

En el conjunto de Bonne hay diez o doce hombres que siempre est{m trocados", pero ely yo nunca estamos "trocados". El esta en una punta y yo en Ia otra y cuando doy con el bolillo en un canto a manera de un bajo y se crea el vacio, entonces, el da un golpe y lo llena. A el no hay que explicarle eso, eso lo trae en Ia sangre.

los misterios del tambor

pongo los tornillos, lo afino un poquito, le quito todo el pelo, lo afino bien y lo pongo al gusto mio. Es importante Ia manera en que se monta el parche.

Es muy conveniente, cuando tu terminas de tocar el tambor, y no vas a usarlo hasta mafiana, aflojar las llaves un poquito y no dejar tenso el parche.

AI otro dia, cuando vas a tocar, entonces vuelves a darle a las Haves hasta lograr Ia calidad necesaria en el sonido. Cuando to afinas bien, et corazon te dice que esta sabroso, esta bueno. Yo lo pongo como una lata y nadie sabe tocarlo asi. Si no lo afino asi, Ia gente dice: "se siente algo que no esta normal". Me han dicho que

como quiera que lo toque, lo toco bien. La gente busca una botella de ron, me brinda y dice que cuando tengo dos tragos adentro toco meJor.

Otras
comPars
as

L a comparsa de San Agustin es muy buena en Ia musica. Ellos en su patio acaban con cualquiera en Ia musica. Todos ellos son del Conjuntode Oriente y hacen bastante cosas, Folklórico inventan cosas y todo el que llega allf muere. Pero Los Hoyos tiene una sola cosa, es "oportunista", primero oyen tocar al contrario y saben la cosquilla de la cometa. Los Hoyos

cuando salen es un solo ritmo, pero un ritmo que acaba con Maria
Santisima! y cuando viran para el mason jes el mason! y cuando viran para

Hay otra cosa que tienes que saber. El tambor hay que
saberlo montar tambien. No me dedico a ese trabajo, pero
hacer. Cojo el cuero, lo mojo, lo monto, le pongo los aros,
lo se

la columbia jes la

columbia! jse acab6 el mundo! Los Hoyos viven eso. Cuando
vamos a otro patio, nos crecemos.

La gente de San Agustin tocan bien, pero tocan para ellos y no se puede hacer musica para uno. Hay que tocar para el pueblo. lYa me entiendes? Miguel Vitue trabaja bien con Ia conga, es un gran tocador, pero toea para el, para darse gusto el. Tu tienes que darle a los tambores para que suenen, para que digan: "por ahi viene el piano".

San Pedrito toea bien. Son unos muchachos nuevos que viven aqui abajo. Pero paran mucho cuando estim tocando y eso no es bueno, aunque ultimamente no estan parando mucho. Pero si Los Hoyos les pasa por al pie o por un costado, se queda vacio San Pedrito. Si acaso se queda con alguna gente de su barrio.

Paso Franco es bueno en el toque. El problema es que toman ron en cantidad y no es lo mismo estar ebrio que sereno. El ron hay que tomarlo con control, uno o dos tragos para calentar el cuerpo. Cuando Ia gente esta ebria, esta "matada". Cuando Ia gente toma poco a poco, por tramo, no llegan "encafiados" a los lugares, sino frescos, con el cuerpo compensado. Si tomas a Ia loca todo lo que te brindan y sin comer, te matas. Aqui en Los Hoyos hacen lo mismo, pero con un limite, porque se les llama Ia atenci6n a Ia gente: "No tomes tanto, estas hecho un baboso". Se va planificando a Ia gente. El dia de pasar por el jurado, el que este borracho como una uva, aunque sea el mejor, ese no pasa. A muchos se lo han hecho.

La invasion

Tengo entendido que Ia invasion es una sola en el carnaval y Ia hace Ia conga de Los Hoyos. Las demas congas hacen visitas. Lagente de La Habana y Matanzas me mandan a preguntar

Ia fecha de Ia invasion. Quieren que les ponga un telegrama con Ia fecha para venir a Santiago de Cuba a arrollar.

Eso de Ia invasion recuerda al General Moncada. Tiene un sentido historico. Hay personas que mandan un papelito: "Oye, manda el telegrama si es el 15 o el 18 de julio que no me quiero perder Ia invasion este afio". La gente viene con su paragua y sus·cosas a arrollar ese dia, aunque no arrolle en todo el carnaval. Hay gente que vienen de donde sea solamente ese dia. Maritza es mi mujer, trabaja en el Foco, si le da Ia gana arrolla en Ia conga un dia, pero ella arrolla fijo el dia de Ia invasion. Se pone su bermuda, su zapatos tenis, su pafiuelo en Ia cabeza, su jabuco con su litro de ron.

Ese dia para ella es sagrado, para ella y para mucha gente. Toman ron y de ahi viene para aca. Despues de ese dia, Ia conga no le llama Ia atenci6n cpmo ese dia.

La conga regresa a las 3 6 4 de Ia madrugada. Este afio salio y el capitan orienta que Ia conga no entrara a los Focos. Pasamos por un costado. En Paso Franco si entramos, que es el final. Hace dos afios que se esta haciendo eso. Se forman menos conflictos y Ia policia esta evitando los problemas. De Paso Franco, subimos Corona y de ahi directo para Los Hoyos.

En Ia invasion no se para, pero si hay disturbios se para y no se toea .mas. Eso pasa cuando la gente esta ebria, malcriada y sacan cuchrllos y machetes. La invasion es peligrosa, pero hay que hacerla. Hay ocasiones en que no se forma ningiln problema. En 1948 Ia invasion no existia, aunque existian las visitas. La invasion es mas reciente, **as** cercana. Hace varios afios que Los Hoyos no visita a San Pednto y antes se visitaban mutuamente. En aquel tiempo

habian otras congas; existia una en Los Cangrejitos y Chenche ecu
lleg6 a tocar en ella un tiempo. Eso esta pegado al mar en la bah1a.

En <u>Guantanamo</u>

En Guantanamo tambien he tocado. Alii arrolla un mill6n de
gente y la conga suena sabrosa. El Negro .Fino es lo mejor
que hay en Guantanamo. Nadie tapa on nad1e. ,La gene v
arrollando normal, sin empujar y sin dar bnncos. No se par que aqm
Ia gente se tira esa guaperia.

Uiolencia en La Habana

En La Habana es igual o peor que aqui. En La Habana viene Ia
carroza y he vista a una mujer cantando:

C6geme Ia teta

C6geme Ia teta

Y un tipo la lleva "afinca" y cogiendole las tetas. De momenta
ha llegado un hombre, ha sacado un machete y se lo ha clav do en
Ia barriga a Ia mujer. He vista a un hombre sa aun revolveY
sonar un tiro !pa! y caer un tipo muerto. A un pohc1a le han met1do
una pufialada y lo han montado muerto en un carro. A un hombre le
han dicho: "Apartate de Ia carroza". Y cuando se ha ida a apartar, le
han hecho !po! le han dado un tiro. Nosotros estamos cansados de
ver eso en La Habana. Pero en La Habana hay que hacerlo, porque
alia hasta un muchachito asi tiene un revolver, no ah.que son
pioneros de Ia Revoluci6n, toda Ia vida. Dicen que son nam.gos, que
son que se yo, o abakua de esos. Esos muchachitos te t1ran y te

matan y te dan una puiialada. Quien fue? No se. Todo el mundo
dice que no sabe y todo el mundo vio.

Sel!uridad Policial

El capitalismo se puede decir era Ia epoca de Ia barbarit!, habia
una puiialada, o un fulano que tuvo un problema contigo
hace tres aiios y lo estabas velando y lo cogias el dia de Santiago o
el dia de una visita. Eso era lo que pasaba en esos afios.

Cuando dos congas se encontraban en el camino, chocaban
frontalmente y a veces se fonnaban lios. A veces cambiaban de
calles y no chocaban.

Antiguamente las congas eran protegidas por dos guardias a
caballo. Uno alante y otro atn1s. Con los dos guardias, las diez mil
gente que iban en Ia conga se controlaban. Se arrollaba en Ia conga
y Ia gente guarachaba y se divertia, pero de forma normal. El
guardia corria cuando se formaba una fajaz6n y sacaba el plan de
machete, (paraguayo) y hacia jpla!, acababa Ia bronca, y. la conga
segula su paso.

La conga, en Ia vispera de Santiago Apostol, salia por Ia noche
y estaba sonando hasta las 4 y las 5 de Ia man.ana. A esa hora
roncaba y venia sabrosa. La gente "encana" y no se formaba nada.
Cuando la gente se cansaba, se iba a dormir.

Padrinos

A las dos de Ia tarde, del otro dia, estaba toda hi comparsa
vestida, unida, formada, bien bonita, con sombrero de

panama. La parranda salia bien formada y daba vueltas en todo el barrio. Visitaban a las madrinas que regalaban billetes de veinte pesos, de cinco. Cuando daban todas esas vueltas, se trasladaban a Santo Tomas arriba. La comparsa visitaba a Viiia en Ia fabrica de cigarros Eden, porque ese seiior era padrino de Ia conga. Al pendon que bacia propaganda al cigarro le ponia un billete de cien pesos, y tiraba cajas de cigarros.

Recorrido

Entonces la conga seguia por ahi derecbo basta la Alameda y el jurado estaba cerca del Reloj de la Alameda. En medio del parque babia un castillito y una fuente luminosa. Alii se ponia el alcalde y el jurado. Despues que la conga cogia el premio, desfilaba Trocba arriba basta Santo Tomaso Calvaria. Por ultimo, regresaba a Los Hoyos. Todo el mundo veia la comparsa, ahora nadie Ia ve. El pueblo no se entera de como iba vestida Ia comparsa en el carnaval.

Carnaval: ParticiPacion

Hay cosas que te las puedo explicar. En aquel tiempo parti-cipaba mas la gente en Ia conga. Venian miles de personas de La Habana, mucbos afeminados y otros que no eran afeminados. Esas personas se vestian de mujeres y se gastaban el dinero en un vestido de lujo que costaba cien y doscientos pesos, con buenos zapatos. Parecian verdaderas mujeres bonitas. Se llenaba Santiago de toda esa gente que venia a arrollar.

En otro tiempo bubo bailes en Ia cerveceria Hatuey. Eran bailes de mascaras. Te alquilaban de todo. Yo nuna oi que mataron a

nadie alii. Tu te encontrabas cotes, ajustadores, blumer en el suelo. La gente se divertian y no se mataban, y hacian sus cosas.

Actualmente el carnaval de Santiago de Cuba tiene muchas verbenas y quioscos. Mira Ia Trocha. No voyla Trocha porque es una sola calle, prefiero Marti que es mas grande, rnas ancbo. El Paseo Marti tiene realmente dos calles y es mas tradicional. Hace algun tiempo que los comerciantes vieron en Ia Trocha Ia posibilidad de hacer buenos negocios en el Carnaval. Alii podian construir quioscos en las aceras con buena capacidad, para vender cerveza y comida. Por eso Trocha gan6 tanta fama, peroDime tu? cuando diez mil personas quieran bajar la Trocha, no hay quien se mueva. Pero Ia Trocha no tiene nada, Ia Trocba tiene bastante gente que no tiene salida. Mucbas veces cojo por otra calle cerca de Trocha y llego rapido a los lugares. Si bajo por Trocha no llego a tiempo al lugar.

Aqui en Marti, por muy lleno que este, tu puedes caminar, pero si se crea el "molote", tu puedes atravesar por cualquier calle. Es mas c6modo para divertirse y moverse.

illtimamente Ia situaci6n esta tan mala con las broncas que, si te descuidas, en Ia comparsa Cabildo Carabali Olugo se forma una bronca. Mi papa venia de La Habana a arrollar con la Carabali. El decia que alii era mejor. Nadie lo empujaba y nadie se metia con el, nadie lo tocaba. Es mejor. Nadie se empuja, nadie me toea, nadie se mete conmigo. Me tomo mi ron y arrollo.

Tradiciones

Una tradici6n que se ha perdido en el carnaval son las mascaras y los disfraces. Cierto es que mucha gente ocultaba el rostro para hacer maldad. Hubo individuoque se cubrian con una sabana como si fueran brujas, pero con una navaja picaban ala gente y tu no sabias quien era. Las personas se ponian caretas de mono, de hombre, de perro, tambien estaban los hombres vestidos de mujeres con tetas y nalgas. Parecian mujeres de verdad y eran hombres. Eso se ha perdido. Otros se vestian de mejicanos, de vaqueros. En esos tiempos abundaba mucho el caballito, que ultimamente se estan viendo otra vez en la calle, pero no como era antes. Aqui habia un hombre que le decian "dos-turrones-un-quilo", que vivia del turr6n y bailaba un caballito que parecia de verdad, "encendido". Lo bailaba bien. Pero esa tradici6n se ha debilitado en Santiago de Cuba. Otra mascara era el aura y hubo un hombre que se muri6, se pinto con oleo, se le sellaron los poros de la piel del cuerpo y se muri6 envenenado. Ese tipo se afeitaba la cabeza y se pintaba de rojo como un aura. Dahan premios en metalico por esas mascaras. Recuerdo la muerte en cuero que sale todavia en la comparsa de "Los Perras" de Guantanamo.

Cuando el capitalismo, habia una comparsita familiar que salia con laticas y cantaba:

Entre <u>pecho</u> y <u>pluma</u>

un <u>solo</u> <u>alelú</u> '

Nadie sabe lo que quiere decir eso. Eso quiere decir que entre un grupo de afeminados habia un solo hombre. Eso creo yo, fijate. Ese fue un montompolo que sacaron los afeminados cuando iban en su fiesta y pasaban por el jurado.

Un montompolo es una conguita inventada y vamos por ahi Y a creciendo cuarenta o cincuenta gentes. Y no lo molesta nadte. Compran 'su ron y se to toman. Eso es para gozar un grupito de vecinos, de amigos.

Recordando a Mafifa

La costumbre de tocarle conga a los difuntos es nueva. Eso surgi6 despues del triunfo de la Revoluci6n. Cultura lhizo el Foco a la conga y en ese tiempo se muere Gladys Lmares, "Mafifa", que segun he oido decir, fue una trabajadora ejemplar en el INIT. Se "encafiaba" y conpartia hasta las cuatro de la madrugada. Iba para su casa y por la manana estaba en su trabajo. Nunca tuvo una ausencia y tenia bastante diplomas del centro .de trabajo. Todo el mundo la respetaba y dicen que era .la meJor campanera de Los Hoyos. En tiempos pasados hubo muJeres que tocaron campana en la conga de Los Hoyos. No quiere decique fueran campaneras, sino mujeres que estaban de.trago,.co tan 1 campana y la tocaban bin. No enin tocadoras fi.Jas. Todavta esta viva una que se llama Rosa que lo hizo varias veces.

A Gladys (Mafifa) le gustaba esto. Tocaba en el.bembe; cogia .las tumbas y tocaba. Tambien le daba sus golpes al qumto. Tocaba bten el bocu. La campana la cansaba, pero ella tenia su mafia, ella era larga, pero se cansaba. La campana de ella no era grande:ona, aunque con el tiempo a ella se le fue en urectendo la muneca. Bueno, fue Ia unica mujer campanera que tuvtmos en la conga.

·Cuando ella murio, se acordo hacerle un tributo. Aquello fue lo ultimo. Empezamos a tocarle Ia difunta y Ia gente iba caminando, habia personas que tocaban y lloraban. A esa muchacha Ia queria todo el mundo. Mafifa tenia amistades de todo tipo: blancos, mulatos y negros. Siempre estaba para su montompolo y se encafiaba. Ella era dable y buena persona.

Despues, en un aniversario de su muerte hicimos una caminata al cementerio y todos los comparseros ibamos vestidos de blanco. Fue Raul Pomares a ese desfile. Yo hable en el cementerio en esa ocasi6n.

Trasmision de mando:Mojena

Para quitarle Ia comparsa a Pablito Revolico (Mojena) fue grande. El era muy buena gente, pero se dejo gobernar de dos hijos y se echo a perder. Para quitarle Ia conga fueron Vaillant y Bonne. A mi me llamaron y exprese lo que tenia que decir y se Ie quito la conga a Pablito. Se uso un documento que incluia a siete personas y ese documento no esta roto. Eso se hizo por el barrio. En esos siete compafieros estaban Armandito Bravo Loinaz un tesorero, un secretario, Soilo, mi prima que es profesor retirado, hubo compafieros que se fueron apartando. Un solo golondrino no compone verano.

Una vista al interior de una comparsa

Se esta perdiendo porque no se oye a la gente de Ia comparsa. Solo el jefe oye su conciencia. La cosa tiene que ser historica para poder ganar. Yo ayude a Pablito a sacar "Africa en Cuba" con africanos pintados y le ganaron con el"Cerro Pelado", y de eso solo habian pasado 6 meses, que todavia no era una cosa historica. Ahara tu quieres dar un consejo y te dice el director: "ttl no sabes nada de conga, mi papa era sacador de conga y se llamaba "Negrito". Este afio, 1986, sacaron Ia comparsa "Africa en Los Hoyos" y no vino de acuerdo Que quiere decir eso? Todavia si sacan "Africa en el Caribe" . "Africa en el carnaval", "Africa musical", "Africa en Cuba", yo dije: "Si San Pedrito saca un papelito volando por el aire, con eso te va a ganar". Y asi fue. Entonces dijeron que San Pedrito andaba con unos cuchillones. Que Maceda es amigo de Ia gente del jurado. San Pedrito esta ganando con lo mismo tuyo, con las tradiciones de Los Hoyos.

En Ia comparsa de Los Hoyos se esta perdiendo calidad. Ami no se me puede hacer ningl!n cuento y yo no soy intelectual. Hay que tener idea, iniciativa. Chan tiene dos o tres individuos que son de su camarilla y, cuando el dice un cosa, ellos afirman: "Chan tiene razon". El barrio apoya Ia conga, pero esta decaido, no esta de acuerdo con Ia direccion de Ia conga. Me parece que va a haber cambios en Ia direcci6n. Nadie lo sabe, lo sabes tu, yo y Ia grabadora. Cuando quieras, seguimos habland de esta tradicion. Yo amo esta tradicion y por algo dice la gente no lo digo yo que soy el uno con la conga.

A

Alluina.ldo. Regalo, generalmente hecho en metalico, que obseqmaban las autoridades locales a las comparsas y parrandas que concurrian al Ayuntamiento durante las fiestas de mamarrachos (v) que se celebraban en Ia epoca colonial. El reparto de los aguinaldos se efectuaban originalmente el dia de Reyes (v), en beneficia de los soldados espafioles y de los llamados esclavos del rey que concurrian a rendir sus respetos a las autoridades coloniales en ese dia festivo.

AhU do. Persona que recibia la protecci6n y apoyo de parte de algwen con mejor posicion econ6mica. En el carnaval, se trataba de un comparsante simple o de un duefio de parrandas que obtenia esa ayuda para sufragar los gastos del vestuario y adornos propios de estas fiestas u otros materiales necesarios para la presentaci6n de Ia parranda.

Arrollar. Marcha ritmica de comparsa y publico que se desplaza al compas de Ia musica por las calles y avenidas en epoca de carnaval. Esta marcha se convierte en un baile colectivo al ejecutarse al compas de los instrumentos de las congas y paseos; en el los que arrollan ejecutan anarquicamente una variedad muy grande de pasos y piruetas de gran plasticidad: hacen ruedas, cabriolean, se agachan e improvisan cantos mordaces o er6ticos, sin dejar de mover o agitar el cuerpo. El conjunto de personas de la comparsa se hace tan compacto y sugestivo que arrastra o "arrolla" -a Ia manera que puede hacerlo un vehiculo automotor- a todo aquel que entre en su radio de acci6n.

Auras Cuereras. Mascara a pie (v) caracterizada por el uso de un disfraz confeccionado de muselina negra. Durante Ia guerra de independencia se prestaba para ocultar y transportar annas y pertrechos destinados al campo insurrecto.

B

Bakccine. Baccin. Basin. Instrumento musical utilizado por la orquesta de los gaga haitianos. Se construye con un pedazo de tronco ahuecado de casi un metro de largo, se conoce en Oriente como bambu o cafiambu y en Occidente de Ia isla como cafia brava. Se emplea tambien un tramo de tubo plastico de aproximadamente igual longitud. Actualmente tiene su uso mas extendido en.las pnlcticas culturales de los haitianos y sus descendientes que habttan las provincias orientales, Camagiiey y Ciego de Avila.

Bailador. Persona que mueve el cuerpo al compas de Ia musica ejecutada en las comparsas o paseos del carnaval, Miembros de los cuadros de danza.

Bande rara. En las fiestas de la Semana Santa asi eran denominadas por los haitianos las comparsas o grupos de mascaras que recorrian enormes distancias cantando y bailando. Estas festividades tenian como principal escenario las areas rurales de las antiguas provincias de Oriente y Camagiiey. Las agrupaciones realizaban diversas actividades artisticas en sus recorridos, entre las que cabe mencionar el juego de machetes. (Ver Alberto Pedro Diaz: Etnologia Y. folklore, no. 4, 1967).

Banderola. Bandera un poco mas pequefia que las usuales portadas por algunos integrantes de Ia comparsa.

Barrio de Los HoYos. Barrio situado al norte de la ciudad de Santiago de Cuba delimitado por las calles Paseo de marti, San Fermin, Los Maceos y Calvario. Lugar de fuerte tradici6n carnavalesca, en el se origina y vive hoy, con extraordinaria vitalidad, Ia celebre conga de Los Hoyos, heredera de El Cocoye (v). El origen del nombre Los Hoyos se debe, seg(Jn Ia tradici6n santiaguera, a que cuando se rellen6 Ia orilla del mar (el actual perimetro de la calle Gallo, Aguilera y San Antonio, etc.) la tierra se obtenia de los terrenos que hoy comprenden este barrio y las excavaciones crearon grandes hoyos y zanjas. modificaci6n geografica que motiv6 tan curioso apelativo. A partir de Ia seudorepublica se llam6 oficialmente, "Barrio Moncada" en honor a Guillerm6n Moncada que naci6 alii en la calle San Salvador (actual Moncada), entre San Antonio y San Mateo.

Baston. Batuta confeccionada de una rama ornamentada en cuyos extremos se coloca un recipiente metalico (generalmente una latica) con balines, pedacitos de clavos o semillas que suenan al primer movimiento. En las comparsas gaga los bastoneros usan como sustituto una simple rama de guayaba pulida.

Bastonera. Persona que dirige ciertos bailes. En varios tipos de comparsa, como Ia tajona y Ia carabali, Ia bastonera desempefia un papel de gran relevancia. Su papel, no obstante, se ha debilitado al punto de encontrarse en situaci6n de desaparici6n.

Bastonero. Comparsero de grandes habilidades danzarias que portan en Ia mano Ia batuta o cetro ornamentado conocido tradicionalmente como bast6n. Realiza una funci6n similar a Ia de Ia bastonera (v).

Bata (tamboresJ. "Son musicalmente los mas valiosos de los tamboes afrocubanos (...) Son tres tambores (ok6nkolo u Omele, It6telo y el Iya) de caracter religioso, usados en las ceremonias que en Cuba practicaban los Lucumies o Yorubas y sus descendientes criollos (...) Los bata constituyen Ia verdadera orquesta Yoru?a". (Fernando Ortiz: Instrumentos de Ia musica cubana, t.IV, p. 208).

Bocu.Boku y bocuses (Plural criolloJ. Tambor usado en las comparsas orientales, en Santiago de Cuba. Viene del complejo musical aafricano bocu, que en lenguaje kikongo significa tambor. Su sonido es agudo. En las congas orientales se emplea en numero indeterminado, lo mismo puede haber cuatro que dieciseis. Ortiz dice que se les ha visto en Ia musica ritual de "orile cruzao", en Ia provincia de Oriente.

Bombo. "Instrumento europeo, acriollado en algunos pueblos americanos. Propios de las bandas militares. Consta de una caja de madera o metal de unos cincuenta centimetros de diametro con dos parches asegurados por dos aros. Se ejecutan con maz?, bolillY mano. En Cuba lo usan las congas populares".(Heho Orovl0: Diccionario de la musica cubana. p. 53.

Bonl!o. "Instrumento criollo. consta de dos tambores pequefios, unidos por una pieza de madera. Dichos tamborcitos son casi identicos (uno, el llamado macho, es ligeramente menor, de unos veinte centimetros) (...) Su raiz marcadamente africana. Alcanzo su esplendor al llegar a La Habana, procedente dla region riental (...) Antiguamente, en su epoca originaria en Onente, se haclan dos tamborcitos semejantes a los utilizados en los grupos de Tahona o Tajona, unidos entre si por una tira de cuero que se apo.yaba en la rodilla. A veces incluso fue utilizado un solo tamborclto. Segun Ortiz "El Bong6 es la mas valiosa sintesis en la evolucion de l s tambores gemelos lograda por la musica afrocubana". (Heho Orovio: Diccionario de la musica cubana, p. 54-55).

Bula. Tambor usado en la Tumba francesa; es un poco mas pequefio que el premier, de sonido agudo y se usa para mantener el patron ritmico.

BulaYer. Es el musico instrumentista que toea el tambor hula en la Tumba francesa.

C

Cabezones (losJ. Comparsa de mamarrachos que se tepaban .ta cabeza con una doble mascara que imitaba la nariz chata, labios gruesos, etc.. de los esclavos afrcianos. Los cabezones criticaban a los negros de nacion imitando su cara y su lenguaje. Era una comparsa de las que salian para los mamarrachos de Sarita Cristina, Santiago y Santa Ana.

Cabildo. Se remonta su fundacion a la epoe_a del auge esclavista en Cuba. Originalmente constituyeron una fuente de oranizacion de los negros esclavos segl!n la nacion de Africa de donde procedian luego fueron dejando atras la forma de organizacion etnica y tribal para abarcar una variedad etnica tan amplia como la cultura cubana misma. Vinculados originalmente con las practicas religiosas, se convirtieron en un medio de preservacion y trasmision de un importante sector de nuestra cultura tradicional En el periodo camavalesco se convertiran en una agrupaci6n festiva.

Cabriola. Brinco, salto ligero efectuado por una persona. En el marco de amplia libertad y espontaneridad que concede el camaval al individuo, este movimiento es muy frecuente obse rvarlo en las personas que arrollan (v) o se divierten de una forma u otra en estas fiestas.

Caiman. Se utiliza con sentido humoristico en cantos del carnaval. En sentido figurado se le llama caiman a las personas morosas, lentas y oportunistas.

Caja de Luces. Realiza una función semejante a Ia del mascarón en el orden de Ia ambientación camav.alesca. Es una estructura de madera cubierta con telas de diversos olores, donde se pintan las mascaras que son iluminadas por bonbillos colocados en los postes del alumbrado publico y en otros lugares bien visibles de Ia ciudad.

CamaPana. Pieza matcilica conocida "por tambora de auto" que se sostiene con una mano a la altura del hombro, mientras que con Ia otra se percute con un pesado tornillo (en ocasiones, suele ser un clavo de linea ferrea) con el fin·de produCir musica en Ia conga.

CamPanero. Percusionista de Ia campana del conjunto del genero de conga, el golpea Ia campana (tambora de auto) con un pesado tornillo para sacarle musica. Ver Campana.

CamPahifa. Instrumento de bronce, de forma de copa invertida, que tiene en su interior un badajo que se golpea y la hace sonar. Es utilizada en las conparsas carabali.

Cancancito. Adorno de un vestido usado en las fiestas de origen franca-haitiano, que puede ser de encaje, tul o de Ia misma tela eon que se confecciona dicha vestimenta.

Canutillo. Canutos pqueiios. Tubitos de vidrio empleados en pasamaneria, es decir, una especie de galón o trencilla que se hace pllra adomar. Se utiliza tanto en las capas como en otros conponents del vestuario de los comparseros.

CaPa. Genero del vestuario carnavalesco notable por su colorido y omamentación, que constituye una especialidad de algunas congas o paseos.

C Pero. s Ia p.ersona.que se especializa en construir y lucir Ia capa ano tras ano, cutdando de su colorido, disefio y belleza. Los caperos forman cuadros distintivos en las comparsas.

Car bali·. No.mbre generico con que se denominó por metatesis del termmo rugenano _calabar_, a los esclavos que se introdujeron en Cuba procedentes de Nigeria del sur en el transcurso de Ia trata negrera (desde fines del siglo XVIII hasta Ia decada del cuarenta del XIX) F.u, ec ad.a a un ado en esta denominación la compleja ompOSlClOn etnrca y tnbaJ de las piezas de ebano de esta tmportante region de Africa de donde fueron extraidos. En Santiago de Cuba los carabali, y luego sus descendientes, alcanzaron a orgamízarse en cabildos que desfilaban como comparsas en las fiestas de mamarrachos (v). Aun existen dos comparsas carabali en esta ciudad.

Carabine (baileJ. Este es un baile de compas de dos por cuatro que consta de dos partes: el paseo (ya casi no aparece) y el estribillo (..) es tocado generalmente por acordeón, balsie, guiro, tres, g lt.arra Y pandero, acompafiandose tambien en algunas partes con vwhnes de cuerda de tripa. Estos instrumentos casi nunca coinciden ncontrandose a lo sumo tres o cuatro juntos, cuando ha; .mstrumentos de cuerdas, no hay acordeón y viceversa. Generalmente las voces de mando se dan en patois". (Fradique Lizardo Barinas: "EI Carabine" en Aetas del folklore, afio I, no. 7, La Habana, julio 1961, p. 3-4).

Car t. Recurso muy utilizado en los carnavales para suprimir provtsJOnalmente Ia identidad individual. Se utiliza como diversion para eva ir. prejuieios sociales y para practicar venganzas y otro actos deltcttvos. Por todo ello han ido cayendo en desuso.

Carroza. Elemento decorative que generalmente acompafia una comparsa o paseo. No es oriundo de .cub. Aparece en. los carnavales del occidente del pais a pnnctptos de este stglo, proveniente de los carnavales norteamericanos .(New o,rlean, Miami). En ocasiones fueron alquiladas en el e tranJero Y t atdas a Cuba; con el decursar del tiempo se ha converttdo en un eleme o caracteristico de nuestros carnavlales. Se emplea en su onfeccton fundamentalmente, madera revestida con colores bnllantes. o vistosos· lleva casi invariablemente una plataforma para un reductdo cuerpo de baile acompafiado por una o,tquesta. Encimde ella se ejecuta coreografias. La carroza actualmente es movtda pr .un vehiculo automotor y lleva incorporada una pequefia planta electnca que genera Ia corriente necesaria para la ilurninaci6n en colores de esta plataforma o tarima m6vil.

Cascabel. Bolita de metal ahuecada con munidones esu interior que producen un sonido caracteristico cuando son agttadas. Muy usada en varios objetos del carnaval, como las capas Y otros componentes del vestuario.

Cata. Tronco de madera ahuecado, con agujeros en sus costad , que se percute con dos palitos. Ti ne como los tambores hula, funci6n de acompafiamiento y un sorudo penetrante.

Cencerro. "Irnitaci6n criolla del ek6n nafiigo, se suele tocar en algunas orquestas populares. Es simplemente un cencerro de los que se venden en el mercado ferretero para el ganado, a esta campana.se le quita el vadajo, y se percute desde el exter ocon una,baquetllla de metal o de madera dura. Da dos sonidos dtstmt.os segun ellugar en que es percutido: alto si en su parte estrecha, JUnto al mango o

asidero y bajo; si en su borde ancho y perimetro de su abertura. (Helio Orovio: Diccionario de musica cubana, p. 81).

CePiiiO (Pasar eU. Pn1ctica muy generalizada entre los artistas populares consistente en recoger dinero entre los asistentes, al terrnino de cualquier representaci6n y subsisti6 en las fiestas camavalescas de Ia Republica. Actualmente esta pnictica esta en proceso de extinci6n.

CocoYe. Nombre de una Tumba francesa. Cantos y bailes de raiz dahomeyana existentes en la region oriental del pais que, fruto de Ia ernigraci6n de colonos franceses y esclavos haitianos traidos a esta zona de Cuba desde fines del siglo XVIII; estos transculturaron sus cantos y bailes que muy pronto sonarian en los camavales santiagueros. Esta musica fue utilizada por musicos cultos, como Lauro Fuentes y Casarnitjana, entre otros.

Cocoye (comparsa o con!!a EU. En toda Cuba se conoce popularmente Ia conga de Los Hoyos como El Cocoye. Todavia esta comparsa interpreta un estribillo que dice:

Abre, que ahi viene el Cocoye!
(bis)
Cuidado, que te arrollo!

Columbia (baile deJ. "Al romper Ia rumba sale al ruedo un $.0lo hombre que baila con gestos acrobaticos, en gran parte tornados de los bailes de iremes o diabljtos abakUa. El bailador hace gestos fren-te al quinto, con quien entabla una especie de controvercia ritrnica". (Helio Orovio: Diccionario de la musica cubana, p. 369). En varias

fuentes se afirma que el nombre ·de este baile se lo dio una zona
rural de Matanzas que se denominaba Columbia.

Columbia (foqueJ. Toque que se realiza con el quinto (v)
sumamente extendido en los tocadores de rumba y en las comparsas
santiagueras. Se le atribuye a la comparsa de Feliciano Mesa, d l
barrio de El Tivoli, el haber introducido en las congas de Ia ciudad
aunque difiere del toque de igual nombre en Ia rumba.

Comidas (delcarnavaU. Alimentos que se elaboraban y vendian
en las fiestas del camayal, entre las que tenemos: mariquitas, macho
asado, chicharrones, chilindron de chivo, congri, que puede ser de
frijoles negros o colorados o caballeros, ajiaco, ayacas (tarnal), fritas
(bacala<?/ yuca, malanga), frutas (mango, piiia, melon, naranjas),
empana4illas, enchila,9o de cangrejo, casabe, etc.

ComParsa. Acompafiamiento, grupo de gente con mascaras.
Reunion de mamarrachos con u tambor mayor, tumbas, bongo,
chacha, tantan, maracas, etc. Estas agrupaciones salian en la epoca
de los "mamarrachos", es decir, desde el 24 de junio, dia de San
Juan, basta el 26 de julio, dia de Santa Ana, con pequeiios intervalos
de tiempo. Entre elias recordamos algunas muy sonadas: "La musica
de los perros", "Las Viudas". "La de los mamelucos", "Los hijos de
Nene", "Los cabezones", "Los negros bozales", "Las auras", "Los
cabildos", "Las banderolas", "Los curros de La Habana". Las
comparsas constituyen un atractivo de primer orden en los actuates
camavales santiagueros.

ComParsante. Voz usada, indistintamente con Ia de comparsero,
para designar a la persona que integra una comparsa o parranda
camavalesca.

Comparsero. Integrante de un comparsa.

ComPonedores (batea deJ. Titulo de famosa comparsa salida del
barrio de El Tivoli, que represent6 frente al jurado Ia confecci6n de
una batea. De ella se conserva viva en Santiago de Cuba una
canci6n de Ia cual se extrajo este vocablo.

Com ose. En Ia Tumba francesa es el que canta y compone,
orgamza el coro y ordena al cata que comience Ia musica.

Cone(instr entoJ. Tambor de presumible origen africano
con ctdo tambten como tumbadora Casi siempre de duelas y flejes
de hierro, del largo de un metro, algo abarrilados abierto con una
sola membrana de buey. Da nombre a un genero musical.

C na (aeruPacionJ. Tipo de agrupaci6n comparsera que hace
mu tca en los rnavales fundamentalmente. Tiene su origen siglos
atras en las festtvtdades que realizaban los negros esclavos.

Co ea (l.!enero musicaU. Genero bailable y cantable. En su
c n nto instrumental participan tambores de diversos . tipos:
corucos y de un solo parche como los bocues y quintos, tamboras
de dos parches como congas piloneras y requintos. Cencerros
sartenes y otros objetos de metal.

contradanza. IIGenero bailable situado dentro de las llamadas
pte;as de cuadro. Su origen se encuentra en Ia contradanza europea,
tratda Cuba po: los franceses bacia fines del siglo XVIII aunque
en ctculoreductdos ya se conociera proveniente de Espana. Su
nombre vtene de Ia fusion de las palabras country -campo y dance-
danza, es decir danza campestre. Sus figuras de bailes se llaman

paseo, cadena, sostenido y cedazo." (Helio Orovio: Diccionario de Ia musica cubana, p. 100). este tipo de baile fue practicado por los negros que se reunian en las tumbas francesas (v) muy extendidas en la region oriental de Cuba.

Cordonero. Comparsero que danza tornado de la mano, formando un cordon imaginario de forma ovalada y ocupa generalmente ocho o diez metros de largo, por el ancho de la calle en que desfila la agrupaci6n.

Corneta China. Instrumento de procedencia asiatica, transculturado en Ia musica cubana. Introducido por los chinos llegados a Cuba en tiempos de Ia colonia. Su Iugar originario fue Ia ciudad de La Habana mas especificamente en su barrio chino. Alrededor de 1910, se dice, que fue llevada a las comparsas de Santiago de Cuba por los soldados del "ejercito permanente" y desde entonces ha quedado como elemento principal en las congas santiagueras. La corneta emite cinco notas de tono agudo, penetrante, con timbre gangoso.

Cueros (calentar los). Accion de tensar los parches de los tambores mediante el fuego de pequefias hogueras. Se ejecuta antes de Ia salida de la comparsa o luego de que esta lleve muchas horas de marcha. Esto evita que se deterioren o rompan los cuerosuna vez que se flexibilizan o suavizan los parches, se aprietan con Haves, tornillos o cufias.

Cultura popular tradicional Ver floklore.

Cumbanchero. adj. "Voz de estirpe africana derivaci6n de cumbe antiguo baile de negros, son al cual se bailaba. es voz relativamente nueva en Oriente. Personas que bailaban haciendo mucho ruido". Pensamos que cumbe debio derivar en cumbancha, sinonimo de fiesta, de donde se genero cumbanchero.

Ch

Chacha. Nombre que adopta cierto tipo de maruga metalica que se usa en las "Tumbas Francesas" de Ia provincia oriental. Suele estar adornado con profusion de cintas multicolores y se usa agitandfolo en alto. De cuerpo cilindrico y tapas planas en sus dos extremos, con un mango insertaddo en Ia parte central. Sin dudas ese tipo cubao de. arugcilindrica o chacha procede de Haiti. (Helio Orovl0: Dtcctonano de Ia musica cubana, p. 111). Las comparsas carabali de Santiago tambien usan el chacha confeccionado de fonna conica con fibras vegetales yen cuyo interior se le introducen semillas duras u otras particulas. AI sacudirse ese sonajero con el mango de su parte superior produce un sonido caracteristico.

Chancfeta. Zapatilla sin talon confeccionada en Oriente generalmente, de madera. Algunos integrantes de Ia comparsa paseo usaban este tipo de calzado. Tambien se Ie conoce por el nombre de cutara.

Charanllas. Conjunto instrumental que precedia a las comparsas y se componia.de un gran tambor, tamboriles, manejos de mimbre que prod cn rutdo, caracoles y rayadoras de semillas duras. Orquesta de mustca popular cubana de cuerda y percucion.

Desflle. Sin6nimo de cabalgata o procesi6n de can1cter laico en la que participan las comparsas y paseos carnavalescos, para presentar sus evoluciones danzarias y musicales frente a un jurado.

DiabUto. P rsona que se disfraza de diablo en las procesiones y fie ts de mas,caras. Angel rebelde. Los diablitos salian en Corpus Cnstt (v) y Dla de Reyes. Seg6n Fernando Orttiz (Nuevo Catauro de <u>cubanismos</u>, p. 224) asi se le llamaria "a los mamarrachos africanos de naci6n en sus atavicas procesiones".

Dla de ReYes. Fiesta que se celebraba en Cuba seis (6) de enero, dta en que a lo.s negros se les permitia tocar sus tambores y hacerse su propta corruda. Los esclavos rurales efectuaban sus bailes en las plantaciones, y en el Atrio de Ia Catedral los de la ciudad. Estas fie tas, se conocian tambien como Dia de los Reyes Magos o eptfarua.

Disfraz. Vestido de mascara. Artificio para ocultar o disimular la identidad del individuo.

Di fr zado. Persona que desfigura sus apariencias naturales para dtverttrse en los dias de carnaval o para que no se le reconozca facilmente vestido de mamarracho. Los disfraces son muy variados y vers hiles.

Enramada. Techado ligero de pencas de palma, en lugares donde se vendian bebidas y comidas. Actualmente se conoce con el nombre de toldos, ya que se hacen de tela o lona.

Esclavo de nacion. Asi se le denomin6 al esclavo nacido en Africa. Los esclavos de naci6n lograron que las autoridades coloniales les permitiesen organizarse en los cabildos (v).

Estandarte. Insignia, bandera. Se utiliza en las comparsas y paseos, representando alg(In lema que los distinga del resto de las agrupac10nes.

Fantasla. El paseo de La Placita lo incorpor6 como distintivo de los titulos anuales que llevaban at carnaval. Asi han presentado fantasias brasileftas, rusas y panamefias, entre otras. Con esta voz identifican a una representaci6n carnavalesca imaginativa y creadora, no sujeta a ning6n realismo.

Farolas. Originalmente contenian luminarias que acompaftaban a Ia comparsa en horas de Ia noche. Provienen de los <u>ciriales</u> y velones de las procesiones cat6licas. Adoptan figuras caprichosas y multicolores en el extrema de las varas. Son portadas por faroleros, particularmente habiles en manejarlas al compas del nucleo ritmico. Aparecen en Ia primera parte de Ia comparsa, aunque se separan de los bailadores cuando ellos realizan sus coreografias.

Foco cultural. La existencia de arraigadas manifestaciones culturales en diversos barrios ha constituido una constante en la vida de Santiago de Cuba. En torno a los famosos cabildos y tumbas, asi como lugares donde ensayaban los diversos paseos y congas, se agrupo un amplio sector de Ia poblacion, sellando con su participacion el caracter popular de estas practicas. Para propiciarles un marco material apropiado a las agrupaciones camavalescas mas tradicionales y permitirles que puedan mantenerse como un centro vital durante todo el afio (y no solo en el periodo de estas festividades), se les entrego un local a algunas de elias que les sirve de sede permanente. En estas instituciones se garantiza Ia preservacion y disfrute de tradiciones, al *mismo* tiempo que su continuidad mediante diversas actividades, entre las que cabe sefialar el trabajo que se realiza con nifios y jovenes de Ia vecindad, en los que se prepara el relevo. Esta singular experiencia santiaguera se ha materializado en los focos culturales de Los Hoyos, EI Tivoli, La Carabali Izuama, Olugo, Tumba Francesa, La Placita, Paso Franco y EIPaseo del Comercio.

Folkore. En sentido general, conjunto de costumbres, ceremonias, supersticiones, baladas, proverbios, etc., que forman parte del saber popular. Ciencia que estudia estas manifestaciones de Ia cultura de un pueblo trasmitida mediante Ia tradicion oral y el ejemplo. Termino equivalente al de cultura popular tradicional.

fondo. En Santiago de Cuba, se designa con esta palabra al instrumento musical propio de esta zona llamado bocu(v).

Fotuto. Guamo, lambi (v).

France (bailarJ. Bailar todo tipo de musica de procedencia franco-haitiana. Se bailaba con casacas de lana, g_uantes gamuza y corbata de cuello alto, segim la moda de Ia anstocracIa europea que se imitaba con esta practica cultural.

Franceses (neJ!rosJ Denominaci6n dada a los esclavos traidos por los plantadores franceses que procedentes de Haiti se a en on en Ia region orient&!de Cuba a fines del sigloy pnnclpiOs del XIX. Tambien se le adjudico esta deno aciOn al resto de los esclavos que fueron asimilados en las dotaciones de estos l:mtadores. Tanto unos como otros participaron e Ia creacton y continuidad de las Tumbas francesas (v).

Frente. Baile de procedencia franco-haitiana. En los bailes de Ia nrumba Francesau, los bailadores, sin dejar de marcar suavemente el paso al compas de los tambores que no cesan de tocar, atn sus pafiuelos al pecho del bailarin, cruzandolo del hombro!a cmtura, por el cuello yen el antebrazo, gesto con que le desean extto.

Front o Frente (hacer eU. Ver frente.

Ga!!a. Genero folk16rico originario de Haiti que se introdujo en Cuba (Oriente y Camagiiey) a partir de Ia expansion y construccion de nuevos centrales azucareros en estas provincias (1913-1915). Originalmente eran comparsas que saJian durante las celebraciones religiosas de Ia "Semana Santa". Las caracteristicas esenciales de esta manifestacion son sus bailes, cantos y toques, que seg(Jn su variante, se denominan bailes de mason, fei, etc. Generalmente los personajes principales que intervienen en el son los siguientes: Lame (guia), Mayor Drape (abanderado), Guaya (rey del cabildo), Mayor Table (levantador de Ia mesa), Mayor Samba (el que percute el hierro) y Mayor Jone Gugador de baston). El trato de "Mayor" se Ie aplica al miembro del Bande que posee una jerarquia o posicion de relativa irnportancia. Ver bande rani.

Galleta. "Tipo de tambor similar al bombo, pero mas achatado, que se usa en las congas camavalescas de Ia region oriental" (Helio Orovio: Diccionario de Ia musica cubana, p. 159).

Ga((o taPao *(θU.* Es locucion frecuente en Cuba para indicar algo oculto basta el momento oportuno o sorpresa preparada. En los carnavales cada comparsa traia una sorpresa oculta en disimiles e inimaginables lugares del grupo con Ia deliberada intencion de arrancar al jurado algunos de los premios que este otorgaba en los desfiles". (Fernando Ortiz: Nuevo Catauro de cubanismos, p. 266). Actualmente ha entrado en franca decadencia esta practica, al menos en muchos pueblos del extremo oriental de Ia isla donde era tradicional.

Guamo. Lambi rvJ. Fotuto. Caracol que se utiliza como instrumento musical en las celebraciones de los haitianos y sus descendientes que actualmente habitan Ia zona oriental de Cuba.

Guaracha. Genero cantable y bailable. Su origen esta en Ia confluencia de lo hispanico y lo africano, plasmacion que dio como resultado algo netamente cubano. Refleja el ambiente de Ia epoca y recoge asuntos de tipos populares o acontecimientos humoristicos. Por extension, fiesta, cumbancha.

Guaracheros. Viene de guaracha, es decir, fiesta. Fiestero o parrandero.

Hierro. muela o mele. En Santiago de Cuba asi se denomina a Ia guataca o azada empleada omo instrumento musical ideofono en las comparsas carabali.

ltotele (tamborJ. "Es tambor mediano, de los tambores bata. Produce tres sonidos. EI aprendizaje para tocar este tambor dura necesariamente mucho tiempo. Es el segundo tamhor que aprende a tocar el que se inicia en los temhores hata". (Fernando Ortiz: Los instrumentos de Ia musica afrocubana, t. IV, p. 308).

IYa (tamborJ. Es el tamhor mayor de los tamhores hata, se le llama tamhien chawor6. Es de sonido grave. Suele adiciomirsele en cada uno de sus hordes sendas correas de cuero, en las cuales se ensartan cascaheles, cencerros y campanitas de hronce. Iya en Yoruba quiere decir "madre". Es el ultimo tambor que se aprende a tocar. (Helio Orovio: Diccionario de Ia musica cubanp. 43).

L

Lambi. De origen indocuhano, llamado tamhien guamo o fotuto. Instrumento aer6fono utilizado por los haitianos para comunicarse y por extension, para emitir sonidos en Ia orquesta de Ia Bande rara Q !W@ (v). Es un simple caracol marino o coho. Fue utilizado por los ahorigenes en sus areitos.

Lel!uede. Instrumento musical. Un tambor membran6fono usado en los conjuntos instrumentales de los hiaitianos y sus descendientes que habitan las antiguas provincias de Oriente y Camagtiey.

LenteJuela. Laminilla redonda de metal o ·de crista! de colores vivos que se pone en un vestido para hacerlo brillar. Constituye un recurso extensamente empleado en los vestuarios caracteristicos de los comparseros.

Limbo. Danza afro-antillana.

Lorna del Intendente. Antiguamente recibia el nombre de "La Colorada" y posteriorente el de "Lorna Hueca", quedandose finalmente con el nombre de "Lorna del Intendente". Esta situada en Ia calle General Rabi. Zona de fuertes tradiciones culturales y patri6ticas de uno de los barrios mas antiguos de Santiago de Cuba, El Tivoli.

Lucero (carnaval deU. J6venes seleccionadas a traves de un concurso de belleza realizado en los dias que anteceden al carnaval. Damas de compafiia de Ia estrella o reina y de los festejos. Dicho concurso se convirti6 en Ia epoca republicana en una gran campafia publicitaria y comercial de las principales compafiias industriales del momento, lo que daM fuertemente su original esencia.

M

Madrina. Persona que contribuye econ6micamente con donativos al financiamiento de comparseros, comparsas o paseos. AJgunas firmas comerciales o industriales como la fabrica de "Ron Bacardi" y Ia fabrica de cigarros "Eden" en nuestra ciudad, desempefiaron el papel de madrinas o padrinos.

Mamamier. Tocador de los tambores premier de las Tumbas francesas.

Mamarrachos (fiesta de o de mascaras). Grupos de personas enmascaradas o disfrazadas que caminaban ritmicamente por las calles detras de las parrandas o comparsas en las fiestas mayores de julio. Originalmente debi6 tener una fuerza tan grande en el camaval santiaguero como para que este fuese identificado con el nombre de "fiesta de mamarrachos" el cual conserv6 hasta el presente siglo.

Mambu (instrumentoJ. Tallo de grarninia: cafia brava, especie de mambu o cafiambu. Tiene multiples usos como instrumento musical. De este tallo se confecciona el baccin de las comparsas bande rada o gaga. Tambien de el se fabrica en ocasiones el cata que se monta sobre un pequefio burro o andamio y se percute con dos palitos. Se usa en agrupaciones folkl6ricas. El grupo sonero Cafiambu del municipio San Luis de Ia provincia santiaguera utiliza vanos instrumentos confeccionados con troncos de cafia brava.

Marcha (toque deJ. Es uno de los toques basicos de una celula ritmica unica que da Ia impresi6n de alterarse por Ia rapidez con que se ejecuta. Es propio de las comparsas Tajona de origen franco-haitiano y usado en cabildos carabali.

Maru!!a. "Formadas por dos conos huecos, de lata o metal, soldados por sus bases. La superficie de los conos presenta perforaciones que ofrecen dibujos caprichosos. Los extremos son truncados y en uno de ellos esta fijo el mango, que tambien es de hojalata. En Santiago de Cuba, le cuelgan cintas multicolores". (Helio Orovio: Diccionario de L musica cubana, p. 214). Es empleada en las tumbas francesas y las comparsas cabildo. Se le conoce tambien como chacha (v).

Mascara Pie. Disfrazados que salen por las calles individuamente a divertirse y a divertir a Ia gente. "La muerte en cueros", "El caballito" y "Los trisagios" se recuerdan como las mas famosas.

Mascarones. Son rostros grotescos y multicolores de cerca de un (1) metro de alto, realizado en papel "mache". Representan tipos tradicionales del camaval como borrachos, payasos y todo io que produzca Ia imaginaci6n del disefiador. Son colocados en la calle, atados a los pastes del alumbrado, en plazas, etc. Constituyen uno de los adornos mas frecuentes y expresivos del periodo camavalesco a nivel urbano.

Mason (baile deJ. Baile de pareJas de las rumbas francesas realizado por los esclavos a imitaci6n del baile de sus a os. El compose empieza a cantar una alabanza al mason, mientras un coro de mujeres lo secunda repitiendo un estribillo. Los bailarines se aparejan y realizan diversas evoluciones danzarias de gran colorido.

Mason (toque o !!OIPe deJ. Toque de procedencia franco-haitiana que provoca en los bailadores de Ia tumba francesa un gran entusiasmo. Este toque fue incorporado a! repertorio de las congas santiagueras con gran exito y todavia puede apreciarse el mismo efecto de excitaci6n en el publico que participa en el carnaval.

Mesitas ((as). Pequefias mesas de madera que desde los origenes de las fiestas del camaval se situaban en las calles de los barrios, primero debajo de las enramadas y luego debajo de los toldos, con el fin de colocar encima y mostrar los productos comestibles que se expendian.

Minuet. "Baile de origen frances del siglo XIX. Era en Cuba bailado casi siempre por negros en las casas de rango y abolengo. En Ia asimilacion de Ia musica de salon burgues por parte del pueblo. Generalmente lo bailaba una sola pareja en medio del salon". (Hilda Perez del Rio: "El Minuet de sala" en Aetas del folklore, no. 3, marzo 1961, p. 3). En las tumbas francesas del siglo pasado se bailaba esta danza.

MontomPolo (eU. Comparsa que desfila al final de las fiestas de julio y recogia a todo el mundo; era una especie de cierre del camaval.

Muerte en Cueros. Tipo de mamarracho suelto, vestido con una malla o mono negro el cuallleva pintado un esqueleto humano. Esta mascara desambula por las calles y verbenas para divertir y causar pavor a nifios y adultos. Se hace acompafiar de una guadafiay de un tarol.

Obi(toque deJ. En Ia comparsa Carabali toque Iento, en el que se marufiesta una verdadera polirritmia; se utiliza cuando Ia comparsa saluda a Ia cotle.

Okonkolo u konkolo (tambor eU. "Es el tambor mas pequefio de los tambores bata, se le conoce tambien como Omele. Su sonido es agudo. El aprendizaje, para saber tocarlo, durat;;;meses basta

un afio". (Fernando Ortiz: Los instrumentos de Ia musica afrocubana, T. IV, p. 279).

Padrino (comParsa de laJ. Ver madrina.

Pafiuelo. Pieza de tela de diversos colores usadas por los bailarines de Yuba (v) en sus diferentes evoluciones danzarias.

Parrandas criollas. Jolgorio, juerga, jarana. Grupo de personas que salen por Ia noche tocando instrumentos musicales o cantando para divertirse en los dias de camaval. Muchas comparsas y paseos se organizaron a partir de parranditas de vecinos. Las parrandas constituyen un tipo de agrupacion carnavalesca que casi se ha olvidado.

Parrandona. En los inicios del camaval existian pequeiias parrandas de familias y amigos que recorrian varias cuadras detras de Ia parrandona o conga mayor.

Paseo. Figura de Ia contradanza (v). Se ejecuta llevando a su compafiera por Ia cintura desde su Iugar hasta Ia ultima pareja y volviendo a traerla por Ia cintura entre dos filas". (Helio Orovio: Diccionario de Ia musica cubana. p. 294).

Redoblante. Instrumento musical bimenbran6fono de origen euro.peo que se utiliza en el conjunto instrumental de los paseos santtagueros.

Redoble. Toque de tambor cuyo toque es vivo y sostenido.

Reflector s. A ornos con espejos en forma de sole, lunas y estrellas, mtroductdas en 1916 por Ia comparsa titulada los "Imperiales Modernistas" procedente de Los Hoyos. Dan gran vivacidad a Ia comparsa.

Reina o Estrella (carnaval deU. Muchacha que presidia las fiestas de carnaval por sus excepcionales dotes de belleza. Sin embargo, en su elecci6n intervenieron factores exteriores a Io estetico que convirtieron el reinado de Ia estrella en un fen6meno comercial, publicitario y clasista.

Relaciones *(teatro deJ.* "Viene de relatar, de contar, de representar una cosa y como es natural tratandose de es enifi aciones carnavalescas, es una oportunidd para garantizar el mgemo, para extraer Ia parte graciosa a toda situaci6n, aunque muchas.veces tambien habia vestigios de dramatizaciones (...) Esos personaJes que se han hecho legendarios en los bufos cubanos: el gallego, el negrito, Ia mulata (...) tuvieron su origen en estas relaciones". (Antonio Vazquez Ayarte: Acerca de tres definiciones sobre el Teatro de Relaciones). Esta modalidad teatral ha sido rescatada profesionalmente por el Cabildo Teatral Santiago, el que Ia incluye en su quehacer como uno de sus componentes mas esenciales.

Remachadores. De remachar. Es una referencia al oficio de remachadores de batea, titulo de una comparsa famosa de "El Tivoli", Ia cual origin6 cantos folkl6rticos que aun se recuerdan en el pueblo.

Repique. Uno de los tambores de las comparsas Tahonas o Tajonas. Tambien es una manera de tocar los tambores.

Requinto. Tambora pequei'ia usada en las congas santiagueras que se ejcuta con bolillos.

Ri odon. Danza de origen franco-haitiano en la que todas las parejas realizan las mismas figuras.

Rumba de Cajon. Tipo de rumba antigua que se tocaba con cajones de bacalao. Se empleaban dos o tres cajones; actualmente estos se construyen de cedro u otra madera. Los integrantes de los grupos folkl6ricos la interpretan cotidianamente.

Salidor. Que inicia el concierto de percusión en la Tumba francesa. Tambien reciben esta denominación las personas que se inscriben en las compa.rsas y paseos para participar en elias como comparseros. Se denomma de esta forma al instrumento musical que da comienzo al concierto.

Samba. Es una simple azada (en occidente se conoce por guataca empleada) en la Bande rani o gaga (v) como instrumento de percusión. Tambien se emplea en su lugar el antiguo cencerro. El mstrumentista que lo ejecuta recibe el nombre de Mayor Samba. Se percute con una barilla de metal.

Santiallo APo tor. El sano patrono de la ciudad de Santiago de Cub, estuvo stempre muy hgado al camav l, pues este se celebraba prectsamente a propósito de su dia (25 de julio), por lo cual las fiestas y procesiones del camaval coincidian necesariamente En Santiago de Cuba este santo se sincretiza con Ogl!n Guerrero. .

S rten. "nstrumento compuesto por dos sartenes pequefios, sujetas a un armazón de madera que les sirve a apoyo. Se cuelga de modo que caiga sobre el vientre. Produce distintos tonos. Se per te con dos barras metalicas o baquetas. Creado por la imaginact?n popu ar, e *u?* ele?Iento sonoro y ritmico en las congas". (Hello Orov10: Dtccwnano de la musica cubana, p. 381). Los sartenes fueron sustituidos en algunas congas santiagueras por las tamboras de automóvil conocidas vulgarmente por "campanas" (v)

por su función musical, aunque todavia las podemos encontrar en deteminadas comparsas.

Second, Sellon, Sellond. "Tambor pequefio usado en la tumba francesa, es mas agudo que el secondier sigue el toque del Bula primero. Es semejante al Sakai (ataud) <u>Madule</u> (dolor). Sus mediciones son" diametro superior 22 em, diametro inferior 17 em, largo 59,5 cern, grosor de la madera 2 em. Tiene 4 circunsferencias, 5 Haves. Se toca en posicion vertical sobre y entre las piernas de los ejecutantes, que premanecen sentados" (Rolando Perez F: Informe de investigación, p. 3. 1983.

Secondier. El que ejecuta el tambor <u>Second</u> en la Tumba francesa.

Sonaias. Par de chapas matalicas que, atravesadas por un alambre, se ponen en algunos instrumentos musicales. Tambien puede ser un aro con mango provisto de cascabeles utilizados para extraer u obtener una nota musical. Son empleadas en las Tumbas francesas y por otros frupos folklóricos y profesionales.

Tambora . Bombo. Tambor grande de una banda de musica. Muy extendido su uso en las congas.

Tambores Rada. Conjunto de tambores utilizados para tocar la musica rada que ejecutan los haitianos los dias de la Semana Santa o en otras festividades religiosas.

Tamboriles. Denorninacion arcaizante empleada por algunos informantes santiagueros para denominar a determinados tipos de tambores.

Tambor Mavor o QuitaPesares. "El mayor de los tambores empleados por Ia comparsa Carabali Izuama. Permanecia colgado en el cabildo y solamente se sacaba cuando "Ia cosa estaba muy brava", o sea cuando la situacion de Ia comparsa era critica frante a otra, puesto que ellos atribuian a dicho tambor "cierto poder especial". (Nancy Perez [y otros]: El Cabildo Carabali Izuama, p. 22).

Tajona. Tahona o Taona (comParsaJ. "Orgia ruidosa. Manifestacion folklorica practicada en Santiago de Cuba y extendida a sus inmediaciones. Fue introducida por los esclavos que emigraron de Haiti, con sus amos, despues de Ia Revolucion. Desde el punta de vista estructural tiene parentesco con Ia Tumba Francesa. Incorpora cantos de "puya", de caracter ridiculizante. Se ejecutan dos toques fundamentales, a cuyo ritmo se danza, uno Iento "de camino" y otro rapido "de Tajona". (Fernando Ortiz: Nuevo catauro de cubanismos, p. 457).

Tarasca. "Figura de mostruo en forma de dragon [o serpiente] que se sacaba en algunos sitios en Ia procesion del Corpus Cristi". (Ramon ‹Martinez Martinez: Oriente folklorico, p. 212).

Tarasc6n o SerPiente de Tarasca. Mascara a pie, de gran-desproporciones, con imagen de serpiente .Y cola de tela c?nducida por varios hombres. Originalmente aparecto en las proces10nes del Corpus Christi. En torno a este "menstrua" se represe taba una especie de pantomima consistente en l,a zarle aboca mdas q e eran ingeridas avidamente. De esta ulttma acc10n surgto el refran "eso es como tirarle guindas a Ia Tarasca".

Tarlma. Plataforma de madera, metal u hornnigon, de poca ltura que se emplea en los puntas de ensayo de las ag.rupacw es folkloricas y en las areas de Ia ciudad donde se reahzan bmles populares. Los percusionistas y el corneta de Ia comparsa emplean Ia tarima mientras que en ella se situa Ia orquesta, en el caso dlos paseos. Sin dejar de considerar su real funcionalidad, Is tanmas pueden convertirse en un importante elemento decorattvo de las fiestas camavalescas, siempre que se propongan alcanzar altos valores esteticos al disefiarlas y realizarlas.

Timbal. Segun Helie Orovio en su Diccionario de Ia musica cubana es un instrumento "compuesto por dos tambores cuyos parches se afincan en una estructura de metal sabre tripode. Antigu ente se afinaban con candela, hoy mediante Haves. Surgto como transsformacion del timpani, dentro de las charangas que interpretaban el danzon cubano a principia del siglo".

Tocador. El que toea un instrumento musical.

Toque. Denominacion dada a una estructuracion ritmica determinada, puede ser referida a un conjunto instrumental. o a un instrumento en particular. Genericamente, asi se le denorruna a la musica de un ritmo especifico.

Tot m.   Elemento decorativo introducido en los camavales sa?ttagueros a partir de Ia decada del 60. Es utilizado en espacios abte tos como parques y avenidas, con el fin de ornamentar y ambtentar estas festividades. Colosales figuras de mas de una decena . de metros de alto, disefiadas con gran imaginacion y constrmds comadera, etal y crista!. Son decorados con dibujo, colorepnm nos y bombtllos rojos, azules, amarillos, blancos, etc. de luz, mtenrute te que anuncian lemas de camaval y otros asuntos. Los totsemeJan grandes y alegres guardianes de las fiestas del mes de juho.

Tra!!afel!uas. EI tambor mayor, de sonido mas grave, empleado porIa comparsa Carabali Olugo.

risal!ios. Ma c ra a pie integrada por tres comparseros dtsfrazadode vtejas beatas que aparentaban rezar el rosario, pero lo que hactan era hablar mal de los demas. Se criticaba asi ademas la ctitd d.ciertas personas que, ocultandose ras' de un apanencta reltg10sa, encubrian sus propios defectos. El rescate de esta scara por parte de Ia comparsa de San Pedrito causo gran sensacton en los desfiles del camaval santiaguero de 1984.

Tumba. Nombre dado a- algunos tambores en Ia zona oriental del pais. denomina asi, tambien, al conjunto de instrumentos de percuston y a los tambores en las congas santiagueras.

Tumba francesaSociedad de recreo y ayuda mutua fundada por los egros Y mestizos franco-haitianos autodenominados franceses que mgresaron en Cuba a fines del siglo XVIII y principios del XIX proced n ede Haiti. Su musica y sus bailes estan marcados con el sello dtstmttvo de Ia cultura franco-haitiana, asi como muchos de sus cantos se interpretan en creole. Los tambores mas importantes que uriliza se denominan Premier o Reduble, Second, Bula o Bebe, Cata, Tambora, Timbal, Maruga:Las danzas que se bailan en ella se denominan Babu Grasime, Juba y Mason. Sus fiestas se ponian bajo Ia proteccion de virgenes y santos cuyas imagenes se colocban junto a los retratos de patriotas cubanos algunos de los cuales participaron antes de marchar a Ia guerra de independencia en estas fiestas. La Tumba Francesa no es solo un fen6meno musical, sino tambien social. En Ia ultima etapa coloniaJ en las casas de las "tumbas" se conspiraba contra Espana. Actualmente existen tumbas francesas en Santiago de Cuba, Guantanamo y Sagua de Tanamo.

Tumbero. Se nombra asi a los hombres que tocan Tumba Francesa en Oriente.

Uasallo. Miembro de categoria jerarquica inferior dentro de las comparsas carabali y tajona. Voz que designa a los miembros de una comparsa conga que no son tocadores. Integrante de los cuadros de baile; cordonero, capero, pendonero o figurante.

Verbenas. Fiesta popular bailable desarrollada en algunas calles en los dias de carnaval. Calles adornadas con pencas de palma o de coco donde se colocan cordeles con papelitos de colores en forma de banderitas, bombillos coloreados, etc. En estas calles se instalan quioscos para el expendio de bebidas y comidas tipicas, asi como el "traganiquel" y las tarimas con conjuntos musicales. Feria popular diurna y nocturna.

Uodu. Uodun o Jodu. Religion popular del pueblo haitiano, fruto de la fusion de las creencias y cultos procedentes del Africa Occidental (con especial preponderancia del Dahomey) y las provenientes del catolicismo. Culto agrario que tiene una extensa base social en esa isla caribefia y que constituye uno de los factores mas importantes de su cultura. Contentiva de una rica mitologia, esta religion cantada y bailada ha generado un tipo de danza denorninada Vodu o Jodu entre los haitianos y sus descendientes radicados en las antiguas provincias de Camagtiey y Oriente. El vodu, como sistema de creencias relig\osas, se ha arraigado y extendido en Cuba al punta de formar parte actualmente del perfil cultural del pueblo cubano.

Yambu. "Se le llama asi al baile de los viejos por ser el mas antiguo de los bailes de Ia rumba, mas Iento y cadencioso. Es otra modalidad de la rumbaes mas Iento que el guaguanco. (Olavo Allen Rodriguez: Genero de Ia musica cubana, p. 87).

Yuba. Baile de procedencia franco-haitiana, mas antiguo que el mason; en el participan parejas y bailadores que danzan en el media rnientras los demas hacen un circulo alrededor para cantar y bailar.

Un bailarin se coloca entonces en el cento aciend e!f:rras para establecer una controversia con la tumba pnnctpal o p   .

zanco. Cada uno de los dopalos largo [illegible] ue sirven para andar a cterta a'tura e su   '   .   todo go Han constiutido tradicionalmente un atractiVO para\ J::esto pueblo; aparedan en el carnaval y puede verseles en a gunas agrupaciones artisticas que recrean el folklore.

BIBLIOGRAFIA

Allen Rodriguez, Olavo. Genero de la musica cubana. Primera pat e. tu ad de La Habana, Editorial Pueblo y Educacion, 1977.

Baçardí Moreau, Emilio. Cro'ru'cas de Santiago de (reimpresión). Santiago de Cuba, 1925.

Barnet, Miguel. La fuente viva. Ciudad de La Habana, Editorial Letras Cubanas, 1983.

Berenguer, Cala Jorg L. e. —.l!t mtgractoñ francesa en la Jurisdiccion de _y_g anttago de Cuba, Edttorial Oriente, 1979.

Cisn ros, Justiz Ramon. Pequeno Managuf de cosas nuestras. Santiago de Cuba, Editorial Oriente, 1981.

"Conjunto Folklorico de Oriente" en Revolucion Y. C lt N 115, marzo 1982. Ciudad de La Habana, p. 47-48. u ura. o. José Millet y Alexis Alarcon. **El vodú en Cuba**. Santo Domingo, 1992.

Lara, Francisco. "Los carnavales de Santiago de Cuba, su origen y

"Como un Complejo Cultural" en Revolucion y Cultura. No. 115, marzo 1982. Ciudad de La Habana, p. 54-55.

"De la Tumba Francesa" en Revolucion y Cultura. No.115, marzo 1982. Ciudad de La Habana, p. 55-56.

Fuentes Matons, Laureano. Las artes en Santiago de Cuba.Ciudad de La Habana, Editorial Letras Cubanas, 1981.
James Figarola, Joel. Cabildo Teatral Santiago: aproximacion al carnaval. Folleto mimeografiad

evolucion" en boletin catalogo de la Biblioteca Provincial Elvira Cape. Santiago de Cuba, aiio I, no. 4, 1971.

"Las comparsas Carabali Izuama y la Carabali Olugo" en Reyolucion y Cultura. No. 115, marzo 1982, Ciudad de La Habana.

Leon, Argeliers. Del canto y el tiempo. Ciudad de La Habana, Editorial Pueblo y Educación. 1981.

Musica folklorica cubana. La Habana Editado por el Departamento de Musica de la Biblioteca Nacional "Jose Marti", 1964.

"Musica popular de Oriente africano en America Latina" en Etnologia y Folklore. No. julio-diciembre. La Habana, 1969, p. 33-64.

Linares, Maria Teresa. La musica popular. La Habana, Instituto del Libra, 1970.

Lizardo Barinas, Fradique. "El Carabine" en Actas del Folklore. Boletin mensual del Centro de Estudios del Folklore del TNC, afio 1, no.7. LaHabana, julio 1961, p. 3-8.

Marquez, Angel Manuel. "Las Tumbas Francesas" en Revista de musica. La Habana, Editado por el Departamento de Musica de la biblioteca Nacional"Jose Marti", ano I, no. 2, abril 1960.

Martinez Martinez, Ramon. Oriente folkl6rico. Santiago de Cuba, 1930.

Millet. Jose Y. Rafael Brea. **Grupos folklóricos de Santiago de Cuba.** Santiago de Cuba, Editorial Oriente, 1989.

Orovio, Helio. Diccionario de la musica cubana. Biognfico y tecnico. Ciudad de La Habana, Editorial Letras Cubanas. 1981.

Ortiz, Fernando. Los instrumentos de la musica afrocubana. La Habana, Publicaciones de la Direcci6n de Cultura del Ministerio de Educaci6n, 1952.

Nuevo catauro de cubanismos. La Habana, Editorial de Ciencias Sociales. Pensamiento Cubano. (Edici6n P6stuma), 1974.

Pecora Barrientos, Margarita. "Prú santiaguero" en Periódico Juventud Rebelde. Ciudad de La Habana, jueves 4 de abril de 1985.

Perez, Nancy (y otros]. Ei Cabildo Ca:-abali Izuamj\. Santiago de Cuba, Editorial Oriente, 1982.

Pérez de Rio, H'!lda. "El Minuet de Sala" en Actas del folklore. Boletin Mensual del Centro de Estudios del Folklore del TNC ano 1, no. 3, La Habana, marzo 1961, p. 3-4.

Santiago de Cuba, Rebelde ayer. Hospitalaria hoy, Heroica siempre. (s.l., s.a.).

Santiesteban, Argelio. El habla popular cubana. La Habana. Editorial de Ciencias Sociales. 1982.

Vaillant Luna, Mario. La Placita. Santiago de Cuba, 1951.

Vazquez Ayarte Antonio. Acerca de tres definiciones sabre el Teatro de Relaciones. Santiago de Cuba. (Matenal mecanografiado inedito).

INFORMANTES

Alberto García Torres: Nacido en 1905 y fue entrevistado en 1983. (Fallecido).

Profirio Villalón Vaillant Nació el 26 de abril de 1906 y fue entrevistado en 1984. (Fallecido).

Carlos Giro Zorn'll'a: Nacl" el 3 de marzo de 1915 y fue

entrevistado en 1985. — — — — — — — — — — — — — — — —

AndreHechavarria Riera: Nació el 4 de Febrero de 1913 . fue entrevtstado en 1986.   y

Aristides "Salchi o" Garvey Durunceaux: Nació el 15 de agosto de 1821 y fue entrevtstado en 1986.

Sebastian "Chan" Herrera Zapata: Naci6 el 20 de enero de 1920 y fue entrevistado en 1990

Eutimides Sando: Nació en 1920 y fue entrevistado en (Fallecido).   1986.

Jose Fidel Estrada:Nació en 1925 y fue entrevistado en 1986.

Felix Algines Carvajal Reyes: Nació en 1927 y fue entrevistado en 1986.

Arqui ides Bell: Nació en 1 927 y fue entrevistado en 1984

Salda Reytee Callis: Naci6 el 28 de abril de 1 930 y fue entrevistada en 1984.

Enrique Rodriguez: Nació el 15 de julio de 1932 y fue entrevistado en 1984.

Ibrahin Hechavarria: Naci6 el 17 de abril de 1931 y fue entrevistado en 1986.

Germámico "Tenten" Sanchez Aguilar: Naci6 el 8 de enero de 1938 y fue entrevistado en 1986.

Valentin Serrano Pw.o: Naci6 el 16 de diciembre de 1941 y fue entrevistado en 1986.

Felix Banderas: Nació el 3 de marzo de 1949 y fue entrevistado en 1986.

Lorenzo Merino Arango: Nació el 12 de mayo de 1950 y fue entrevistado en 1 896.

Enrique Merino Arango: Naci6 el 28 de enero de 19S1 y fue entrevistado en 1986.

Juan "Mano" Palacios: Naci6 el 24 de junio de 1952 y fue entrevistado en 1986.

Miguel Beltran Caryajal: Naci6 el 20 de agosto de 1953 y fue entrevistado en 1986.

Luis Beltran Carvajal: Naci6 el 13 de enero de 1966 y fue entrevistado en 1986.

Luis "Toto" Fernandez Rodriguez: Naci6 el 16 de junio de 1967 y fue entrevistado en 1986.

FICHA DE LOS AUTORES

JOSE MILLET (Cuba, 1949). Investigador Auxiliar del centro de investigaciones Casa del Caribe, con sede en Santiago de Cuba, institución de la cual es uno de los 3 miembros del tren directivo que la fundó en junio de 1982. Poeta, crítico y ensayista. Autor de 25 libros tanto en soporte electrónico como en papel publicados en su país natal y en el extranjero. A él se debe el libro **Samuel Feijoó: l a obsesión lúcida** (ensayo); **Grupos Folklóricos de Santiago de Cuba.** (1989); El **vodu** en **Cuba** (Santo Domingo, 1992) y **Del mundo terrenal a las fuerzas ocultas** Hablan los espiritistas cubanos (Mexico, 1993). Profesor universitario. Miembro de Ia Union Nacional de Escritores y Artista de Cuba (UNEAC); del Grupo de Estudios Regionales del Consejo Europeo de Investigaciones Sociales sobre America Latina (CEISAL) de Ia Asociacion Cubana de Estudios del Caribe y Vice-Presidente de Ia Sociedad Santiaguera del Folklor.

RAFAEL BREA LOPEZ (Cuba, 1950). Graduado del Instituto Superior de Pedagogia "Frank Pais Garcia" de Santiago de Cuba como Licenciado en Historia en 1980. Se ha desempeñado como profesor en este instituto y en Ia Universidad de Oriente. Es miembro de Ia Union de Escritores y Artistas de Cuba (UNEAC), Jefe de Prensa y Relaciones Publicas de Ia Sociedad Santiaguera de Folklore y rniembro de Ia Asociacion Cubana de Estudios del Caribe. Ha realizado investigaciones sobre el fenomeno carnavalesco en el Caribe y publicado articulos y ensayos en diarios y revistas internacionales tanto en su pais como en Mexico, Espana, Alemania y Estados Unidos. Es coautor del libro Grupos Folkloricos de Santiago de Cuba (1989). Es investigador de la Casa del Caribe desde 1983.

MANUEL RUIZ UILA (Camaguey, 1944. Santiago de
Cuba, 2018). Sociólogo. Investigador y subdirector de la
Casa del Caribe, coseden Santiago de Cuba. Su campo de
especialización fue la sociología rural y el estudto de las
pequeñas comunidades rurales y urbanas. Fue Vice-
Presidente de la Asoc. Cubana   de Estudios del Canbe.
Ttene numerosos traabajos publicados en Cuba y en otros
países.

El pueblo en el parque Céspedes arrollando detrás de
una conga santiaguera

La campana de Ia conga es un artefacto metalico que puede ser Ia llanta de un tractor o Ia tambora del sistema de freno de un automotor antiguo cuyo timbre es mas sonoro.

Los tañadores de corneta china han alcanzado un prestigio considerable por haber penetrado los misterios de ese instrumento exotico. La corneta es un instrumento de cinco notas y es originario de Canton.

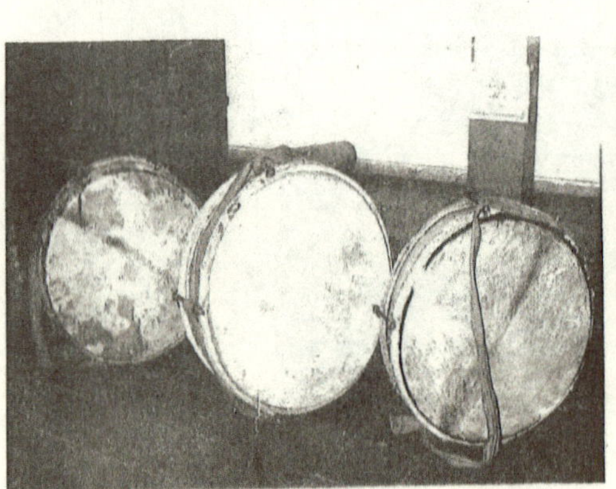

Las tamboras también reciben los apelativos genéricos de congas. La mas grande, al centro, es el pilon; y en cada lado, estan las galletas, designacion popular para significar su morfologia un tanto estrecba.

Pilon, galleta y requinto son las tamboras formidables de la conga. Sus ejecutantes estan deseosos de bacer sonar el cuero y comenzar la invasion.

Los bocues o fondos son los tambores mas numerosos de la conga santiaguera. Tambien son conocidos como bombillos. Estos instrumentos hacen el "fondo" o "el lleno" de la percusión tamborera. Al frente, en color más oscuro, esta el "quinto" cuya afinacion es más aguda que la del resto de sus homólogos.

www.ingramcontent.com/pod-product-compliance
Lightning Source LLC
Chambersburg PA
CBHW031109250726
48655CB00004B/1643